D1620163

6400491

Jean-Yves & Marc Tadié

Im Gedächtnispalast

Eine Kulturgeschichte des Denkens

Aus dem Französischen
von Hainer Kober

0 = Trump
1 = Heinz Ketchup
2 = Victory
3 = Dreizack
4 = Kleeblatt
5 = Fuß
6 = Angelhaken
7 = Zwerge
8 = Fetter
9 = Kegel

Klett-Cotta

Ouvrage publié avec le concours du Ministère Français chargé de la Culture – Centre National du Livre, Paris.
Die Publikation wird dankenswerterweise unterstützt durch das Französische Kulturministerium – Centre National du Livre, Paris.

Klett-Cotta
Die Originalausgabe erschien unter dem Titel
»Le sens de la mémoire« bei Gallimard, Paris.
© Éditions Gallimard, 1999
Für die deutsche Ausgabe:
© J. G. Cotta'sche Buchhandlung Nachfolger GmbH, gegr. 1659, Stuttgart 2003
Fotomechanische Wiedergabe nur mit Genehmigung des Verlags
Printed in Germany
Umschlaggestaltung: Finken & Bumiller, Stuttgart
Gesetzt aus der Bembo von Dörlemann Satz, Lemförde
Auf säure- und holzfreiem Werkdruckpapier gedruckt
und gebunden von Kösel, Kempten
ISBN 3-608-94294-7

Bibliographische Information Der Deutschen Bibliothek
Die Deutsche Bibliothek verzeichnet diese Publikation in der Deutschen Nationalbibliographie; detaillierte bibliographische Daten sind im Internet über <http://dnb.ddb.de> abrufbar.

Inhalt

O mystische Verwandlung all meiner Sinne,
der ganz in eins verschmolzenen!

Charles Baudelaire

Einleitung

Das Gedächtnis formt den Menschen. Er beginnt sein Leben wie ein Kind Sigmund Freuds: von Amnesie befallen, verdrängt es alle Verletzungen ins Unbewußte. Der Mensch wächst heran im Schatten von Henri Bergson: Sein Gedächtnis dient dem Handeln, es ist pragmatisch und der Zukunft zugewandt. Mit Baudelaire entdeckt er die Vergangenheit in einem Duft, einer Melodie, im Zusammenspiel seiner fünf Sinne. Älter geworden, wird er überwältigt von plötzlichen Erinnerungen, die ihn das Vergessene neu erleben lassen, um der Gegenwart zu entfliehen. Dann altert er wie Chateaubriand, seine Erinnerungen trösten ihn nicht mehr. Sophokles wird ihm den Weg des Ödipus nach Kolonos weisen, den Weg zur inneren Ruhe aus einer Welt voll Schuld und Blutvergießen. Vielleicht verschlägt es ihn dann wie Shakespeares König Lear auf die Heide, wo er seinen Starrsinn in alle Himmelsrichtungen hinausschreit, dort, wo es für niemanden mehr Erinnerungen gibt.

Das vorliegende Buch beschäftigt sich mit der Erinnerung, ihrer Beschaffenheit, ihrer physischen und geistigen Geschichte. Der Abruf einer Erinnerung verlangt geistige Arbeit. Dabei gleicht das Geschehen eher einer Rekonstruktion als einem Wiederfinden. Es gibt keine Erinnerung, die mit der vergangenen Wirklichkeit vollkommen identisch wäre. Im übrigen kennen wir nur – wie es heißt – den hunderttausendsten Teil unserer Kindheit. So sind wir mit Archäologen einer antiken Stadt zu vergleichen: Aus wenigen Steinen lassen sie eine Stadt wiederauferstehen, aus zerbrochenen Säulen einen Tempel, aus den Bruchstücken eines Wasserrohrs Thermen. Nach und nach entsteht so ein Bild des Lebens, der Schauspiele, der Politik, der Kunst. Indes, es ist ein stummes Leben, das Geschrei im Zirkus ist verstummt, die Fresken sind verblaßt, und Ciceros Stimme ist auf dem Forum verklungen, es gehört heute den Touristen. Die Vorstellung schafft den Rahmen, aber ohne den affektiven oder emotionalen Kontext. Und doch, hin und wieder vermittelt uns der Anblick einer Farbe, die Wahrnehmung eines Dufts für die Dauer eines flüchtigen Augenblicks den Eindruck, das Empfinden der Vergangenheit.

Wenn der größte Teil unseres Gedächtnisses auf der Vorstellung beruht, können wir es wohl kaum vollständig mit den Ergebnissen empirischer Laborstudien beschreiben. Zu den Triebkräften der Vorstellung und damit auch des Gedächtnisses gehören das Leid und die Liebe, und die zeigen sich nur im wirklichen Leben. Daher haben wir uns an die Beschreibungen der Schriftsteller und Dichter gehalten, die sich die Analyse der Gefühle seit Jahrhunderten zur Aufgabe machen: Mode und Lebensstil verändern sich zwar im Laufe der Zeit erheblich, doch die Texte der ältesten wie der neuesten Autoren, von Homer bis zu Kriminalschriftstellern unserer Tage, lassen sich in erstaunlichem Maße auf die Persönlichkeit des modernen Menschen anwenden. Oder genauer: Alle großen Texte antworten auf die Fragen, die man ihnen stellt, also auch auf die Fragen zum Gedächtnis, ohne das sie nicht entstanden wären. Dank der Zitate ist es uns möglich, eine literarische Geschichte des Gedächtnisses – nicht seiner Inhalte, sondern des sich erinnernden Gedächtnisses – zu rekonstruieren und auch zu genießen (denn um des Vergnügens willen sind sie in so großer Zahl zusammengetragen).

Das Gedächtnis versetzt uns in die Lage, uns als Einzelwesen wiederzuerkennen, das im Augenblick lebt und weiterexistieren wird. So beruht die Einheit unserer Persönlichkeit auf dem Gedächtnis: »Mit Freude nehme ich die höchste Leistung des Gedächtnisses wahr«, schrieb Nabokov, »nämlich den meisterlichen Gebrauch, den es von den angeborenen Harmonien macht, wenn es die verzerrten Klänge der Vergangenheit in seinen Hain treibt. Jenseits des Durcheinanders findet der Betrachter eine Dauer, wenn er die Vergangenheit mit einem rückwärtsgewandten Blick umarmt.«[1] Ferner hat das Gedächtnis die Aufgabe, in die Gegenwart zu tragen, was von der Vergangenheit bleibt, jener Vergangenheit, die ohne das Gedächtnis eine große Leere wäre. »Das Gedächtnis hat das Ziel, über die Abwesenheit hinwegzutäuschen; dieser Kampf gegen die Abwesenheit kennzeichnet das Gedächtnis.«[2] Vor allem aber hat es die Aufgabe, die Zukunft vorzubereiten: Ohne das Gedächtnis hätten wir Angst vor der Zukunft wie vor einem »Schwarzen Loch«.

Erwerb, Bewahrung, Verwandlung, Ausdruck – das Gedächtnis ist eine Symphonie in vier Sätzen. Getreu der Metapher von Descartes: Ein Wachsstück wird und läßt sich anschließend lesen. Doch das Bild macht auch deutlich, daß das Gedächtnis nicht immer genau wiedergibt, was wir ihm anvertraut haben. Wenn das Stück Wachs in der Sonne liegt, beginnt es zu schmelzen und verwischt einige Buchstaben. Dann müssen wir sie teilweise rekonstruieren und uns vorstellen, was dort geschrieben stand.

Sobald wir unsere Sinneseindrücke im Gedächtnis speichern, meldet sich unsere Persönlichkeit zu Wort und verändert die Wahrnehmung der Eindrücke. Die Bewahrung der Sinneseindrücke und Ideen ist weder unantastbar noch garantiert. Sie unterliegt der Veränderung. Der Gedächtnisakt verläuft vom personalisierten Erwerb über die Verwandlung bis zur Reaktualisierung mit Hilfe der Vorstellung. Doch die Analyse der Empfindungen ist nur dann sinnvoll, wenn sie mit der Untersuchung des Gehirns und des Nervensystems verbunden wird.

Neurowissenschaftliche Entdeckungen werfen ein neues Licht auf die Gedächtnistheorien. Am wichtigsten ist zweifellos die Entdeckung der neuronalen Plastizität – der Fähigkeit der Nervenzellen, sich bei Reizung zu reorganisieren. Unser Gehirn ist vor diesem Hintergrund nichts Starres. Im Wachen und Schlafen befindet es sich in ständiger Entwicklung und Umstrukturierung.

Seit der Antike wird die Frage nach der Lokalisierung der Erinnerungen immer wieder gestellt. Heute weiß man, daß das Gedächtnis kein Zentrum hat, in dem alle Erinnerungen gespeichert sind, sondern das ganze Gehirn ist an ihrem Abruf beteiligt. Die meisten Gedächtnisforscher sind sich mittlerweile einig, daß es sich um kein Erinnerungsreservoir, sondern um eine dynamische, wandelbare Funktion handelt.

Wie kann man das Gedächtnis beobachten? Tierexperimentelle Studien befassen sich mit den Mechanismen einer elementaren Gedächtnisform, die der Anpassung des Verhaltens an die Umwelt dient. In solchen Experimenten will man feststellen, in welchem Umfang die Versuchstiere bestimmte Informationen behalten können. Welche Strukturen des Nervensystems sind an diesen Prozessen beteiligt? Den Einfluß biochemischer Faktoren auf die Gedächtnisleistung kann man messen. In ihrer großen Mehrheit beschäftigen sich solche Experimente mit der Gedächtnisspeicherung einer Leistung und ihrer Wiederholung. Damit das Tier die Leistung im Gedächtnis speichert, interessiert man es für die Aufgabe, indem man es mit einer Belohnung lockt oder mit einem Schmerz abschreckt. Dabei hat sich die Bedeutung bestimmter Hirnregionen, bestimmter Wachstumsfaktoren und *Neurotransmitter** für den Gedächtniserwerb erwiesen. Aus allen Erkenntnissen kann man schließlich Ähnlichkeiten mit dem Menschen ableiten. Doch bei der Übertragung der Ergebnisse auf den Menschen ist Vorsicht geboten: Das Gehirn des Menschen ist einzigartig in seiner Entwicklung und seiner Emotionalität. Der Mensch ist das einzige Lebewesen, das sich an seine Großeltern erinnert.

Das menschliche Gedächtnis selbst können wir in den Laboren der Verhaltenspsychologie, im Alltag und anhand psychischer Störungen untersuchen. Die Laborstudien konzentrieren sich vor allem auf die Bewertung der Gedächtnisleistung, auf die Gedächtnisspeicherung und den Abruf bestimmter Inhalte – Ziffern, Silben, Sätze, Anekdoten, Fotografien – sowie auf die Fähigkeit, sie nach unterschiedlichen Zeitintervallen erneut abzurufen. Solche Untersuchungen lassen sich durch störende oder stimulierende Faktoren (Streß, Emotionen) oder durch biochemische Substanzen erweitern.

---

* Die mit * gekennzeichneten Fachbegriffe werden im Glossar ab S. 288 erläutert.

Abschließend erfolgt eine genaue Leistungsbewertung. Durch bildgebende Verfahren können wir klären, welche Gehirngebiete an diesen Prozessen beteiligt sind. Die Psychologie mißt die Gedächtnisleistungen von Versuchspersonen, die Aufgaben im Kopf behalten, Fragebogen beantworten oder Wortlisten wiederholen müssen. Das ist alles in allem etwa so, als würde ein Restaurantkritiker nur Konserven oder Tiefkühlkost testen. Ausreichend ist das nicht.

Die dritte Methode lehnt sich am engsten an die Wirklichkeit an; sie wurde von Freud, Bergson oder Edelman und anderen entwickelt. Sie untersuchten menschliches Verhalten und Störungen, die durch psychische Erkrankungen verursacht werden, und leiteten daraus ein vollständiges Erklärungsmodell ab. Untersucht man Gedächtnisstörungen und hirnorganische Schädigungen, die in der Folge solcher Erkrankungen auftreten, kann man bestimmte Schaltkreise und Zentren im Gehirn lokalisieren, die bei einigen amnestischen Syndromen beeinträchtigt sind. Allgemeinere Untersuchungen menschlichen Verhaltens zeigen, wie komplex das menschliche Gedächtnis in verschiedenen situativen Kontexten ist.

Wir wollen uns vor allem mit diesem letzten Ansatz beschäftigen. Schriftsteller und Dichter messen ihren Erinnerungen oder denen ihrer Figuren außerordentliche Bedeutung bei. Dank der neurowissenschaftlichen Fortschritte und der exakten Analysen, die sich in der Literatur zu den verschiedenen Aspekten des Gedächtnisses finden, sind wir in der Lage, den literarischen Beschreibungen von Homer, Lamartine oder Proust eine neuroanatomische Stütze zuzuordnen – oder vielmehr zu zeigen, daß literarische Genies schon seit vielen Jahrhunderten ein künstlerisches Gespür für die neuronale Plastizität und den dynamisch-affektiven Charakter des Gedächtnisses beweisen.

Das Wissen um das Gedächtnis kommt auf drei parallel verlaufenden Wegen voran. Die *Schriftsteller* verfolgen die Spuren zurück, die sie selbst oder stellvertretend (durch die Figuren ihrer Romane, Theaterstücke oder Gedichte) hinterlassen haben. Die *Philosophen* sehen seit Platon und Aristoteles ihre Aufgabe darin, das Gedächtnis zu untersuchen, indem sie Fragestellungen formulieren, Hypothesen aufstellen und Begriffe entwickeln. Die *Wissenschaftler* gehen von Experimenten aus und liefern immer eingehendere Beschreibungen, die ihre weltanschaulichen Prämissen nicht ausschließen, vielmehr ihre Theorien untermauern. Diese drei Wege miteinander in Beziehung zu setzen ist eines der Hauptziele dieses Buches, denn eigentlich führen alle drei auf dasselbe Ziel hin.

Es gibt ein kaltes, abstraktes Gedächtnis: das Gedächtnis, das uns leitet, wenn wir rechnen, wenn wir Schach spielen, wenn wir etwas auswendig Gelerntes aufsagen; das Gedächtnis, das wir verbessern möchten, das wir ungerecht verteilt finden und das über den Schulerfolg entscheidet. Und es gibt ein leidenschaftliches Gedächtnis, das weint, Angst hat und lacht und das sich selbst hassen kann. Muß man das Gedächtnis hassen? »Von allen Menschen sind mir jene am bedauernswertesten und unglücklichsten, die mit dem besten Gedächtnis begabt sind.«[3] Unter Berufung auf die literarischen Beschreibungen, die wir zitieren, möchten wir in diesem Buch in erster Linie zeigen, daß das dem Menschen eigentümliche Gedächtnis auch und vor allem affektiv und phantasiegesteuert ist.

Affektiv, weil der emotionale Faktor beim Erwerb von Erinnerungen eine wichtige Rolle spielt: von der Ohrfeige, die wir in der Schule erhalten und die uns auf ewig die widerborstigen Lateinverse einprägt, bis zum Liebesglück und zur Trauer späterer Lebensphasen erinnern wir uns vor allem an das, was uns bewegt. Affektiv auch deshalb, weil wir begreifen, daß das Gedächtnis einen eigenen, einen sechsten Sinn darstellen kann, wenn wir vergangene Emotionen wiedererleben und dabei von einem Augenblick zum anderen in die Gemütsverfassung und den Gefühlszustand der Vergangenheit versetzt werden.

Aber das Gedächtnis ist auch phantasiegelenkt: Es ist keineswegs ein Vorrat an intakten Erinnerungen, in dem wir von Zeit zu Zeit kramen wie in einem Koffer, den wir auf dem Dachboden abgestellt haben. Vielmehr rekonstruieren und verwandeln wir unsere Vergangenheit so unmerklich wie unaufhörlich, abhängig von unserer heutigen Persönlichkeit und ihrer Verlängerung in die Zukunft.

Im ersten Kapitel skizzieren wir die Entwicklung des Gedächtnisbegriffs von der Antike bis in unsere Zeit. Nachdem wir uns dergestalt mit den zentralen Fragen wichtiger Denker vertraut gemacht haben, wenden wir uns den neurophysiologischen Grundlagen zu (Kap. 2). Was geschieht im Gehirn, im Zentralnervensystem, im Körper und im Geist, wenn wir uns erinnern? Zur Beantwortung dieser Frage können wir auf eine Vielzahl neuester Erkenntnisse der funktionellen Neuroanatomie zurückgreifen. In den Kapiteln 3–5 untersuchen wir, auf welch unterschiedliche Weise wir Erinnerungen anlegen, wie sie sich im Laufe unseres Lebens in unserem Gedächtnis verändern, wie sie abgerufen und schließlich vergessen werden. In den Kapiteln 6–8 gilt unser Interesse den Beziehungen zwischen dem Gedächtnis und den wichtigsten Aspekten unserer Persönlichkeit, dem unbewußten Leben, künstlerischer Kreativität und den Veränderungen, die das Gedächtnis in Kindheit und Alter erfährt. Gedächtnisstörungen zeigen, auf welche anatomischen Substrate sich das Gedächtnis stützt. Insbesondere die Beschreibung der Alzheimer-Krankheit macht deutlich, daß die Persönlichkeit eine Zerstörung des Gedächtnisses nicht überlebt. Von dieser Funktion hängt der ganze Mensch ab. Ohne sie ist er nicht mehr als eine Marionette oder eine Statue. Auf einem Bild von Magritte wendet sich der Kopf einer schönen jungen Frau, der allerdings aus Marmor oder Gips ist – Augen und Mund geschlossen –, von einem Horizont aus Meer und Wolken fort, vor dem sich ein düsterer Vorhang schließt. Auf Schläfe, Auge und Wange hat die Statue einen Blutfleck. Sie heißt *La Mémoire*, das Gedächtnis.

[KAPITEL 1] Ideengeschichte des Gedächtnisses

Als würde es sich stets an sich selbst erinnern, blickt das Gedächtnis auf eine lange Geschichte
zurück, von der wir hier nur einige Höhepunkte hervorheben. Jeder Philosoph greift die Fragen nach der Erinnerung wieder auf und konstruiert sein eigenes System anhand früherer Erkenntnisse, ohne Angabe von Quellen:
René Descartes verzichtet darauf, Augustinus zu zitieren,
der seinerseits nicht auf Aristoteles verweist … Das wollen
wir hier nachholen, denn es handelt sich um keinen Fortschritt im Sinne Hegels, wo jeder seinen Stein zum Bau
beiträgt: Jeder Gedächtnispalast wird ganz neu gebaut.
Bergson sagt nichts über Proust, Proust nicht viel über
Bergson.

Der Sitz und die Funktion des Geistes sind die zentralen Themen, die sich im Laufe der Geschichte herauskristallisiert haben. In Griechenland setzt das Nachdenken
über das Gedächtnis im 4. Jahrhundert v. Chr. ein und wird
beherrscht vom Dialog zwischen Platon, dem Erinnerungs- und Ideenmetaphysiker, und Aristoteles, dem Gedächtnispsychologen. Augustinus knüpft in einigen berühmten Passagen seiner *Bekenntnisse* an Aristoteles an
und nimmt damit die Moderne vorweg. Die Geschichte
unseres Gegenstandes kommt also eher sprunghaft als
gleichmäßig voran. Daher stellen wir hier Philosophen

vor, die ein neues Bild der Erinnerung geliefert haben: Descartes, Locke, Diderot und Maine de Biran.

Die Entdeckung von Gedächtnis und Erinnerung. Von den Vorsokratikern zu Descartes

Schon sehr früh entwickeln die Vorsokratiker modern anmutende Hypothesen, wenn auch freilich auf eine primitive Weise. Wo ist der Sitz des Geistes, der Intelligenz, der Seele – so lauten die ersten Leitfragen. Alkmaion von Kroton sezierte als erster einen menschlichen Leichnam, verlegte die »höchste und entscheidende Kraft der Seele« ins Gehirn und brachte sie mit den Augen in Verbindung, in denen die Lebensenergie zirkuliert: »Das Gehirn ist es, das den Verstand sprechen läßt«[1], behauptet er.

Für den Atomisten Demokrit (5. Jahrhundert v. Chr.) sind die Seelenatome über den ganzen Körper verteilt; das Gehirn kontrolliert den Oberkörper und vor allem den Kopf, es ist »Herr und Wächter des Denkens«. Den Zorn vermutet Demokrit – wie später Platon – im Herzen, die Begierde in der Leber, den Verstand im Gehirn. Die Seelenatome sorgen für den Austausch des Körpers mit der Außenwelt. Diese materialistische Theorie Demokrits greift Lukrez im 1. vorchristlichen Jahrhundert in seinem Lehrgedicht *De rerum natura* auf. Sitz des Verstandes ist nach Lukrez das Herz. Der Geist setzt sich aus winzigen Korpuskeln zusammen, die, vor allem über die Nerven, einen Reiz oder eine Reaktion blitzschnell übertragen. Die Seele verteilt sich über den Körper und ist sterblich wie der Körper. Wäre sie unsterblich und würde sie sich, wie Platon glaubt, bei der Geburt in uns einnisten, so müßten wir die Erinnerungen an unser früheres Leben behalten können.

Schon bei den Sophisten im 4. Jahrhundert v. Chr. ist Gedächtnis »eine Erfindung, die sehr wichtig und sehr schön ist und … der Erkenntnis« wie dem Leben (Gorgias) nützt. Je aufmerksamer wir etwas beobachten, desto zuverlässiger nehmen wir es wahr. Wiederholen wir diesen Vorgang mehrfach, so findet »alles, was man gelernt hat, in das Gedächtnis Eingang«. Die Assoziation durch die räumliche oder zeitliche Nähe, die sogenannte Kontiguität, stellt eine Beziehung her »zwischen dem, was wir vernehmen, und dem, was wir wissen«. Auf diese Weise konstruieren wir den Kontext, der es uns erlaubt, den gesuchten Namen aus dem Gedächtnis abzurufen.[2]

Platon oder die Metaphysik der Erinnerung

In *Menon* entfaltet Platon seine Theorie, Wissen sei Erinnerung. Wir lernen nicht – wir erinnern uns. Erkenntnis ist Gedächtnis. »Dieses nun, selbst aus sich eine Erkenntnis hervorholen, heißt das nicht sich erinnern?«, fragt Sokrates, nachdem er einen Sklavenjungen dazu gebracht hat, sich einige elementare Geometriekenntnisse über die Flächen von Vierecken zu vergegenwärtigen. Wenn der Sklave die richtige Vorstellung nicht in diesem Leben erlangt hat, »so hat er sie ja offenbar in einer anderen Zeit gehabt und gelernt«: Die Wahrheit über alle Dinge wohnt seit jeher in unserer Seele, weil diese unsterblich ist. Wenn wir etwas in der Gegenwart nicht wissen, dann deshalb, weil wir es vergessen haben.[3] Damit eröffnet Platon die Marathondebatte über die angeborenen, unveränderlichen Kategorien.⁴ Für den modernen Interpreten ist diese Erinnerungstheorie nur als genetische Theorie noch akzeptabel.⁵

Aus der vorgeburtlichen Erinnerung *(Phaidon)* wird eine Geburtserinnerung oder ein Geburtstrauma, denn bei der Geburt verlieren wir unser unveränderliches Ideenwissen, und wir hoffen nun, es durch Unterweisung wiederzufinden: Sich Kenntnisse anzueignen heißt, sich wiederzuerinnern.⁶ Platon berücksichtigt nicht, was wir zu Lebzeiten vergessen; er beschreibt das Gedächtnis nicht, sondern deutet seine Funktion beim Wissenserwerb.

Dennoch skizziert er nebenbei den Gedächtnisprozeß und spricht von seinem Charakter des Umbenennens und Abkürzens:⁷ Liebhaber sehen eine Leier oder ein Kleid, das dem Geliebten gehört, und »in ihrer Seele nehmen sie zugleich das Bild des Knaben auf, dem die Leier gehört, und das ist nun Erinnerung«.⁸ Um eine Erinnerung mit einem Sinneseindruck gleichzusetzen, muß einem die Kategorie des Gleichen angeboren oder Platon zufolge aus unserem früheren Leben überliefert worden sein. Um sich wiederzuerinnern, muß man zunächst vergessen haben. Wann verlieren wir unser Wissen? Wenn wir geboren werden, denn Mensch zu werden heißt, zu vergessen. Der Körper ist niemals mit sich selbst identisch; er gehört der Welt der Ruhelosigkeit, des Schwindels, der Auflösung an, während sich die Seele gleichbleibt und ganz im Bannkreis der Ideen steht. Jede menschliche Seele hat zwar das wahre Seiende geschaut, aber die Erinnerung daran ist schwierig. Entweder sahen die Menschen »das dortige« nur undeutlich, oder sie wurden in diesem Leben »zum Unrecht« verleitet, so daß nur wenige übrigbleiben »... denen die Erinnerung stark genug beiwohnt«.⁹ Eine seltsame Vorstellung, daß es in der menschlichen Gesell-

[24]

schaft Gedächtnisspezialisten oder Gedächtnisbevollmächtigte geben soll! Platon interessiert allein die Erinnerung an die Ideen, die wir in unserem früheren Leben mehr oder minder deutlich erblickt haben – ein Sujet, das Nerval und Baudelaire wieder aufgreifen werden.[10]

Im *Theaitetos* wird die Gedächtnistheorie durch die Metapher vom Wachsstück ergänzt, die später bei Aristoteles und Descartes Karriere macht. Bereits Homer hatte das »Mark der Seele« mit Wachs verglichen.[11] Es heißt, in unserer Seele hätten wir einen »wächsernen Guß«, ein Geschenk von Mnemosyne, der Muse des Gedächtnisses: »… und wessen wir uns erinnern wollen von dem Gesehenen oder Gehörten oder auch selbst Gedachten, das drücken wir in diesen Guß ab, indem wir ihn unter die Wahrnehmungen und Gedanken halten … Was sich nun abdrückt, dessen erinnern wir uns und wissen es, solange nämlich sein Abbild vorhanden ist. Hat man aber dieses ausgelöscht oder hat es gar nicht abgedrückt werden können, so vergessen wir die Sache, und wissen sie nicht.«[12] So stellt Platon nicht die Frage, wo und wie im Körper, sondern wo die Seele die Erinnerungen lokalisiert, aufbewahrt und wo sie gespeichert werden. Nicht alles prägt sich ein, und nicht alles bleibt eingeprägt. Man kann durchaus etwas wissen, aber im Augenblick kein Empfinden haben von dem, was man weiß. Das Wiedererkennen besteht darin, die Sinneswahrnehmung »in ihre vorigen Spuren wieder einzuführen«[13], damit man wiedererkennen kann. Doch das Wiedererkennen kann ebenso scheitern wie das Sehen im Spiegel, »wo, was rechts ist, auf die linke Seite hinüberfließt, dann entsteht die Verwechslung der Vorstellung und das Falschvorstellen«. Platon unterscheidet verschiedene Arten des Gedächtnisses, je nachdem, ob das Mark der Seele behaart und rauh ist, unrein, trocken, feucht oder zu klein, wobei im letzteren Fall die Erinnerungen zusammengepfercht sind: Wenn das Wachs nicht tief und reichlich vorhanden ist wie in einer reinen Seele, sind die Abdrücke weder rein noch klar noch von Dauer. Auch das Temperament und das moralische Leben beeinflussen das Gedächtnis. So ergibt sich eine Verbindung zwischen der Gedächtnistheorie und der Theorie der Körpersäfte – modern gesprochen: der Funktion der Hormone.[14] In der Antike vom 5. Jahrhundert v. Chr. an (Hippokrates) bestimmt sie bis ins 17. Jahrhundert das medizinische Denken. Erst später verändern die Entdeckungen der modernen Medizin und der Psychoanalyse die Vorstellungen vom Menschen entscheidend.

Aristoteles – der erste Psychologe und Theoretiker des menschlichen Gedächtnisses

Platons Schüler Aristoteles verzichtet ganz auf die Mystik seines Vorgängers und Meisters und entwirft die erste vollständig wissenschaftliche Gedächtnistheorie auf psychologischer Grundlage. In der kleinen Abhandlung »Gedächtnis und Erinnerung« beschäftigt er sich im Gegensatz zu Platon ausdrücklich mit unserem Thema. Erst viel später wurden Umfang und Tiefe seiner Analyse übertroffen – »ergänzt«, müßte es eigentlich heißen, denn die Einsichten von Aristoteles sind grundlegend und haben von ihrer philosophisch-konzeptionellen Faszination nichts verloren.

Aristoteles unterscheidet Gedächtnis und unbestimmtes, flüchtiges Erinnern. Das Gedächtnis betrifft weder die

Zukunft, denn das wäre Wahrsagerei, noch die Gegenwart, auf die sich die Empfindung und das Denken beziehen. Das Gedächtnis betrifft ausschließlich die Vergangenheit: »Wenn man aber das Wissen und Wahrnehmen ohne die Akte hat, dann hat man es im Gedächtnis ... immer wenn man das Gedächtnis wirklich betätigt, spricht man in der Seele so, weil man das Betreffende früher gehört oder wahrgenommen oder gedacht hat.«[15] Das Gedächtnis ist der Besitz oder vielmehr die Veränderung der Empfindung oder des Denkens unter dem Einfluß der Zeit: »Denn immer wenn man eines Dinges aktuell gedenkt, weil man, wie schon gesagt, es gesehen oder gehört oder gelernt hat, ist man sich zugleich bewußt, daß es früher war.«[16] Wenn wir, wie es in der Schrift *Über die Seele* heißt, nicht ohne Bilder denken können, dann betrifft das Gedächtnis in Form der unwillkürlichen Erinnerung in erster Linie die Sinneswahrnehmungen und erst danach geistige Inhalte. Deshalb haben auch Tiere ein Gedächtnis. Außerdem ist es auf das Vorstellungsvermögen angewiesen. »Und Objekt des Gedächtnisses an sich ist alles, was Objekt der Phantasie ist.« So erklärt sich die Beziehung der Erinnerung zum Verstand: Das Gedenken geistiger Dinge kann nicht ohne Bilder stattfinden.

Wie erinnert man sich an einen Gegenstand, der nicht gegenwärtig ist, wenn es nur die Gegenwart der Gefühle gibt? – Der Eindruck, der durch die »Wahrnehmung in der Seele und im leiblichen beseelten Organ entsteht«, ist der eines »gemalten Bildes«. In Anlehnung an Platon erklärt Aristoteles, »die Bewegung, die das Objekt in dem Sinne hervorruft«, zeichne einen »Abdruck der stattgefundenen Wahrnehmung ein, wie man es beim Siegeln mit dem Ringe tut«. Aber Menschen, die »in starker Be-

wegung« oder ganz im Gegenteil »wie alte Wände ver-
schlissen und zermürbt« oder hart sind,[17] haben überhaupt
kein Gedächtnis. Das gleiche gilt – und das ist weit wichtiger – für sehr junge und sehr alte Menschen. Sie können
noch keine Erinnerungen behalten oder keine mehr, denn
die Kleinkinder befinden sich in der Entwicklung, die Alten im Verfall. Hier stoßen wir auf das Problem der infantilen Amnesie und des senilen Gedächtnisverlustes. Im
weiteren Verlauf geht es um die Frage der Gedächtnisspur
oder des *Engramms*.[18]

Erinnern wir uns an den Eindruck oder an das Objekt
selbst, das ihn hervorgerufen hat? Die Vorstellung, welche
die Seele betrachtete, ist etwas an sich, aber auch das Bild
einer anderen Sache. An sich ist sie ein Bild, bezogen auf
ein anderes Objekt ein Abbild und eine Erinnerung.[19]
Gelegentlich täuschen wir uns und wissen nicht mehr, ob
es sich um eine Empfindung oder eine Erinnerung handelt. Dann passiert es uns, »daß wir es inne werden und
uns erinnern, daß wir etwas früher gehört oder gesehen
haben«.[20] Noch einmal wiederholt Aristoteles seine Definition des Gedächtnisses: »Ein Habitus oder ein Besitz des
Phantasma als Bildes dessen, worauf das Phantasma geht,
und welchem inneren Vermögen es angehört: dem ersten
Sinnesvermögen, dem Zentralsinn, mit dem wir auch die
Zeit erfassen.«

Nun wendet er sich der Theorie der Erinnerung zu.
Die besteht darin, daß »... man ein zuvor erworbenes
Wissen oder eine zuvor gemachte Wahrnehmung ... wie-
dererlangt«. Einige Dinge tauchen von allein wieder in
unserem Gedächtnis auf, andere nicht, sie scheinen für
immer verloren zu sein. Um sie muß sich der Geist bemühen. Manchmal genügt ein einziger Eindruck, der uns be-

wegt, um ihn im Gedächtnis zu verwurzeln und ein flüchtiges Objekt mittels des Vergnügens zu fixieren; dann wieder sind dazu viele Bewegungen erforderlich. So »behalten wir manches, was wir einmal gesehen haben, eher im Gedächtnis als anderes, was wir oft gesehen haben«.[21] Ein qualitativ hervorgehobener Reiz kann mehr bewirken als ständige Wiederholungen. Die Erinnerung wird durch die Suche, das Bemühen um die Wiederherstellung einer Folge von Bewegungen ausgelöst, aus dem einen oder dem anderen Anlaß, durch Gleiches oder Konträres. Unter Umständen teilen sich die derart hervorgerufenen Bewegungen den Gegenstand mit anderen, »so daß nur noch ein kleiner Rest bleibt, nach dem dann der letzte Vorgang eintritt. Das ist nun die Weise, durch Besinnung die Erinnerung förmlich zu suchen«. Manchmal stellt sich die Erinnerung aber »ebenso auch ungesucht ein«, dann haben wir es mit einer unwillkürlichen Erinnerung zu tun, einem psychischen Vorgang, dem wir bei Proust und seiner »Suche nach der verlorenen Zeit« wiederbegegnen werden.

Um uns an etwas zu erinnern, gehen wir am besten an jenen Anfang zurück, als sich die Dinge gegenseitig in Bewegung versetzt haben, und rufen sie im Geist wieder hervor. »… Man kann sich leicht an solches erinnern, was eine feste Ordnung hat, wie das Mathematische.« Oder wir erinnern uns durch Assoziation der Ideen oder Empfindungen. »Das ist darin begründet, daß man mit seinen Gedanken leicht von dem einen auf das andere kommt, so z. B. von Milch auf Weiß, von Weiß auf Luft, von Luft auf Frucht, durch das man sich dann an den Spätherbst erinnert, wenn man diese Jahreszeit sucht.«[22] Gewohnheit und Wiederholung helfen dem Gedächtnis, die richtige Spur

zu finden, während der Geist gelegentlich hin- und her-
springt und suchen muß, »wenn wir einen Namen aus
dem Gedächtnis sagen sollen«, bis wir einen finden, »der
zwar einigermaßen den gleichen Klang hat, aber doch von
der wirklichen Wortform abweicht«.[23] Montaigne, Proust,
Freud, Valéry beschäftigten sich später ebenfalls mit dieser
Suche nach dem vergessenen Namen.

Erinnern setzt ein Zeitmaß voraus – wir erfinden keine
neue Vorstellung, sondern wir finden eine frühere wieder.[24] Aber wir können uns auch täuschen, uns an vergangene Ereignisse erinnern, von denen wir wissen, daß
sie sich ereignet haben, wenn auch unsere Erinnerungen
selbst oft vage und zeitlich ungenau sind. Die Erinnerung
ist eine besondere menschliche Fähigkeit, die wir den
Tieren, die durchaus über ein Gedächtnis verfügen, voraus haben. Erinnern ist folglich eine Art schlußfolgerndes
Denken: »Denn wer sich erinnert, schließt, daß er etwas
früher gesehen oder gehört oder sonstwie wahrgenommen hat, und die Erinnerung ist wie ein Suchen.« Der
wundervollen Formulierung, daß die Erinnerung »ein
Suchen nach einem Phantasma in etwas Körperlichem
darstellt«, hätte Proust sicherlich freudig zugestimmt und
zweifellos die Beobachtung bestätigt, daß manche Menschen, besonders die Melancholiker, diese Suche nicht
abbrechen können und verstört sind, wenn sie sich einer
Sache nicht entsinnen können: »Besonders aber werden
diejenigen beschwert, die in der Gegend der Wahrneh-
mungsorgane viel Feuchtigkeit haben, die aus der Bewegung nicht leicht zur Ruhe kommt, bis sich einstellt, was
man sucht.« Kein Wunder also, daß Montaigne, Rousseau, Nerval und die Romantiker, Baudelaire, Supervielle
dem Gedächtnis eine solch überragende Bedeutung für

die menschliche Psyche, ja die menschliche Existenz überhaupt eingeräumt haben. Ist diese Verstörung, von der Aristoteles spricht, nicht genauso in der Psychoanalyse zu beobachten, jener Suche, die ebenfalls nur unter großen Schwierigkeiten abgebrochen werden kann?

Halten wir den einmal erkannten Unterschied zwischen Gedächtnis und Erinnerung fest. Das Gedächtnis liefert uns seinen gesamten Inhalt auf einmal oder gar nicht; die Erinnerung wird anhand von Bruchstücken rekonstruiert und erfordert geistige Anstrengung. Das Gedächtnis fällt in das Gebiet der Sinneswahrnehmungen, es entspricht einem Gemälde, einem Bild des abwesenden Objekts, dem Abdruck eines Siegels im Wachs. Die Erinnerung, die mit einem Teil des Objekts beginnt, müssen wir uns erarbeiten. Weil sich unsere Sinneswahrnehmungen – heute würden wir sagen: unsere Neuronennetze – verschränken und wir von einer zur anderen gelangen können, ist Erinnerung möglich. Es ist bei dieser sinnlichen oder neuronalen Verschränkung gleichgültig, ob sie strikt logisch, mathematisch vernetzt oder assoziativ und ungeordnet erfolgt. Letzteres zeigt sich sehr eindringlich, wenn wir z. B. Namen, Lieder oder Reden beseelt vorgetragen oder gehört haben. Dann kann es sein, daß, »wenn man fertig ist und auch nicht will, wieder neuerdings das Singen oder Reden«[25] anfängt.

Aristoteles verwandelt Platons Theorie von Gedächtnis und Erinnerung. Mag er auch bestimmte Grundzüge übernehmen – den Abdruck im Wachs, den metonymischen Charakter des Gedächtnisses, den Begriff der Erinnerung –, so erweitert er Platons Ansatz um die psychologische Analyse, die genaue Beschreibung eines Prozesses, den Begriff des Zeitmaßes. Er befreit Gedächtnis und Erinnerung von ihrem mystischen Charakter, vom Begriff des früheren Lebens und des Ideenreiches.[26] Die gesamte Mnemotechnik gründet sich auf das aristotelische Konzept der Erinnerung durch Ordnung und Assoziation. Der Gedanke, die verschiedenen Teile einer Rede, an die man sich erinnern möchte, in den Räumen eines Gebäudes unterzubringen, hat, wie wir sehen werden, seinen Ursprung genau hier.[27]

Augustinus – der Vollender der antiken Gedächtnistheorie

Augustinus, der letzte und bedeutendste Erbe der gesamten antiken Philosophie, widmet im 10. Buch seiner *Bekenntnisse* rund 20 berühmt gewordene Seiten dem Problem des Gedächtnisses. Er vergleicht das Gedächtnis mit einem Palast, dessen Gemächer mit Schätzen gefüllt sind. In der lateinischen Rhetorik von Cicero bis Quintilian[28] ist diese Technik der Gedächtnisschulung entwickelt worden: »Man suche sich in Gedanken bestimmte Orte, mache sich Bilder von den Dingen, die man behalten möchte, und bringe diese Bilder dann an den verschiedenen Orten unter.«

Der antike Mensch hatte, weil er nicht wie wir auf Bücher und Schrift zurückgreifen konnte, ein weit besseres visuelles Gedächtnis als der moderne Mensch. Daher wird in antiken Texten das Erinnern immer mit dem Sehen gleichgesetzt – dem Anblick eines Bildes, eines Abdrucks, eines Palastes. Dieses »künstliche« Gedächtnis bildet nach der *Rhetorica ad Herennium* (86–82 v. Chr.) einen Gegensatz zum natürlichen Gedächtnis, das ein Teil unseres Geistes ist, aber von keiner Technik unterstützt wird. In dieser Abhandlung wird dem Redner empfohlen, sich die verschiedenen Räume eines Hauses vorzustellen und dort an exakt lokalisierten Orten Ideen abzulegen. So verfuhren alle antiken Redner, auch Augustinus. Noch im 18. Jahrhundert lehrte Matteo Ricci diese Mnemotechnik, bei der man sich Ideen, Fakten, Personen in einem architektonischen Kontext einprägte: »Sobald wir alles ordentlich verstaut haben, brauchen wir nur noch die Schwelle zu überschreiten. Alles hat seinen Platz im Gehirn gefunden, und alle Bilder warten nur darauf, das zum Vorschein zu bringen, dessen wir uns erinnern möchten.«[29]

In diesen Gedächtnispalästen werden Bilder und Gedanken aufbewahrt. Manche Erinnerungen stellen sich unvermittelt von selbst ein. Andere erscheinen erst schemenhaft und treten dann zögerlich zutage und werden »gleichsam aus entlegenen Kammern … erst hervorgezogen«. Wieder andere Erinnerungen tauchen anstelle von solchen auf, die man eigentlich sucht. Es handelt sich hier um die erste Erwähnung der Deckerinnerung, von der bei Freud später so häufig die Rede sein wird: »Und ich scheuche es mit der Hand des Innern weg vom Auge meines Nachdenkens, bis sich entwölkt, was ich will, und aus dem Versteck hervortritt in die Sichtbarkeit.«[30] Unter diesen Schätzen finden wir alles »geordnet und artweise aufbewahrt« genauso wieder, wie wir es mit unseren Sinnen aufgenommen haben – alle Farben, Formen, Laute, Geschmacks- und Tasterlebnisse. Das Gedächtnis bewahrt diese Eindrücke in seinen Winkeln, »ich weiß nicht was für geheimen, unfaßbaren«, auf. Hier ist das Jenseits der Sprache nicht mehr weit, das wir Unbewußtes nennen. Nicht die Dinge finden hier Eingang, sondern ihre Vorstellungsbilder. Wir wissen zwar, wie es zu den Sinneswahrnehmungen kommt, »wer aber könnte sagen, wie sie zu Bildern geworden sind?«[31] Ohne diesen Schatz gibt es keine Erfahrung, kein Urteilsvermögen, keine Hoffnung, noch nicht einmal Sprache.

Und doch weiß Augustinus nicht, wo der Sitz des Gedächtnisses ist: »So ist der Geist zu eng, sich selbst zu fassen. Wo aber ist es, was er an Eigenem nicht fassen kann? Ist es etwa außer ihm, nicht in ihm selbst? Wie also faßt er's nicht?«[32] In dieser über 1600 Jahre alten Frage findet sich keine Spur medizinischer Hypothesen, deren markantester Vertreter Galen im 3. Jahrhundert war. Das Gedächtnis gehört, so sagt Augustinus mit Platon und Plotin, ganz zur Seele. Entsprechend ist das Bild von Mailand, das ich in meinem Gedächtnis trage, nicht körperlich. Ein menschlicher Körper wäre zu klein, dieses Bild enthalten zu können, folglich ist die Vorstellung von Mailand oder irgendeinem anderen Ort oder Gegenstand immer nur unkörperlich vorhanden. Das menschliche Gedächtnis gehört deshalb zur Seele.[33]

Andererseits lokalisiert Augustinus wie Nemesius von Emesa die drei Vermögen der Seele – Vorstellung, Vernunft und Gedächtnis – in der ersten, zweiten beziehungsweise dritten Gehirnkammer. Dieses Schema war »das erste Modell einer Lokalisierung der Hirnfunktionen und tauchte bis ins 17. Jahrhundert … in zahlreichen Zeichnungen und Stichen immer wieder auf«[34], so bei Rabelais und anderen.

Der Gegenstand des Gedächtnisses ist die Vergangenheit: Wir haben »das Gedächtnis für die Vergangenheit, den Blick für die Gegenwart, die Erwartung für die Zukunft«. Das Gedächtnis fördert Vorstellungen zutage, die latent in uns vorhanden sind. Sie neigen allerdings dazu zu verblassen: »Was sich nach einem Jahr nicht mehr in unserem Gedächtnis befindet, hat schon nach einem Tag zu schwinden begonnen … Daher sagen wir im allgemeinen: Ich erinnere mich verschwommen, wenn wir uns etwas nach einiger Zeit vergegenwärtigen, bevor wir es ganz vergessen haben.«[35]

Augustinus unterscheidet zwei Arten von Gedächtnis, das sinnliche und das geistige. Nur Bilder, jedoch keine Körper werden in unserem Geist gespeichert; sie lassen sich in Kategorien unterteilen, nach den Objekten, auf die sie verweisen[36], und nach den fünf Sinnesmodalitäten klassifizieren, denn wir können uns auch an einen Geruch oder einen Geschmack erinnern, wie es die Szene von Proust mit den Madeleines und dem Lindenblütentee, eine der berühmtesten Situationen der Weltliteratur, eindringlich belegt. Dank dieser Klassifizierung können wir solche Bilder wiederfinden. Die Sache oder die Sinnesempfindung hinterläßt ihren Abdruck im Gedächtnis.

Das geistige Gedächtnis bewahrt die Dinge auf, die wir in der Wissenschaft, der Literatur, der Dialektik gelernt haben, »fern und tief verborgen«. Diese zweite Form ist als reines Wissen in unserem Gedächtnis vorhanden. Sie prägt also keine »Spuren« oder Vorstellungsbilder, »die wie in wunderbaren Kammern aufgehoben und beim Erinnern wunderbar hervorgeholt« werden, und arbeitet auch nicht mit der Stimme, dem Geruch oder Geschmack, wie es die sinnliche Gedächtnisform tut. Durch welche »Türen meines Fleisches« sind die Dinge des Wissens also in sie eingetreten? Wenn die Sprache sie verkündet, habe ich sie »nie mit einem Sinne meines Leibes erfaßt«.[37] Statt sich mit dem Lernen zu beschäftigen, wo die Lösung des Problems zu suchen wäre, bevorzugt Augustinus die Annahme, das Wissen sei schon immer vorhanden und ruhe seit jeher auf dem Grund des Gedächtnisses. Lernen heißt also nicht, Wissen von außen aufzunehmen, sondern »daß wir das, was ungesammelt und regellos im Gedächtnis enthalten war, nun denkend gleichsam zusammenlesen«.[38] Genau dies bedeutet aber Denken. In diesem Zusammenhang verweist Augustinus darauf, daß »denken« im Lateinischen eigentlich »zusammenbringen« heißt, denn *cogitare* ist der Iterativ von *cogere*. So haben die Geometrie und die Arithmetik, mit denen wir in unserem Denken umgehen, weder akustische noch visuelle Eigenschaften, sie »sind auch nicht die Bilder der gezählten Dinge; und darum eben haben sie ein Sein für sich«.[39]

Offenbar prägen wir uns eine geistige Vorstellung der abwesenden Sache ein, sonst könnten die Kranken nicht wissen, was das Wort »Gesundheit« bedeutet. Die abstrakten oder wissenschaftlichen Begriffe sind in den Anschauungen enthalten: »Ich sage Gedächtnis, und ich erkenne die Sache, wenn ich ihren Namen sage. Und wo anders erkenne ich sie als im Gedächtnis selbst? Ist nun auch dieses nur in seinem Abbild sich gegenwärtig, nicht vielmehr in seiner Wirklichkeit an sich?«[40]

Wenn das Gedächtnis als Phänomen selbst Teil des Gedächtnisses ist, so stellt sich die Frage, wie es sich mit dem Vergessen verhält. Was Vergessen bedeutet, kann ich nur wissen, wenn ich mich an etwas erinnere, mag es noch so vage sein.[41] Doch wie läßt sich das Vergessen anders als bildlich erinnern? Könnte das Vergessen selbst in unserem Gedächtnis nach Belieben agieren, »so wäre doch die Folge, daß wir es vergäßen, nicht daß wir uns erinnerten«.[42] – »Und dennoch bin ich mir gewiß, daß ich auf irgendwelche Weise, und mag sie unbegreiflich, unerklärlich sein, ein Erinnern habe an dieses nämliche Vergessen, das eben das, woran ich mich erinnern möchte, begraben hat.« Hier gerät Augustins Denken in die Nähe der Negation, jener unbekannten Dunkelzone unserer Amnesien und Verdrängungen.

Wenn das Gedächtnis nichts anderes als der Geist ist, dann speichert es die Dinge nach ihrer Art – bei den Körpern etwa nach ihrer Anwesenheit, nach ihrer Schönheit, nach irgendeinem anderen Kennzeichen, nach den Vorlieben der Seele. Dieses Reich, so Augustinus, kennt keine Grenzen. ›Kann das Gedächtnis, das Geist ist, Gott finden?‹ fragt er sich. Weil wir Gott vergessen haben, ist er außerhalb des Geistes. Doch wie sollen wir ihn wiederfinden, ohne uns seiner zu erinnern? Wenn es sich um einen sichtbaren Körper handelt, dann haben wir eine Vorstellung in der Tiefe unseres Gedächtnisses bewahrt. Wir finden wieder, was wir vergessen haben, weil wir eine partielle Erinnerung daran bewahrt haben und weil dieses Bruchstück uns erlaubt, wiederzufinden, was wir vergessen haben. Die schon erläuterte Suche nach einem vergessenen Namen gleicht für Augustinus der Suche nach Gott. »Aus der Erinnerung sagen wir: ›ja, der ist es‹. Doch wär er ganz getilgt aus unserm Geist, so brächte auch kein anderer zuwege, daß wir uns erinnern. Noch nicht völlig, also haben wir vergessen, wovon wir uns wenigstens erinnern, daß wir es vergessen haben. Darum: was wir ganz vergessen hätten, könnten wir auch gar nicht als Verlorenes suchen.«

Wer außer dem Menschen hat ein Gedächtnis?[43] Die Tiere besitzen ein Gedächtnis, das sich auf vergängliche Dinge bezieht: Die Schwalbe findet ihr Nest wieder, die Ziege ihren Stall, Odysseus' Hund erkennt seinen Herrn.

Die Tiere bewahren, wie bereits Lukrez angemerkt hat, die Bilder der wahrgenommenen Objekte.[44] Sogar den Fischen schreibt Augustinus ein Gedächtnis zu.[45] Trotzdem erinnern sich Tiere nur an Körper und Bilder.

Das rationalisierte Gedächtnis.
Von Descartes zu Spinoza

Weder die philosophische Ergründung noch die anatomische Erforschung des Gedächtnisses ist nach Augustinus bis zur Renaissance wesentlich vertieft oder grundsätzlich verändert worden.[46] Für Descartes wie für Augustinus bildet sich das Gedächtnis aus den Spuren, die die vielfältigen Sinneseindrücke oder die Spielarten des Denkens in uns hinterlassen.[47] Zu diesem Begriff der Spuren – eine Vorahnung der Gedächtnisspur, an der das 19. Jahrhundert so viel Gefallen finden sollte – führt Descartes aus: »Ich glaube, daß das Gedächtnis der materiellen Dinge von den Spuren abhängt, die im Gehirn zurückbleiben, nachdem sich dort ein bestimmtes Bild eingeprägt hat; und daß dasjenige der geistigen Dinge von anderen Spuren abhängt, die im Gedanken selbst zurückbleiben, doch diese sind von gänzlich anderer Art als jene; und ich vermag sie durch kein Beispiel der körperlichen Dinge zu erklären. Indessen versetzen die Spuren im Gehirn dieses in die Lage, die Seele auf die gleiche Weise zu bewegen, wie es sie zuvor bewegt hat, und ihr dergestalt etwas in Erinnerung zu rufen, so wie die Falten, die sich in einem Stück Papier oder einem Wäschestück befinden, dieses geneigter machen, fortan gefaltet zu werden – geneigter, als wenn es nie gefaltet worden wäre.«[48]

Um uns an etwas zu erinnern, genüge es nicht, so Descartes in einem Brief vom 29. Juli 1648 an Arnauld, »daß sich diese Sache zuvor unserem Geist dargeboten und in unserem Gehirn Spuren hinterlassen hat, durch die sich die betreffende Sache unserem Denken erneut darbietet; vielmehr müssen wir, wenn sie sich zum zweiten Mal einstellt, zusätzlich erkennen, daß dies der Fall ist, weil wir sie schon vorher erblickt haben.«[49] Nicht alle Spuren sind gleich geeignet: Der Geist muß sie wiedererkennen, wenn sie eines Tages »erneut auftauchen«. Beim ersten Eindruck muß sich der Verstand des reinen Verstehens bedienen, um das Neuartige der Sache zu bemerken. Ebenso gibt es unmittelbare Gedanken (beim Kleinkind) und reflektierte Gedanken, die sich auf den Verstand beziehen.

Wenn wir uns an etwas erinnern wollen, dann sendet die Seele über das Gehirn, das bei Descartes noch als Drüse beschrieben ist, die »Lebensgeister« – wir würden heute von neuronalen Impulsen sprechen – an verschiedene Stellen eines Organs, »bis sie auf die Spuren stoßen, die das Objekt, dessen man sich erinnern will, dort hinterlassen hat. Denn diese Spuren sind nichts anderes als die Poren des Hirns, durch welche die Lebensgeister vorher aufgrund der Gegenwart des Dinges ihren Lauf genommen haben und die dadurch eine größere Leichtigkeit als andere gewonnen haben, sich in der gleichen Weise zu öffnen, wenn die Lebensgeister gegen sie strömen.« Nun kommt es zum umgekehrten Impuls: Die neuronalen Vernetzungen erregen das Gehirn, die »Hirndrüse« für Descartes, die ihrerseits der Seele »das Objekt vorstellt, dessen sie sich erinnern will«.[50] So erkennt die Seele das Objekt wieder, das sie gesucht hat; der Vorgang des Erinnerns ist gelungen.

Die vollständigste anatomische Erklärung seiner Auffassung vom Gedächtnis liefert Descartes in der Abhandlung *Über den Menschen* (1632). Er erläutert, »auf welche Weise die Spuren dieser Ideen über die Arterien zum Herzen gelangen und so auf das ganze Blut ausstrahlen und ... wie sie sich dem inneren Teil des Gehirns einprägen, ... wo sich der Sitz des *Gedächtnisses* befindet«.[51] Descartes' Konzeption ist nur einen Schritt von der modernen Idee entfernt, das Nervensystem könne diese Informationen ans Gehirn übermitteln.[52] Descartes nahm an, »Geister« würden sich durch »kleine Röhren im Gehirn bewegen und Figuren« zeichnen, »die denjenigen der Objekte entsprechen ... allmählich besser und besser, je nachdem, ob ihre Wirksamkeit stärker ist, ob sie länger dauert oder ob sie mehrmals wiederholt worden ist. Das ist der Grund dafür, daß diese Figuren sich nicht mehr so leicht verflüchtigen, sondern dort aufbewahrt werden, derart, daß sich dadurch die Ideen ... noch lange Zeit danach dort bilden können, ohne daß die Gegenwart der Objekte, denen sie entsprechen, dazu erforderlich ist. Und darin besteht das *Gedächtnis*.«[53]

In der Mitte des großen 17. Jahrhunderts entwarf Spinoza ein noch rationaleres Gedächtnis als Descartes. Dank des Verstandes gewinnt das Gedächtnis an Kraft: »Ein Sachverhalt wird um so leichter behalten, je mehr er begreifbar ist, und umgekehrt vergessen wir ihn um so leichter, je weniger dies gilt. Wenn ich beispielsweise jemandem eine Fülle unzusammenhängender Worte mitteile, wird er sie sehr viel schwerer behalten, als wenn ich ihm dieselben Worte in Form einer Erzählung mitteile.«[54] Diese scharfsinnigen Überlegungen nehmen die zeitgenössischen psychologischen Tests vorweg, in denen die

Leistung von Versuchspersonen mit Hilfe von Wortlisten getestet wird. Doch Spinoza weist auch darauf hin, daß das Gedächtnis an Kraft gewinnt, wenn das Vorstellungsvermögen und der gesunde Menschenverstand durch irgend etwas Körperliches stimuliert werden: »Wenn jemand beispielsweise nur eine Liebesgeschichte gelesen hat, wird er sie sehr gut behalten, solange er nicht noch andere derselben Gattung lesen wird, ist doch dann sie allein in seiner Einbildungskraft lebendig.«[55]

Das Gedächtnis wird also definiert als »die Empfindung der Eindrücke des Gehirns, begleitet von dem Gedanken an eine bestimmte Dauer dieser Empfindung«.[56] Wann und wo? Wenn wir diese Frage nicht beantworten können, bleibt das Gedächtnis unvollkommen. Diese Empfindung ist nicht so lebhaft wie das Bild einer gegenwärtigen Sache, und je weiter sie sich entfernt, desto mehr schwächt sich ihre Wirkung ab.[57]

Das Lagerhaus unserer Vorstellungen. Von Locke zu Diderot

Für Locke[58], den vielleicht bedeutendsten englischen Philosophen des 17. Jahrhunderts, erwächst alles aus der Erfahrung, womit er sich entschieden gegen Descartes' angeborene Ideen wendet. Mit Locke kommt die empirische Analyse des Gedächtnisses einen entscheidenden Schritt voran. Das Gedächtnis ist für ihn die Fähigkeit, in unserem Gehirn jene sinnlichen oder geistigen Vorstellungen wieder aufzurufen, die verschwunden oder aus dem Blick geraten sind, nachdem wir sie uns eingeprägt hatten. Wir erinnern frühere Wahrnehmungen mehr oder weniger deutlich und sind uns dabei der Zeit bewußt, die seither vergangen ist. Das Gedächtnis ist für Locke das Lagerhaus all unserer Vorstellungen, über die der Verstand verfügt.

Aufmerksamkeit und Wiederholung fixieren die Vorstellungen im Gedächtnis. Den tiefsten und dauerhaftesten Eindruck hinterlassen lustvolle oder schmerzhafte Gedanken. Dabei verankern sich eindringliche Wahrnehmungen oder intensive Gedanken, auch wenn sie nur einmal auf unsere Sinne einwirken, dauerhaft im Verstand. Andere Ideen, auch wenn sie mehrfach vorgestellt werden, gelangen nicht ins Gedächtnisbewußtsein, werden kaum bemerkt und verflüchtigen sich rasch ins Unter- oder Unbewußte.[59]

Die Erinnerung kann sehr langlebig sein; dennoch verfallen fortwährend alle unsere Vorstellungen, selbst jene, die sich uns ins Gedächtnis eingebrannt haben. Ohne Übung, ohne gelegentliches oder ständiges Bewußtmachen des Gedächtnisinhalts verwischt der Abdruck. Die Bilder in unserem Geist haben Farben, die erst verblassen und schließlich, wenn sie nicht von Zeit zu Zeit restauriert werden, ganz verschwinden. Unsere körperliche Verfassung beeinflußt unser Gedächtnis: Eine Krankheit kann uns ideenlos machen und uns das Gedächtnis rauben. Sinnliche oder geistige Ideen, die wir häufig durch Übung auffrischen, graben sich am gründlichsten unserem Gedächtnis ein und sind zugleich am klarsten.

Bei dieser »sekundären Wahrnehmung« des Erinnerns ist das Gehirn aktiv: Der Wille sucht eine verlorene Idee; andere Ideen werden in unserem Gehirn durch seine Eigentätigkeit wachgerufen. Möglicherweise »scheucht eine heftige Leidenschaft sie in ihrer dunklen Zelle auf«. Unsere Empfindungen wecken gleichsam unsere Ideen auf, die von unserem Verstand als alte Eindrücke erkannt werden. Obwohl uns früher eingeprägte Vorstellungen nicht permanent bewußt sind, kehren sie so zurück, wie sie eingeprägt worden sind.

Die Grenzen unseres Gedächtnisses sind die Grenzen unserer Welt. Wer gespeicherte Ideen nicht rasch genug wiederfindet und dem Verstand liefert, was er braucht, ist faktisch unwissend. Folglich ist es die Aufgabe des Gedächtnisses, dem Verstand die »schlafenden Ideen« zum richtigen Zeitpunkt zu liefern.

Nur Gott ist allwissend: Er kennt alle Dinge, die vergangenen, gegenwärtigen und zukünftigen. Dieses Privileg ist den Menschen verschlossen. Sie sind mit einem Gedächtnis begabt; aber auch einige Tiere scheinen eines zu besitzen, etwa der Vogel, der eine Melodie behält. So begegnet uns der Papagei bei Stevenson ebenso wie bei Flaubert oder Queneau in der Literatur. Wenn wir an Laverdure, den Papagei aus *Zazie in der Metro*, denken, könnte uns vielleicht die Ahnung überkommen, wir alle seien die ungefiederten Vettern dieses Schwätzers.

Voltaire, Anhänger der englischen Philosophie und somit gegen Descartes eingestellt, hat, als wolle er Mitte des 18. Jahrhunderts Bilanz ziehen, in seiner kurzen, aber bedeutenden Schrift *Die Geschichte mit dem Gedächtnis* eine Ideengeschichte verfaßt.[60] »Das denkende Menschengeschlecht … glaubte lange Zeit … wir bezögen unsere Ideen allein von unseren Sinnen, und das Gedächtnis sei das einzige Instrument, mittels dessen wir zwei Gedanken und zwei Worte miteinander zu verbinden vermöchten.« Daraufhin »trat ein Philosoph auf, halb Mathematiker, halb Träumer, der gegen die fünf Sinne und gegen das Gedächtnis argumentierte« (Descartes). Nach seiner Auffassung werden unsere eingeborenen Ideen dem Erkenntnisvermögen, »Seele« genannt, ohne Hilfe des Gedächtnisses dargeboten. Dann habe der Engländer Locke bewiesen, »es gebe keine eingeborenen Ideen, nichts sei so unentbehrlich wie die fünf Sinne, und das Gedächtnis diene vorwiegend dazu, die mit den fünf Sinnen wahrgenommenen Dinge zu behalten«. Da die Gelehrten der Sorbonne sowie die mit ihnen verbündeten Jesuiten und Jansenisten diese Lehre ablehnten, hätten die Musen und ihre Mutter Mnemosyne, so berichtet Voltaire, eines Tages aus Rache dafür gesorgt, daß alle Menschen erwachten, »ohne sich auch nur im geringsten an das Vergangene zu erinnern«. Daraufhin wiesen die Damen ihre Ehemänner zurück, und die Herren verwendeten ihre Barette »für bestimmte Bedürfnisse«. Die Dienstboten stahlen alles, was ihnen in die Hände fiel. »Ihre Herren wollten rufen: ›Haltet den Dieb!‹ Doch da ihren Hirnen der Begriff für ›Dieb‹ entfallen war, kamen sie nicht auf das Wort. Ein jeder hatte seine Sprache vergessen und stammelte unartikulierte Laute.« Niemand wußte noch, wie man aß oder sich kleidete. Schließlich hatten die Musen Mitleid »mit diesem armen Geschlecht«. Mnemosyne sprach: »Ihr Dummköpfe, ich will euch vergeben; doch bleibt stets eingedenk, daß es ohne die Sinne kein Gedächtnis und ohne Gedächtnis keinen Geist gibt.« Ohne Sinne kein Gedächtnis und ohne Gedächtnis keine einheitliche Welterfahrung, keine kohärente Welterkenntnis und auch kein Bewußtsein mehr für unsere Existenz, folgert Voltaire, indem er die fundamentale Einsicht von Locke weiterentwickelt.

In seinem letzten philosophischen Werk, den posthum

erschienenen *Elementen der Physiologie,* entwickelte Diderot eine hochmoderne Theorie des Gedächtnisses.[61] Wie Voltaire hatte er sich eingehend mit den englischen Philosophen, vor allem Locke, und wichtigen anatomischen Schriften beschäftigt. Bei Diderot wandelt sich die Philosophie zur Psychophysiologie.[62] In seinem Enzyklopädie-Artikel über Locke erklärt Diderot, »nur wer längere Zeit in der Medizin tätig war, darf über die Metaphysik schreiben«.[63] Das Beispiel der Schädelverletzungen und der »Zustände«, einer Form von Neurasthenie, zeige, wie abhängig die Seele vom Körper sei. Das Zentralnervensystem ist das Zentrum des Gedächtnisses.[64] Wie die Mechanismen des Gedächtnisses funktionieren, wird klar, wenn man »die weiche Masse des Gehirns betrachtet. Sie ist wie eine Masse aus empfindungsfähigem und lebendigem Wachs, die jede beliebige Form annehmen kann, keine vergißt, die sich ihr eingeprägt hat, und unaufhörlich neue empfängt, die sie bewahrt.«

Das Gehirn ist wie ein gedrucktes Buch, das sich selbst liest, »wobei es fühlt, was es ist, und dies durch Töne zum Ausdruck bringt«. Wenn die Schrift verblaßt, vergißt der Mensch. Das Gedächtnis braucht die Zeichen der Sprache: »Ein Kind von zehn Jahren, das unter Bären aufgewachsen ist, hat kein Gedächtnis.« Jede Sinnesmodalität hat ihr eigenes Gedächtnis, und das »Gedächtnis konstituiert das Ich«.[65] Ohne das Gedächtnis gibt es keine Bewußtseinskontinuität und kein Ich-Bewußtsein. Empfindungen oder Aktivitäten, die sich in den Sinnesorganen wiederholen, rufen Gewohnheiten und Verkettungen hervor: »Gedächtnis des Sehens, Gedächtnis des Hörens, Gedächtnis des Schmeckens, Gewohnheiten, die eine lange Folge von sukzessiven Empfindungen, Worten und Bewe-

gungen der Organe miteinander verbinden.« Diderot
prägt diesen Gedanken in die herrliche Formulierung: »So
ist das unermeßliche Gedächtnis die Verbindung von allem, was der Mensch in einem Augenblick gewesen ist,
mit allem, was er im folgenden Augenblick gewesen ist;
diese Zustände, durch den Akt verknüpft, rufen dem
Menschen alles ins Gedächtnis, was er in seinem Leben
gefühlt hat.« Am Vergessen ist also »mangelnde Übung«
schuld.

Die Empfindung kann durch eine spontane Bewegung
eines Organs ausgelöst werden, »das sich verhält, als wäre
es von der Gegenwart des Objekts beeinflußt … So kann
das Gedächtnis als eine naturgetreue Verknüpfung der
Empfindungen angesehen werden, die in der Reihenfolge
wachgerufen werden, wie sie empfangen wurden.« Wir
erinnern uns einmal besser, ein andermal schlechter: »Wir
haben ein dauerhafteres und genaueres Gedächtnis für
Dinge, die stärker auf uns eingewirkt haben als andere.
Das Gedächtnis verändert sich mit dem Alter. Das Gehirn
verhärtet sich, und das Gedächtnis verblaßt. Kinder lernen
rasch, behalten aber wenig; die Alten erinnern sich an die
Vergangenheit, vergessen aber die Gegenwart.«[66] Angenehme Sinneswahrnehmungen lassen sich leichter erinnern:
»Süß im Geschmack, aromatisch im Geruch, wohlschmek-
kend: derartige Eindrücke verketten sich im Gedächtnis.«
Diderot weist ferner darauf hin, daß das Gedächtnis mit
Schmerz und Lust verknüpft ist und daß es die Fähigkeit
besitzt, anhand eines Details eine ganze Vergangenheit zu
vergegenwärtigen: »Der Laut einer Stimme, die Anwesenheit eines Gegenstands, ein bestimmter Ort, und plötzlich
fällt mir ein Gegenstand, was sage ich, ein langer Zeitraum
meines Leben ein; augenblicklich überfällt mich Freude,

Trauer oder Gram. Diese Wirkung äußert sich in einem Zustand der Selbstvergessenheit oder Ablenkung.«[67] Hier skizziert Diderot also sowohl das affektive als auch das unwillkürliche Gedächtnis. Er schließt seine Überlegungen mit einer Frage: »Ist das Gedächtnis eine Quelle der Vorstellungskraft, des Scharfsinns, der Erkenntnisfähigkeit, des Genies?« Und mit einer Feststellung: »Wenn man nichts behält, war alles umsonst.«

Neue Wege in der Gedächtnisforschung. Die Ideologen

Diese Wissenschaft des Denkens, um die sich Diderot bemühte, haben die sogenannten *Ideologen* während der Französischen Revolution und des Ersten Kaiserreichs vorbereitet. Destutt de Tracy bezeichnet in seinen *Éléments d'idéologie*[68] die Erinnerung als eine innere Sinnesempfindung, die allerdings von der primären Sinneserfahrung verschieden sei. Diese bewegt sich von der Peripherie zum Zentrum, die Erinnerung dagegen vom Zentrum zur Peripherie. Wenn sie sehr lebhaft ist, ruft sie die primäre Sinnesempfindung wach, wodurch die erste Bewegung erneut ausgelöst wird. Das Gedächtnis besteht nicht nur darin, die Erinnerungen an frühere Sinneswahrnehmungen zu fühlen, sondern auch in den Erinnerungen »an unsere Urteile, unsere Begierden, an alle unsere zusammengesetzten Ideen«, ja an unsere Erinnerungen selbst, »denn ständig fallen uns Erinnerungen an Eindrücke ein, die ihrerseits Erinnerungen sind«. Das Gedächtnis bringt unsere Urteilsfähigkeit ins Spiel, die zu dem Ergebnis kommt, daß der gegenwärtige Eindruck »eine Vorstellung des vergangenen Eindrucks ist«, und auf diese Weise »eine Iden-

titäts- oder Ähnlichkeitsbeziehung zwischen diesen beiden Eindrücken« herstellt, ein Gedanke, der auch auf
Stendhal einen großen Einfluß hatte.

Gall und Maine de Biran

Von Cabanis abgesehen, der Arzt war[69], haben sich die
Ideologen wenig um die Physiologie gekümmert. Doch
im Laufe des 18. Jahrhunderts hat die Gehirnforschung
beträchtliche Fortschritte gemacht und die Verbindung des
Gehirns mit dem Nervensystem nachgewiesen. Unter dem
Einfluß dieser Erkenntnisse und der Philosophie Herders[70]
hat sich der deutsche Arzt Franz Joseph Gall (1758–1828)
bemüht, eine Gehirnkarte zu zeichnen, auf der all unsere
Aktivitätszentren vermerkt waren: So erklären sich die berühmten Höcker, die nichts anderes als die durch diese
Zentren aufgeworfenen Auswüchse waren. Gall »ordnet
mit einem Schlage alle Teile eines Puzzles so an, daß es
lesbar wird«[71]. Jeder Fähigkeit schreibt er ein eigenes
Gedächtnis zu.[72] Gall hatte auch großen Einfluß auf Balzac, der ihn in der *Menschlichen Komödie* über zehnmal
zitiert. Maine de Biran faßt in der Schrift *Observations
sur les divisions organiques du cerveau (Beobachtungen über
die Verteilung der Organe des Gehirns)*, einem seiner ersten
Werke, die Theorien zusammen, nach denen die Nerven-
enden auf bestimmte Sinneswahrnehmungen spezialisiert
sind und diese an genau definierte Punkte des Gehirns
übermitteln (Hartley, Bonnet, Gall). »Die Anatomie gibt
keine Auskunft über den eigentlichen Sitz der Seele.«
Wenn sich das Gedächtnis nicht lokalisieren lasse, so hält
er Gall entgegen, dann gebe es erst recht keine speziali-

sierten Regionen, auf die beispielsweise das Gedächtnis für Farben, Laute oder Wörter einwirken würde.[73] »Man zeige uns doch, wie sich der empfangene Eindruck in Wahrnehmung, Erinnerung, Vorstellungsbild, Urteil verwandelt« – Denken sei keine »Sekretion«, erklärt der Philosoph den Gelehrten, die es auf ein Wechselspiel von Proteinen zurückführen wollen. Wenn man im Inneren des Gehirns zwischen physiologischen Funktionen unterscheiden kann, berechtigt das noch lange nicht zu dem Schluß, daß eine entsprechende Unterscheidung zwischen den Fähigkeiten oder Tätigkeiten des Bewußtseins möglich ist.[74] Wenn man sich hingegen auf Schädelverletzte oder Amnestiker stützt, hat man es, wie der Philosoph scharfsinnig anmerkt, »mit einem Zustand zu tun, der eben die für Intelligenz und Denken grundlegende und charakteristische Bedingung ausschließt«.[75] Schließlich erläutert Maine de Biran noch, Gall verwechsle den Denkakt, der eine Einheit bildet, mit den materiellen, organischen, passiven Eindrücken, auf die dieser Akt einwirkt »und die er zum Gegenstand hat«. In der Nachfolge von Maine de Biran wird Bergson ebenfalls behaupten, der Geist überschreite die Grenzen des Gehirns bei weitem.[76] Nicht die Lokalisierungen bestimmen die Kategorien des Geistes, sondern eher umgekehrt, allerdings ohne daß wir jene genau beschreiben könnten.

Nach dieser Kritik entwirft der Philosoph sein eigenes Konzept vom Gedächtnis, das Bergson nachhaltig beeinflußt hat. Das Urteil der Erinnerung wird bestimmt durch den Vergleich der reproduzierten Umständen mit jenen, denen wir uns augenblicklich gegenübersehen. Verändert sich ein Gesicht im Laufe der Zeit, so dient die Ähnlichkeit mit dem ersten Modell, das sich dem Gedächtnis eingeprägt hat, als Wiedererkennungszeichen: »Zug um Zug wird die Kopie mit dem Original verglichen, und wir sind lebhaft berührt von der Veränderung.«[77] Die Gewohnheit hat dem Gehirn »bestimmte Bilder oder Prototypen« eingeprägt.

Unsere persönliche Identität, der dauerhafte Aspekt unserer Existenz, »ist die Grundlage der Erinnerung oder des Gedächtnisses«.[78] Damit kehrt Maine de Biran Lockes Auffassung um, der zu Unrecht meint, das Gedächtnis oder die Erinnerung an unsere Seinsweisen sei die Grundlage unserer Identität. Dabei handelt es sich um ein doppeltes Gedächtnis. Eigentlich müßte man ihm, wie Condillac gesagt hat[79], zwei verschiedene Namen geben, »einen für das, welches uns unser Sein wiedererkennen läßt; und einen anderen für das, welches uns die Sinnesempfindungen erkennen läßt, die sich dort wiederholen«. Der eine verweist auf eine einfache, reflexive, dauerhafte Idee, auf ein globales Gedächtnis des Selbst, der zweite bezeichnet ein unbestimmtes Phänomen, das voller Ausnahmen und Unterscheidungen steckt. Die Intuitionen können sich dort »kraft einer Art vibratorischer Eigenschaft, die den Organen innewohnt« hinziehen und in Gestalt von Vorstellungsbildern »im organischen Zentrum« spontan reproduzieren. »Das persönliche Erinnern *(réminiscence)*, welches das Bewußtsein vom vergangenen Ich ist, findet sich wieder in der Vorstellung, die diese Empfindung zurückläßt.« Die Verknüpfung des Erinnerns mit einem Vorstellungsbild bildet die Erinnerung *(souvenir)*. Die Ich-Empfindung ist unbedingt notwendig, weil wir ohne sie nicht von dem Punkt aufbrechen könnten, an dem wir uns gerade befinden – in der Gegenwart. Eine Erinnerung vergegenwärtigt uns eine Intuition als vergangen, »ohne sie je als gegenwärtig mißzuverstehen«. Ein Urteil läßt uns mit unserer eigenen Identität die Ähnlichkeit zweier Intuitionen zu zwei verschiedenen Zeitpunkten unserer Existenz wiedererkennen.[80] Das ist das »objektive« Erinnern. Folglich brauchen wir drei Namen: einen für das Wiedererkennen unseres Seins, einen anderen für die Veränderungen, die sich darin wiederholen, einen dritten für das Wiedererkennen der Empfindungen oder Intuitionen, »die im Raum und in der Zeit zugleich koordiniert sind«.

In einem anderen Kapitel desselben Werks behandelt Biran das »geistige Gedächtnis«. Dabei legt er großen Nachdruck auf den Willen als die aktive Erinnerungsfähigkeit. Aber wir können uns nicht alles ins Gedächtnis rufen. »In unseren affektiven Empfindungen« erinnern uns die Zeichen an das, was nicht affektiv ist. Das Gedächtnis ruft nicht die qualitative Sinnesempfindung wach: Wir sind noch weit von Proust entfernt. In einem Rückgriff auf die antike Unterscheidung zwischen Ideengedächtnis und Bildergedächtnis unterstreicht Maine de Biran die Bedeutung des ersteren, ohne das wir nicht in der Lage wären, logisch zu denken.

Wie er 1800 in der Schrift *L'Influence de l'habitude sur la faculté de penser* erläutert, stehen die Eindrücke, die wir durch die äußeren Sinne empfangen, und die »Funktionen des Gehirns oder die Operationen des Verstands« miteinander in Beziehung, sie entsprechen einander.[81] Das Nervensystem ist »das eigentümliche, allgemeine und ausschließliche Organ der Empfindung«. Die Sensibilität ist proportional zur Anzahl der Nerven und ihren »freien Verbindungen mit dem Gesamtsystem«. »Nervenzentren« sind Umschaltstationen auf dem Weg zu jenem Zentrum, von dem alle Nerven ausgehen – »an irgendeinem Punkt des Gehirns«, dessen Ort man (anders, als Gall hoffte) noch nicht genau kennt. Das Gehirn bewahrt die Empfindungen nicht, die es an die »sensiblen Zentren« zurückschickt. Die Wahrnehmungen dagegen fassen dort Fuß. Die spontane Erinnerung der Vorstellungen und ihr willkürlicher Abruf unterscheiden die Vorstellung vom Gedächtnis.[82] Bei diesem vergleicht das Individuum »seine Wahrnehmungen mit seinen Ideen und diese mit ihren Vorbildern, urteilt über ihre Ähnlichkeit oder Identität, erkennt so die Eindrücke und die Objekte, die bereits auf die Person eingewirkt haben, verknüpft die verschiedenen sukzessiven Augenblicke seiner Existenz und formt aus ihnen eine Kette, an der sich wieder emporklettern läßt«. Jeder assoziierte Eindruck wird für das Individuum zum Zeichen für einen anderen, auf diese Weise verknüpft es willkürlich Ideen mit Bewegungen oder Lauten. So kommt es, daß sich Ideen oder Vorstellungsbilder nicht wiederbeleben lassen, weil die Empfindung uns sehr fern bleibt. Begeben wir uns dagegen in die gleiche Situation, können wir die stumpf gewordenen Empfindungszentren wieder zum Leben erwecken.

In der Abhandlung *Deuxième mémoire* (1802) unterscheidet der Philosoph drei Arten von Gedächtnis: das mechanische (einfache Wiederholung von Bewegungen), das repräsentative (auf den Gedächtnisabruf von Zeichen folgt eine klare Idee) und das sensible Gedächtnis (das Zeichen bringt eine affektive Veränderung, ein Gefühl, Erregung zum Ausdruck): »Diese drei Fähigkeiten sind einfach drei Anwendungsweisen derselben bewegenden Kraft, die den Gedächtnisabruf bewirkt.«[83] Letztlich »ist die Tätigkeit des Denkens in Abwesenheit von Objekten nur die Wiederholung jener Tätigkeit, die die Sinne mit diesen Objekten vorgenommen haben«.[84] Die Gewohnheit läßt die Empfindung oder das Gefühl verblassen, fördert aber die zentrale, bewegende Kraft.

Die Kunst der Beobachtung. Taine

Die Psychologie von Maine de Biran, die aus der Selbstbeobachtung erwächst – was sein Tagebuch anschaulich belegt –, versteht sich nicht als Wissenschaft. Anders verhält es sich bei Taine, dessen Essay *De l'intelligence* 1870 erschien. Darin beschäftigt er sich vor allem mit den Gehirnfunktionen und dem Gedächtnis. Er bewegt sich in der Tradition der englischen Empiristen und französischer Irrenärzte, steht aber auch dem Wiener Kreis nahe. Nachdem er lange verkannt war, kam er dank neuer Entwicklungen in den Neurowissenschaften wieder zu Ehren. Nach ihm »beruht jeder Gehirnprozeß auf den Strömen, die durch die Fasern laufen, und dem Tanz, der in den Zellen stattfindet … Diese Großhirnrinde ähnelt einer Druckerei, in der die geschäftige, hell erleuchtete Werkstatt von riesigen, dunklen und unbeweglichen Magazinen umgeben ist … In der Werkstatt finden gleichzeitig zwei Arbeitsgänge statt: Einerseits werden dort unter dem Einfluß der Außenwelt unablässig Wörter zusammengesetzt, die in die Magazine geschickt werden, wo sie zu festen Druckplatten verarbeitet werden; andererseits treffen aus den Magazinen ständig feste Druckplatten ein, die wieder in bewegliche Lettern umgewandelt werden.«[85] Die Empfindungen prägen sich also dem Gedächtnis ein und werden dann vom Gehirn umgeschrieben.

Fast 100 Jahre vor Edelman entwirft Taine eine Theorie der Neuronennetze und des *Reentry*-Mechanismus*: »Eine Vielzahl von Fasern verbinden untereinander verschiedene Regionen der Großhirnrinde eines Gehirnlappens mit verschiedenen anderen Lappen … Das Ereignis, das die Rohempfindung hervorgerufen hat, breitet sich durch Vermittlung der Fasern von einem Punkt der grauen Substanz zum anderen aus. Diese Aktivität der kortikalen Zellen ist die notwendige und hinreichende Bedingung für Vorstellungen, die aus allem Wissen oder Denken erwachsen … Das Gehirn ist ein repetitives und multiplikatives Organ.«[86]

Ribot

1881 veröffentlichte Ribot, der eigentliche Begründer der wissenschaftlichen Psychologie in Frankreich[87] (deren Theoretiker und Wegbereiter Taine war), sein Werk *Les maladies de la mémoire*, nach wie vor eine bedeutende Schrift, die in Amerika häufiger zitiert wird als in seinem eigenen Land (vielleicht weil er unter dem Einfluß englischer Psychologen wie H. Spencer stand). Alle Formen des Gedächtnisses beruhen für ihn »auf dynamischen Assoziationen zwischen den Nervenelementen und besonderen Modifikationen dieser Elemente«. Diese Modifikationen manifestieren sich in lebender Materie. Ribot sieht im Gedächtnis »eine ständige Entwicklung zur Organisation«: Eine Vereinfachung, eine Ordnung findet Eingang in die lebenden Substanzen, wodurch »eine höhere Form des Denkens« möglich wird. Doch wenn nichts Neues erworben wird, wird die psychische Aktivität automatisch, kaum bewußt, wie es in geringerem Maße bei »beschränkten und von Gewohnheiten beherrschten« Geistern der Fall ist.[88]

Wie Ribot weiter zeigt, ist eine Bedingung des Gedächtnisses das Vergessen: »Wenn wir, um eine ferne Erinnerung zu erreichen, all die Schritte ausführen müssen, die uns von ihr trennen, wird der Prozeß zu lang und die Erinnerung unmöglich.« »Leben, das heißt zu erwerben und zu verlieren.« Folglich rekonstruieren wir unsere Vergangenheit: Könnten wir diese mit der subjektiven Vorstellung vergleichen, die wir uns von ihr machen, würden wir erkennen, daß »diese Kopie ein ganz eigenes Projektionssystem darstellt: Jeder von uns findet sich in diesem System mühelos zurecht, weil er es selbst geschaffen hat.«[89]

Aus der Untersuchung der Krankheiten, wie er sie kannte, vor allem jener Demenz, die später als Alzheimer-Krankheit bezeichnet werden sollte, leitete er ein Gesetz »der Regression und Umkehrung« ab: »Die progressive Zerstörung des Gedächtnisses folgt einem logischen Prozeß, einem Gesetz«, das vom Instabilen zum Stabilen, vom Aktuellen zum Organischen fortschreitet. Dabei schlägt es den umgekehrten Weg ein, der beim Erwerb von Erinnerungen zu beobachten ist: »Das Neue vergeht vor dem Alten, das Komplexe vor dem Einfachen.«[90]

La Psychologie des sentiments liefert darüber hinaus eine interessante Theorie des Unbewußten: »Wenn eine Bedingung des Bewußtseinsphänomens fehlt ... ein Teil dieser komplexen Erscheinung – des Bewußtseins – verschwindet, dann bleibt immer noch ein anderer Teil, der Nervenprozeß, erhalten. Von dem Ereignis bleibt nur noch sein organisches Gedächtnis. Daher ist es wenig verwunderlich, wenn sich später die Ergebnisse dieser zerebralen Arbeit wieder vorfinden: Schließlich hat sie stattgefunden, wenn auch völlig unbemerkt. So betrachtet, verliert alles, was mit der unbewußten Aktivität zu tun hat, seinen geheimnisvollen Charakter und läßt sich mühelos erklären. Etwa das plötzliche Auftreten von Erinnerungen, die offenbar durch keine Assoziation hervorgerufen worden sind ... Die Lektionen, die ein Schüler heute liest und morgen kann; die Probleme, über die sich jemand lange den Kopf zerbricht und deren Lösung ihm plötzlich ins Bewußtsein tritt; die poetischen Eingebungen ... Die unbewußten Gehirnprozesse verrichten ihr Werk in aller Stille und bringen Ordnung in unklare Gedanken.«[91]

Die Ärzte – Broca, Wernicke, Déjerine

Parallel zu den philosophischen Untersuchungen haben die Anatomen des 20. Jahrhunderts unsere Kenntnisse vom Gehirn verändert. Natürlich haben sie dabei auch eine sehr alte Frage aufgegriffen: Wo befinden sich die Zentren des Gedächtnisses? Mit Broca beginnt die Epoche der Lokalisation von Gehirnzentren: 1861 beschreibt er den berühmt gewordenen Fall von Tan, seines Zeichens Schuhmacher, der in Bicêtre stationär behandelt wurde, weil er mit dreißig Jahren die Sprache verloren hatte. Auf alle Fragen antwortete er: »Tan«, aber mit einer Mimik, die den Fragen durchaus angemessen war. Er sprach mit den Händen, und wenn man ihn nicht verstand, rief er aus: »Sacré nom de D...« Vierzehn Jahre später ist seine rechte Seite gelähmt. Broca bestimmt als Sprachzentrum eine kleine

Region im linken Schläfenlappen des Gehirns und glaubt an einen Zusammenhang zwischen wahrgenommenen Wörtern und im Gedächtnis gespeicherten Wörtern.

1885 entwirft Wernicke ein Schema der Sprachzentren und berücksichtigt darin auch die Verbindungen zwischen den Zentren der akustischen Vorstellungen und den Zentren der Bewegungsvorstellungen, die sich in verschiedenen Teilen des Gehirns befinden. Lesen setzt zum Beispiel das Vorhandensein visueller Erinnerungen an Buchstaben und Buchstabengruppen voraus. Die Zerstörung des Zentrums für akustische Vorstellungen vernichtet das Sprachverständnis: Der Kranke kann sprechen und schreiben, aber nicht verstehen, was andere sprechen, weil er das visuelle Wortgedächtnis verloren hat.

1887 erforschte der französische Neurologe Déjerine die Verbindungen zwischen verschiedenen Hirnregionen, die an der Sprache beteiligt sind. Sein Ausgangspunkt war die Beobachtung eines Mannes, der nicht lesen konnte, was er geschrieben hatte: Oscar C. wird in Bicêtre stationär behandelt, weil er nicht mehr lesen kann und die Buchstaben nicht mehr erkennt, mit Ausnahme von *c* und *g*. Seine Unterschrift identifiziert er mittels der Form. Er kann schreiben, aber das Geschriebene nicht lesen. Diktiert man ihm einen Text, schreibt er ihn nieder und macht weniger Fehler, wenn er die Augen schließt. Auch Noten kann er nicht mehr lesen, obwohl er Musiker war. Nach seinem Tod zeigt die Autopsie eine Schädigung der visuellen Zentren. Daraus schließt Déjerine, daß die Hirnläsionen die visuelle Information daran hinderten, die Region zu erreichen, die die Sprache kontrolliert und die Gedächtnisspuren der visuellen Wortvorstellungen enthält.

Déjerine hat auch den Fall eines bedeutenden Musikers untersucht, der nach seiner Erkrankung zunächst überhaupt keine Buchstaben und Noten mehr lesen konnte, diese Fähigkeit dann aber zurückgewann, mit einer Ausnahme: Er war fortan außerstande, Partituren im Baßschlüssel zu lesen, die sehr von denen im Violinschlüssel abhängen, sich also nicht aus dem Kontext ergeben. Daraus zogen Déjerine und Charcot erstens den Schluß, daß Wiedererkennen nur dann stattfindet, wenn die aktuelle Wahrnehmung einer Gedächtnisspur entspricht, die in einem bestimmten Gehirnareal niedergelegt ist, und zweitens, daß Wiedererkennen vom Kontext abhängt. Es handelt sich also um eine Theorie, die von der Lokalisierbarkeit festgelegter Gedächtnisspuren ausgeht.

Die Revolution des Gedächtnisses. Freud

Der Kontextbegriff hat auch für Freud große Bedeutung. Für ihn tritt eine Erinnerung nur im Kontext eines bestimmten Augenblicks in Erscheinung und gewinnt ihre Bedeutung nur in bezug auf diesen aktuellen Augenblick. Die Erinnerung ist die Deutung früherer Eindrücke unter dem Einfluß aktueller Umstände. Die Interpretation einer Sonate ist nicht die Erinnerung an eine frühere Leistung: Jede Interpretation ist einzigartig, sie hängt vom Kontext ab und entwickelt ihre eigene Geschichte. Die bewußte Erinnerung erhält durch unsere aktuelle Situation ihre besondere Organisation, während die Erinnerung im Traum ohne Ordnung und Organisation ist.

Vor allem glaubte Freud nicht an den dauerhaften Charakter der Gedächtnisspuren. Er ging von einem im wesentlichen dynamischen Konzept des Gedächtnisses aus.

[58]

Erinnerungen sind keineswegs unveränderlich, sondern vermitteln uns in ständiger Überarbeitung den Eindruck, in Vergangenheit, Gegenwart und Zukunft zu existieren. Vor dem Hintergrund dieses dynamischen psychischen Geschehens zeigt Freud, daß bei der Zwangsneurose die Erinnerung isoliert ist, was den Zwangsneurotiker veranlaßt, das gleiche Ritual ständig zu wiederholen, das häufig aus eher unangenehmen Handlungen besteht.

Für Freud unterscheiden sich Erinnerungen von der Wirklichkeit, weil sie jede affektive Konnotation verloren haben, was die Ungenauigkeit ihres Gedächtnisabrufs erklärt. Damals führte der englische Neurochirurg Penfield Experimente durch, in denen er die limbische Region reizte. Nach Freuds Ansicht bewirkten diese Reizungen keine Erregung von Arealen mit gespeicherten Erinnerungen, die die Patienten während der Experimente ausdrückten, sondern waren als affektive Äquivalente zu betrachten, die zusammen mit Bruchstücken mehrdeutiger Erinnerungen den Eindruck echter Erinnerungen hervorriefen.

Freud verdanken wir auch einen der ersten Ansätze, denen zufolge das gesamte Gehirn am Gedächtnisprozeß beteiligt ist: Die Sinnesempfindung und die Assoziation, die erforderlich ist, um jene wiederzuerkennen, sind ein homogener und unteilbarer Vorgang, der an einem bestimmten Ort des *Kortex** beginnt und sich über dessen gesamte Ausdehnung ausbreitet.

Sinnlose Silben oder die Vermessung des Gedächtnisses. Ebbinghaus

Ende des 19. Jahrhunderts, 1885, beschäftigt sich auch Hermann Ebbinghaus (1850–1909) mit dem Gedächtnis. Anhand von Beobachtungen und Tests, die er an sich selbst vornimmt, untersucht er, wie Lernen auf das Gedächtnis wirkt. Dazu mißt er die Zeit, die er braucht, um zunächst eine Silbenfolge zu lernen und um sie dann einige Zeit später erneut zu lernen. Die Differenz zwischen beiden Ergebnissen nennt er Zeitersparnis. Dieses Experiment liefert ihm eine Grundlage zur objektiven Beurteilung von Erinnerung und Vergessen.[92]

Auch unterschied er das unwillkürliche vom willkürlichen Gedächtnis und bestimmte eine dritte Klasse von Erinnerungen, die nicht ins Bewußtsein dringen, aber höchst wirksam sind.[93]

Geist und Kunst. Wie Bergson sich vor Proust auf die Suche nach dem Gedächtnis macht

Bergson, der unvermeidlich zitiert wird, wenn die Rede vom Gedächtnis ist, markierte die Wende vom 19. zum 20. Jahrhundert. Als Schriftsteller und Philosoph orientierte er sich an den ersten Entdeckungen über die Lokalisierungen der Gehirnzentren und ahnte, welche ungeheuren Möglichkeiten die neuronalen Verbindungen eröffnen, blieb aber im Bannkreis des 19. Jahrhunderts und des »Geist«-Begriffs. Welche Themen beschäftigten ihn am Anfang des 20. Jahrhunderts? Klar war ihm, daß das Gedächtnis kein Reservoir ist, sondern Aktivität, Projektion,

Dynamik, Rekonstruktion. Einerseits analysierte er die Phänomene der Erinnerung sehr klar, andererseits versuchte er nicht, den Sitz unserer Erinnerungen zu bestimmen, sondern begnügte sich damit, den »Geist« zu beschwören.

Bergsons Analyse des Gedächtnisses beginnt mit der Sinnesempfindung: Ein Objekt übt einen Reiz auf unsere sensiblen oder sensorischen Nerven aus und verwandelt sich dort in eine bewußte Vorstellung. Anschließend ermöglicht das Gedächtnis, diese Vorstellung zu reproduzieren, auch wenn sich das Objekt nicht mehr in unserem Wahrnehmungsbereich befindet. Der Körper ist das unentbehrliche Element, das Zentrum dieser Wahrnehmungen. Doch nicht alle Wahrnehmungen setzen sich durch: Das Bewußtsein wählt aus und bestimmt, welche von all den Wahrnehmungen, die sich uns darbieten, aufbewahrt werden sollen. »Die Wahl der Reaktion wird ohne Zweifel von der bisherigen Erfahrung inspiriert und vollzieht sich nie, ohne daß auf die Erinnerung an analoge Vorgänge zurückgegriffen wird.«[94] Die zugelassenen Wahrnehmungen werden aus Nützlichkeitserwägungen aufbewahrt, um mit ihrem Wissen die vorhandenen Wahrnehmungen zu bereichern. Letztlich ist »Wahrnehmen lediglich eine Gelegenheit, sich zu erinnern«. Das Gedächtnis wird auf diese Weise »zu dem, was der Wahrnehmung ihren subjektiven Charakter verleiht«. Anschließend wendet sich Bergson dem Phänomen des Wiedererkennens zu, das »die Vorstellungen, die sich in die vorliegende Situation am besten eingliedern, in der Vergangenheit aufsuchen wird, um sie auf die Gegenwart zu richten.«[95]

Nachdem Bergson auf diese Weise die Interaktion zwischen Wahrnehmung und Wiedererkennen erklärt hat, entwickelt er eine Theorie, die zwischen zwei Gedächtnissen unterscheidet: einerseits dem Gewohnheitsgedächtnis, bei dem die Wiederholung aus einem Ereignis eine Gewohnheit macht, etwa wenn wir eine Lektion viele Male wiederholen und sie auf diese Weise auswendig lernen, und andererseits dem Gedächtnis für ein bestimmtes Ereignis, das sich schon beim ersten Mal einprägt. Dieses Gedächtnis registriert »in Form von Erinnerungsbildern alle Ereignisse unseres täglichen Lebens, wie sie sich nacheinander abspielen«. Das betreffende Gedächtnis befindet sich in der Gegenwart und betrachtet nichts als die Zukunft. Bergson macht eine seiner wenigen Anspielungen auf das imaginative Gedächtnis, wenn er schreibt: »Von diesen beiden Gedächtnissen, deren eines vorstellt und deren anderes wiederholt ...« Das erste ist spontan, das andere unpersönlich, und ihren Unterschied bestimmt er wie folgt: »Das erste, durch Arbeit erworbene, bleibt in Abhängigkeit von unserem Willen; das zweite, ganz unwillkürliche, ist im Behalten treu, aber im Reproduzieren launenhaft.«

Jahrzehnte vor dem wissenschaftlichen Beweis hat Bergson die neuronale Plastizität geahnt, als er in bezug auf die Elemente des Nervensystems schrieb: »Die Mannigfaltigkeit ihrer Verästelungen, deren Enden sich sicher bald so, bald so einander nähern können, lassen die Zahl der möglichen Verbindungen ... ins Unbeschränkte wachsen.« Das imaginative Gedächtnis und die neuronale Plastizität antizipiert er mit den Worten: »So sind wir unaufhörlich schaffend oder rekonstruierend tätig.«

Das Gedächtnis ist Aktivität, die Erinnerung wird rekonstruiert, also »gibt es nicht und kann es im Gehirn keine Region geben, wo die Erinnerungen gerinnen und angehäuft werden.« Wo befinden sich dann die vergangenen, bekannten Ereignisse, »wenn man das Gehirn nun nicht mehr als Erinnerungsbehälter ansieht«? Tatsächlich erzeugt die Wahrnehmung eines äußerlichen Objektes wie auf einem »ungeheuren Klavier« einen »tausendstimmigen Akkord … und damit … eine ungeheure Menge elementarer Empfindungen«. Auf die gleiche Weise wirkt die vergegenwärtigte Erinnerung: Hier nimmt Bergson möglicherweise die Theorie vorweg, die wir als Schlüssel zur Auslösung der Empfindungserinnerung bezeichnen werden – das Gedächtnis ist kein Behälter erstarrter Erinnerung, sondern vielmehr eine Sammlung von Empfindungen, die auf dem Klavier unserer Neuronennetze spielen und auf diese Weise die vielen Empfindungen erneut auslösen können, die die reale Wahrnehmung heraufbeschworen hat: Eine virtuelle Vorstellung entwickelt sich zu einer realen Empfindung.

Anfang des 20. Jahrhunderts kommt der *Behaviorismus* auf, der sich, wie sein Name verrät, mit dem Verhalten beschäftigt. Verhaltensweisen resultieren aus der Verknüpfung von Reiz und Reaktion, die der Ursprung von Lernen und Konditionierung ist. Verschiedene Wahrnehmungen sorgen für diese Verknüpfung oder Assoziation und erzeugen so neue Verhaltensweisen, die auf einem vielfältigen Geflecht von Assoziationen beruhen. Gegen diese Theorie wenden sich die »Gestaltpsychologen«, die nicht an solche einfachen Assoziationen glauben. Statt dessen entwickeln sie eine komplexere Theorie, in der das Gedächtnis ein Gleichgewicht zwischen Erinnerung und Vergessen herstellt.

Zu dieser Zeit prägt der deutsche Biologe Richard Semon den Begriff »Engramm«, um die Spur zu bezeichnen, die die Wahrnehmung im Gedächtnis hinterläßt. In seiner Gedächtnistheorie, die heute fast vergessen ist, hebt er hervor, daß das Engramm nicht eine unveränderliche und endgültige Spur ist, sondern durch den Erwerb neuer Erinnerungen verändert wird. Der Abruf einer Erinnerung ist eine Neuschöpfung der erinnerten Wahrnehmung.[96]

1932 veröffentlicht der englische Psychologe Frederic Bartlett seine berühmte Studie *Remembering*[97], in der er darlegt, daß die Vorstellungskraft eine wichtige Rolle bei der Rekonstruktion der Erinnerungen spielt. Der Abruf vergangener Wahrnehmungen oder Ereignisse aus dem Gedächtnis wird sehr stark durch die Schemata beeinflußt, die die Organisation unseres Wissens und unseres Geistes bestimmen. Was letztlich auf die Aussage hinausläuft, daß unser Temperament und unser Charakter unsere Erinnerung beeinflussen. Diese Theorie wendet Bartlett nicht nur auf das Individuum, sondern auch auf die gesellschaftliche Erinnerung an und führt auf diese Weise den Begriff der Subjektivität in die Geschichtsschreibung ein. In beiden Fällen finden wir »die gleiche Form von Altern, Unschärfe, Auslassung und Erfindung in bezug auf das ursprüngliche Material«. Ganz ähnlich hat sich La Bruyère geäußert: »Das Leben der Helden hat die Geschichte bereichert, und die Geschichte hat das Leben der Helden in ein schönes Licht gestellt. Dennoch weiß ich nicht zu entscheiden, wer dem andern Theile mehr Dank schuldig ist, ob diejenigen, welche die Geschichte geschrieben haben, denen, die ihnen einen so edlen Stoff darboten, oder jene großen Männer ihren Geschichtsschreibern.«[98]

Einzigartigkeit und Vernetzung des Gedächtnisses. Edelman

Edelman, ein amerikanischer Wissenschaftler, der 1972 für die Entdeckung des Antikörpermoleküls mit dem Nobelpreis ausgezeichnet wurde, hat in seiner faszinierenden Theorie des *neuronalen Darwinismus* den Geist und die funktionelle Anatomie zusammengefaßt. Die wichtigen Gehirnfunktionen beruhen auf der Aktivität von untereinander verbundenen Neuronengruppen, wobei diese Aktivität von der Chronologie und der Art des Inputs abhängig ist. Die im Gehirn eintreffende Wahrnehmung verteilt sich nach einer bestimmten Kartographie, wobei die einzelnen Karten miteinander interagieren. Diese Wahrnehmung liefert neue Informationen, die dazu beitragen, daß sich die Anordnung und die Beziehung der Neuronennetze verändern. Das System befindet sich also in einem Zustand ständiger Reorganisation. Das ist die *Reentry*-Theorie, nach der Geist und Gedächtnis zwar auf dem soliden Substrat der Neuronen beruhen, aber trotzdem zu einer überwältigenden Dynamik fähig sind.

Edelman verweist auf die »faszinierenden Eigenschaften des selektiven Immunsystems«, das eine Art Gedächtnis auf Zellniveau darstellt und besondere Eigenschaften aufweist:

Es gibt mehrere Arten, eine gegebene Form wiederzuerkennen. Wie wir sehen werden, bieten sich verschiedene Möglichkeiten, um eine Erinnerung abzurufen.

Diese Bahnen sind von einem Individuum zum anderen niemals identisch. Aus dem gleichen Grund finden Individuen ihre Erinnerungen auf je verschiedene Weise wieder.

Bestimmte Zellen, die Lymphozyten, reagieren weit schneller, wenn sie schon einmal Kontakt mit einem Fremdkörper gehabt haben: Das ist eine echte Gedächtnisspeicherung, die vorwegnimmt, was wir als Langzeitpotenzierung bezeichnen.

Auch die Rolle der Emotionen für das Gedächtnis berücksichtigt Edelman: »Emotionen lassen sich als die kompliziertesten geistigen Zustände oder Vorgänge ansehen, insofern sie sich ... mit allen anderen Vorgängen mischen.« Ferner zeigt er, daß das Gehirn verschiedene Erscheinungsformen aufweist, die Zeugnisse einer Evolution sind. Das Vererbungsgedächtnis wird durch einen genetischen Code bestimmt, aber auch synaptische Veränderungen, die durch die Wahrnehmung der Außenwelt hervorgerufen werden, führen zu neuen Formen des Gedächtnisses. An einem bestimmten Punkt der Evolution erwachsen aus der Bildung von komplexen Verknüpfungen, von *Reentry*-Schleifen, Bewußtsein, Ausdruck und Sprache: »Das Gedächtnis wird zum Substrat und Diener des Bewußtseins.« Die Voraussetzungen des menschlichen Gedächtnisses haben keinerlei Ähnlichkeit mit einem Computer: »Um ein Gedächtnis zu besitzen, müssen wir fähig sein, vergangene Resultate oder Verhaltensweisen zu reproduzieren, Sachverhalte zu verifizieren, Themen und Kategorien richtig in Zeit und Raum zu verorten. Dazu brauchen wir ein Selbst, mehr noch, ein bewußtes Selbst.«[99] Doch damit haben wir die Philosophiegeschichte verlassen und das Gebiet der Naturwissenschaften betreten.

Das sind einige Etappen aus der Ideengeschichte des Gedächtnisses (keineswegs alle: wir haben nur besonders markante Punkte herausgegriffen, auf andere werden wir im Zuge unserer Darlegungen zu sprechen kommen). Die entscheidenden Fragen, und daran wollten wir erinnern, sind schon sehr früh gestellt worden. Parallel dazu wurde die chirurgische Erkundung des Gehirns seit pharaonischen Zeiten vorangetrieben (bereits an Mumien hat man Trepanationsspuren entdeckt). Im Laufe der Jahrhunderte zeichneten sich zwei Wege der Forschung ab, die Psychologen, Anatomen und Physiologen gleichermaßen fasziniert haben: das Studium des Körpers und des Gehirns auf der einen Seite und das des Geistes auf der anderen. Wo, wann, wie und an was erinnern wir uns? Die Laborexperimente sind zwar keine Erfindung unserer Zeit, haben heute aber, genau wie die bildgebenden Verfahren zur Erforschung des menschlichen Körpers, eine ungeheure Genauigkeit erreicht.

KAPITEL 2

Funktionelle Neuroanatomie

Nerven, die ihr das Fleisch unter der Haut
mit Denken und Vernunft begabt
und auf eurem lebendigen Weg
die kleinen Hirne entflammt
… Nerven, ihr, die zur Hälfte metaphysisch
… Dank euch, daß ihr mich zum Dichter
gemacht,
daß ihr mich Tag und Nacht verbrennt,
um in euren Feuern meine Früchte zu reifen
… Daß ihr vernunftbegabte Pferde
meinen gewaltigen unterirdischen Galoppaden
gegeben habt.

(J. Supervielle)[1]

Die Erforschung der organischen Grundlagen, die es uns ermöglichen, Bilder aus der Vergangenheit
zu bewahren, ist Aufgabe der funktionellen Anatomie –
Anatomie, weil es die Architektur und die Topographie
der Schaltkreise und organischen Zentren des Gedächtnisses zu beschreiben gilt; und funktionell, weil hier die Dynamik und Aktivierung dieser Schaltkreise und Zentren
im Vollzug von Gedächtnis, Erinnerung und Vergessen
untersucht werden: Man kann die funktionelle Anatomie
mit einer Studie des Straßenverkehrs vergleichen. Sie be-

schreibt die Straßen, aber auch die Bewegung der Fahrzeuge.

Was wir von der Außenwelt wahrnehmen, teilt sich unserem Gehirn in Form von Empfindungen und Eindrücken mit, die fortwährend unsere Erinnerungen gestalten, aber auch jene verändern, die wir bereits besitzen. Sie sind das Fundament unserer Persönlichkeit, unserer Vorstellungskraft und unseres schöpferischen Geistes.

Das Gedächtnis ist eine Funktion unseres Gehirns, das die Verbindung herstellt zwischen dem, was wir von der Außenwelt wahrnehmen, und dem, was wir erschaffen. Es verbindet die, die wir waren, mit denen, die wir sind. Untrennbar sind das Denken und die Persönlichkeit miteinander verknüpft.

Die Funktionen des Gehirns beruhen auf der Aktivität seines wichtigsten Bausteins: des Neurons. Es handelt sich bei ihm keineswegs um ein einfaches elektrisches Kabel, das lediglich Strom überträgt, sondern um ein Instrument, das über bemerkenswerte Eigenschaften verfügt: Seine Fähigkeit, sich den Gehirnfunktionen anzupassen, unterscheidet es von anderen Zellen. Lange Zeit galt es als einfaches Schaltelement, das Signale aussendet und empfängt. Heute wissen wir, daß es Informationen integrieren und speichern kann. Neuronen reagieren sehr differenziert auf ihr unmittelbares Milieu. Wenn auch die Struktur aller Neuronen gleichartig ist, so können sie doch innerhalb des Nervensystems hochspezifische Funktionen übernehmen. Sie bilden Netze, deren einfachste der Reflexaktivität zugrunde liegen und deren komplexeste für die interne Kommunikation, Integration und Erhaltung verschiedener Regionen des Nervensystems sorgen.

Gentechnik, Molekularbiologie, Messung von Mem-

branpotentialen, Techniken zur Darstellung von Neuro-
nenbahnen, biochemische und immunhistologische Analyse – alle diese Techniken haben in den letzten Jahren
große Fortschritte gemacht und zum Verständnis der
Funktionen isolierter Neuronen beigetragen. Es gibt statische bildgebende Verfahren wie die Computertomographie. Und es gibt dynamische Techniken wie die funktionelle Kernspintomographie, die die Neuronenaktivierung
erfaßt, während die Versuchsperson bestimmte Aufgaben
erledigt, oder die Positronenemissionstomographie, die den
erhöhten Energieverbrauch der Gehirnregionen mißt, die
an der Lösung dieser Aufgaben beteiligt sind. Diese Verfahren ermöglichen es uns, Organisation und Funktionen
der Neuronennetze und ihres Stützgewebes, der Gliazellen, jeden Tag ein bißchen besser zu verstehen.

Neuronennetze

Neuronen, die hinsichtlich einer bestimmten Art von
Reiz oder Aktivität spezifisch sind, schließen sich zu
Komplexen oder *Netzen* zusammen, in denen sie alle die
gleiche Reaktionsform erzeugen. Diese *Neuronennetze**
verbinden sich untereinander und greifen modular inein-
ander.

Die Bildung solcher Netze und Verknüpfungen wird
ermöglicht durch die *neuronale Plastizität**. Natürlich ist
jedes Neuron und jede Neuronengruppe von der Evolution der Art und von der Erbanlage des Individuums auf
eine bestimmte Aufgabe spezialisiert und entsprechend ge-
staltet. Doch im Laufe der Zeit verändern sich die Neuronen in ihren Verbindungen und ihrer Spezifität je nach

dem inneren und äußeren Kontext: Die neuronale Plastizität sorgt dafür, daß die Hirnfunktionen sich nach den
Erfordernissen der Umwelt richten. Der Erwerb einer Fer-
tigkeit, etwa einer sportlichen oder beruflichen Fähigkeit,
verstärkt die Ausbildung der Neuronennetze, die besonders für diese Art Tätigkeit geeignet sind. So entsteht die
Persönlichkeit des Individuums.

Lokalisation im Gehirn

Das Gehirn besitzt zwei Hälften oder Hemisphären – die
rechte und die linke. Die eine bezeichnen wir als domi-
nant, das ist bei Rechtshändern die linke. Das Sprachzentrum befindet sich beispielsweise in der dominanten Hirn-
hälfte. Jede ist in vier Gehirnlappen unterteilt, denen die
wichtigen Funktionen teilweise oder ganz zugeordnet sind.
Der hintere Teil des *Stirnlappens** ist für die gesamte Bewegung der gegenüberliegenden Körperseite zuständig, der
*Scheitellappen** ist der Sitz der Sensibilität, der *Hinterhauptslappen** ist für das Sehen, der *Schläfenlappen** für Sprache
und Gehörsinn verantwortlich. Vom Gedächtnis wissen wir,
daß es nicht von einem einzelnen Gehirnzentrum gesteu-
ert wird. Keine lokale Schädigung führt zu einer totalen
Amnesie, doch bestimmte Verletzungen bewirken Gedächtnisstörungen.

Als erstes für das Gehirn wichtige Areal hat man den
*Hippokampus** identifiziert. Jeder Gehirnlappen ist in Win-
dungen gegliedert. Die Hippokampuswindung befindet
sich im inneren, vorderen Bereich beider Schläfenlappen,
des rechten und des linken. Ihren Namen verdankt sie ihrer Ähnlichkeit mit dem Schwanz des Seepferdchens, des-

sen wissenschaftliche Bezeichnung Hippokampus ist. Durch seine Lage unmittelbar hinter einem Knochenkamm ist der Hippokampus bei Schädelverletzungen besonders gefährdet. Das Gehirn, das von der Gehirn-Rückenmarksflüssigkeit umgeben ist, besitzt eine gewisse Beweglichkeit im Gehirnschädel. Wenn dieser einen heftigen Schlag erhält, wird die Gehirnmasse erschüttert, und der Schläfenlappen stößt gegen den Knochenkamm. Dadurch kommt es zu Quetschungen und entsprechenden Schädigungen der beiden Schläfenlappen und besonders der beiden Hippokampi. Die Untersuchung von Schädelverletzungen hat gezeigt, daß daraus relativ häufig bestimmte Formen von Gedächtnisstörungen resultieren. Daraufhin begann man, sich für die Rolle dieser Gehirnstruktur bei Gedächtnisprozessen zu interessieren. Die Unversehrtheit des Hippokampus scheint unentbehrlich für die Langzeitgedächtnisspeicherung zu sein. Doch so wichtig diese Struktur auch für die Gedächtnisprozesse ist, sie ist nicht als einzige an ihnen beteiligt. Anhand anderer Beeinträchtigungen – Enzephalitis, zerebrale Gefäßrupturen, Alzheimer-Krankheit – war es der Forschung möglich, genauer zu erkennen, auf welch komplexe Weise verschiedene Gehirnareale am Gedächtnis oder vielmehr an den verschiedenen Gedächtnisarten mitwirken.

Von der Empfindung zur Erinnerung

Im Prinzip gelangen die Empfindungen, das heißt, alle Reize, die die Umwelt aussendet und die die verschiedenen Sinnesorgane unseres Körpers wahrnehmen, in verschiedene spezialisierte Regionen des Gehirns – die Seh-,

Riech-, Hör-, Geschmacks- und Tastzentren. Der erste Mechanismus – das Erkennen und Identifizieren der Empfindungen – setzt voraus, daß alle spezialisierten Gehirnlappen über eine Art Gedächtnis verfügen. Liegt beispielsweise eine Schädigung des Scheitellappens vor, kann der Patient keine Gegenstände ertasten, die er in der Hand hält, es sei denn, er erkennt sie beim Betrachten mit Hilfe seines visuellen Gedächtnisses wieder, das sich im Hinterhauptslappen befindet.

Aus allen Hirnregionen führen afferente, das heißt stirnwärts führende Bahnen in eine Struktur, die wir der Einfachheit halber als Hippokampusformation bezeichnen. Im Bereich dieser Struktur liegt eine besondere Organisation der Neuronen vor. Sie bilden innerhalb der Formation Schaltkreise, die dafür sorgen, daß bei einer einzigen Reizung die Impulse wiederholt und die Neuronen synchron aktiviert werden. Die Wahrnehmungen, die den Ursprung dieser Aktivierungen bilden, werden im Gedächtnis gespeichert.

Die Hippokampusformation ist also eine Art Zentrale, in der die Wahrnehmungen in Form von *Afferenzen**[*] eintreffen, die von den spezialisierten Gehirnlappen übermittelt werden. Die Wiederholung dieser Afferenzen ist eine Form der Gedächtnisspeicherung.

Die zweite Form der Gedächtnisspeicherung hängt von der Reizstärke ab. Diese Stärke kann bedingt sein durch die Art und Weise, wie das Individuum eine Empfindung wahrnimmt. Mit anderen Worten, sie hängt von der affektiven Besetzung ab, die die betreffende Empfindung für das Individuum hat – Angst, Furcht, Freude, Liebe, Belohnung.

Anatomische Funktionen des Gedächtnisses

Alle Regionen des Gehirns scheinen am Gedächtnisprozeß beteiligt zu sein. Manche haben spezifische Funktionen, je nach der Rolle des Hirnlappens, mit dem sie verbunden sind. Andere haben allgemeinere Funktionen. Aus der Außenwelt oder unseren Gedanken treffen Signale in den Seh-, Hör-, Geschmacks-, Riech- oder Tastzentren des Gehirns ein. Von dort gelangen sie in den präfrontalen Kortex, wo sie eine Zeitlang gespeichert werden. Dieses Gebiet unterhält Faserverbindungen mit evaluativer Funktion zum Schläfenlappen, wo die Empfindungen zentral erfaßt werden. Einige werden im Langzeitgedächtnis gespeichert, andere zur sofortigen Verwendung kodiert, wieder andere ausgesondert. Die Empfindungen werden zur Speicherung in spezialisierte Kortexareale geschickt, je nachdem, ob es sich um visuelle, auditive, sensible oder gustative Erinnerungen handelt.

Anhand dieser flüchtigen Skizze des gegenwärtigen Wissensstandes formulieren wir die Hypothese eines *globalen Mechanismus der Gedächtnisspeicherung*:

Ausgangspunkt ist immer das Eintreffen eines Reizes, bei dem von uns gewählten Beispiel im Auge. An dieser Stelle gibt es zwei Möglichkeiten: Erstens, es handelt es sich um einen alltäglichen Anblick ohne eine Besonderheit gegenüber anderen, an die wir gewöhnt sind. Wir erkennen und identifizieren diese Empfindung mit Hilfe von primären Mechanismen, und da sie sich nicht oder wenig von denen unterscheidet, die in unserem Gedächtnis gespeichert sind, wird sie einfach eliminiert, da sie nichts Neues bringt. So verhält es sich beispielsweise mit den Bildern, die wir jeden Tag auf dem Weg zur Arbeit wahrnehmen.

Die zweite Möglichkeit ist, daß es sich sich um einen ungewohnten Anblick handelt. Auch diese Empfindung gelangt zunächst in den Hinterhauptslappen. Dieser hält Rückfrage beim Schläfenlappen und durch dessen Vermittlung bei anderen Regionen des Gehirns, um den neuen Anblick zu verstehen und zu identifizieren. Wieder gibt es zwei Möglichkeiten: Erstens, es handelt sich um eine zwar andersartige Wahrnehmung, aber ohne außergewöhnliche Besonderheiten. Nachdem sie erkannt und interpretiert worden ist, bleibt sie einige Zeit in unserem präfrontalen Kortex, bevor sie ausgesondert wird und dem Vergessen anheimfällt. Zweitens, die neue Wahrnehmung unterscheidet sich so auffällig vom Üblichen, daß der Ausgangsreiz deutlich hervorgehoben ist, verstärkt durch emotionale Reize des Mandelkerns. Wenn die Stärke eines solchen Reizes eine bestimmte Schwelle überschreitet, werden die Neuronen aktiviert, die für die Langzeitpotenzierung zuständig sind, woraufhin der ungewöhnliche Anblick im Gedächtnis gespeichert wird. Es ist offenkundig, daß diese Phänomene eng mit der Persönlichkeit, der Kultur, der Affektivität des einzelnen verknüpft sind. Alle diese Elemente wirken beim Eintreffen des Reizes als individueller Filter. Ferner stellt die Gedächtnisspeicherung dieser neuen visuellen Wahrnehmung neue Neuronenverbindungen her und erhöht die Zahl der mit ihr in Zusammenhang stehenden Dendritenendungen.

Neben diesen beiden Phänomen, die wir, so wie sie sich im Laufe eines Tages präsentieren, als zufällig bezeichnen können, gibt es noch das *intentionale* oder *will-*

*kürliche Gedächtnis**, auf das wir zurückgreifen, wenn wir bewußt etwas lernen wollen. Nehmen wir beispielsweise ein Gedicht, das wir behalten möchten. (Dabei schließen wir die Situation aus, in der die Verse uns so schön erscheinen, daß sie eine affektive Reaktion auslösen und die oben beschriebene Gedächtnisspeicherung ins Spiel bringen.) Wenn wir sie aus reinen Nützlichkeitserwägungen lernen wollen, wirkt die Lektüre der Verse auf die Sehrinde ein, die über Assoziationsfasern Verbindung mit dem Zentrum für Spracherkennen aufnimmt. Wiederholen wir die Lektüre oft genug, wird der Reiz am Ende intensiv genug, um die Neuronen der Langzeitpotenzierung zu aktivieren, bis wir dieses Gedicht im Gedächtnis behalten. Die Wiederholung der Wahrnehmung kann auch das Stützgewebe in der Umgebung der Synapsen verändern, dadurch die Schaltkreise stabilisieren und dergestalt ebenfalls zur dauerhaften Gedächtnisspeicherung der Verse beitragen.

Anders als diese intentionale, willkürliche Gedächtnisspeicherung arbeitet das *implizite Gedächtnis**, das uns ermöglicht, fast unbewußt Erinnerungen aufzuzeichnen, die für unsere Gewohnheiten verantwortlich sind. Auch hier erwächst aus der Wiederholung etwa einer Geste die Aktivierung, die für ihre Gedächtnisspeicherung ausreicht. Trotzdem darf man das implizite nicht mit dem unbewußten Gedächtnis verwechseln. Das implizite Gedächtnis setzt voraus, daß die Kodierung des ersten Eindrucks bewußt interpretiert wird, während man sich der Wiederholung des Eindrucks, die daraus eine Gewohnheits-Erinnerung macht, nicht bewußt wird. Wenn wir zum ersten Mal den Weg einschlagen, der von unserem Arbeitsplatz zu unserem neuen Wohnsitz führt, achten wir auf ihn; an den folgenden drei Tagen läßt die Aufmerksamkeit kontinuierlich nach, bis sie ganz durch Gewohnheit ersetzt wird.

Von implizitem Gedächtnis sprechen wir auch, wenn es um die Erinnerungen geht, die die Gesamtheit unserer Persönlichkeit ausmachen. Viele tausend Erinnerungen sind zu unserem jetzigen Ich konstituiert. Manchmal tauchen sie wieder auf und erzeugen die Illusion, wir hätten sie geschaffen, erfunden. Dabei handelt es sich nur um die Rückkehr erworbener Erinnerungen, deren Ursprung längst versunken und vergessen ist.

Datierung von Erinnerungen

Jedes Neuron verbindet sich mit anderen zu einem Netz, wobei jedes Netz seine eigene Spezifität besitzt und mit anderen Netzen in Verbindung steht. Wahrscheinlich sind sie durch eine Art topographische Projektion der Zeit auch verantwortlich für andere Gedächtnisphänomene wie etwa solche der Zeitlichkeit oder des Alters. Für das Bewegungsvermögen gibt es beispielsweise im Bewegungszentrum des Gehirns das Bild eines kopfstehenden Menschen: Von einem bestimmten Teil dieses motorischen Areals gehen Fasern aus, die in die unteren Gliedmaßen oder in die Hand führen. Areale, die einer feinmotorischen Bewegungsfähigkeit dienen, sind stärker entwickelt als die anderen (zum Beispiel diejenigen, die für das Gesicht zuständig sind). Bei den sensiblen Fasern des Rückenmarks ist ein entsprechendes Phänomen zu beobachten. Die Neuronen, die aus den oberen Gliedmaßen kommen, treten als erste in das Rückenmark ein und werden dann allmählich immer weiter nach innen gedrängt, weil ihnen die Nervenfasern aus den unteren Gliedmaßen nachfolgen. So bilden sich dort, von außen nach innen, verschiedene Neuronenschichten, die den verschiedenen Teilen des Körpers entsprechen.

Man nimmt an, daß sich die Erinnerungen entsprechend dem Zeitpunkt ihrer Gedächtnisspeicherung anordnen oder stapeln – die ältesten am tiefsten, die jüngsten der Oberfläche am nächsten. Diese Hypothese stützt sich auf die Tatsache, daß bestimmte Schädigungen traumatischer oder ischämischer Art eine Amnesie hervorrufen, die ganz bestimmte Lebensabschnitte des Patienten betreffen. So führte eine Schädelverletzung dazu, daß der Patient nicht die geringste Erinnerung an den Zeitraum hatte, der von seinem Unfall fünf Jahre zurückreichte, während ältere Erinnerungen durchaus noch vorhanden waren. Das würde auch erklären, warum wir ohne einen genauen zeitlichen Anhaltspunkt nicht sagen können, ob Erinnerungen früher oder später liegen als andere. Diese Lokalisierung vergleicht Marcel Proust mit einer geologischen Datierung: »Alle diese aneinandergefügten Erinnerungen bildeten eine Art fester Masse, dennoch gab es zwischen den älteren und neueren ... wenn nicht gerade Risse so doch kleine Spalten oder wenigstens Äderungen und farbliche Unterschiede, wie sie bei manchen Gesteinsbildungen, besonders den Marmorarten, auf die Verschiedenheit des Ursprungs, des Alters oder der ›Formation‹ zurückzuführen sind.«[2] Mit der funktionellen Anatomie können wir auch bestimmte Phänomene erklären, etwa das Vergessen einer wichtigen Tatsache oder umgekehrt die Intensivierung einer Erinnerung.

Biologie des Traumas

Um die Amnesie eines belastenden oder Schuldgefühle hervorrufenden Ereignisses besser zu verstehen, wollen wir eine Analogie zur traumatischen Pathologie herstellen. Bei einer Schädel- oder Rückenmarksverletzung können durch die Anfangsschädigung mehrere sekundäre Ereignisse ausgelöst werden, die die Anfangsschädigung unter Umständen verschlimmern. Dieser zweite Mechanismus geht auf die übermäßige Freisetzung einer bestimmten Anzahl von Molekülen zurück, zu denen unter anderem Neurotransmitter wie das Glutamat gehören. Manchmal äußert sich dieser Vorgang als sogenannter *spinaler* Schock*: Ein Patient, der ein Rückenmarkstrauma erlitten hat, ist einige Zeit vollkommen gelähmt, bevor er nach und nach seine normalen Funktionen wiedergewinnt. Zweifellos geschieht das auch bei einer Schädelverletzung und erklärt die Amnesie des Patienten für die Geschehnisse, die im Augenblick des Unfalls oder unmittelbar davor stattgefunden haben. Der durch den Unfall ausgelöste Schock bewirkt eine übermäßige Glutamatausschüttung. Sie hemmt die synaptische Übertragung der Neuronen, die eigentlich für die Gedächtnisspeicherung des Ereignisses zuständig wären, und verursacht dadurch die Amnesie. Dabei werden auch die Wahrnehmungen ausgelöscht, die dem Unfall unmittelbar vorausgegangen sind und vorläufig im Kortex zwischengespeichert wurden.

Wenn wir berücksichtigen, daß die Ausschüttung der Neurotransmitter auch durch affektive Vorgänge ausgelöst werden kann, dürfen wir durchaus eine Verbindung zwischen physischen Gehirntraumata und affektiven Traumen herstellen. Durch Analogieschluß läßt sich die Amnesie für Lebensereignisse erklären, die besonders belastend oder verstörend sind. So berichtet Robert Antelme anläßlich seiner Verlegung von einem Deportationslager in ein anderes: »Von den Geschehnissen, die zwischen diesen beiden Zeitpunkten lagen, sind mir einige Augenblicke geblieben. Doch ich glaube, zwischen dem, was mir in Erinnerung geblieben ist, und dem übrigen besteht kein Unterschied, weil ich weiß, daß in dem, was verloren ist, Augenblicke sind, die ich behalten wollte. Es bleibt eine Art Erinnerung – die eines stumpfen, blinden Bewußtseins. Das, was ich noch sehe, kenne ich also nicht besser als das, was ich nicht mehr sehe. Doch zweifellos ist der Druck dessen, was nicht mehr erscheint, dafür verantwortlich, daß diese Bruchstücke aus Tageslicht und Dunkelheit so deutlich und lebendig hervortreten.«[3]

Synthetische Hypothese der anatomischen Funktionen

Wir nehmen unsere Außenwelt mit Hilfe der sensorischen und sensiblen Rezeptoren wahr. Von dort gelangen die Empfindungen über die Hör-, Seh-, Riech-, Geschmacks- und Tastbahnen in die Areale der Großhirnrinde, die auf die verschiedenen Sinnesmodalitäten spezialisiert sind. In der Schrift *Le Rêve de d'Alembert*[4] (*Der Traum des Alembert*, 1769–1774) erläutert Diderot, der menschliche Körper werde von einem empfindungsfähigen Netz beseelt, einem »Fadenbündel«, das auf ganzer Länge gereizt werden könne. Diderot vergleicht es mit einer Spinne.[5] Das ist im Prinzip das Nervensystem: »Das Gedächtnis dieser aufeinanderfolgenden Eindrücke bildet für jedes Tier die Geschichte seines Lebens und seines Selbst.«[6]

Alle Regionen des Gehirns sind eng mit dem Gebiet des Hippokampus verbunden, wo sich spezielle Neuronen befinden. Diejenigen, die einen Reiz von bestimmter Intensität empfangen, senden eine Depolarisationswelle von erheblicher Amplitude aus. In Reaktion auf diese Erregung breitet sich die Information im Axon des Neurons aus. Es ist wie bei einem Stein, den man in einen Teich wirft: Die Wellen, die er verursacht und die sich von dem Punkt, wo der Stein aufs Wasser trifft, zu den Rändern hin ausbreiten, sind um so stärker, je größer der Stein ist und je heftiger er geworfen wird. Genauso hängt die Depolarisationswelle des Neurons in ihrer Amplitude von der Intensität der Erregung ab. Folgt einige Zeit später ein Reiz von geringerer Stärke, schickt das Neuron eine Welle von ebenso großer Amplitude wie das erste Mal aus. Es hat den ersten Reiz »im Gedächtnis« behalten.

Im Hippokampus befinden sich zahlreiche Rückkopplungsschleifen. Sie werden von Axonen gebildet, die in gewisser Weise umkehren – zurück zu dem Zelleib, aus dem sie entsprungen sind, oder zurück zu Zellen, die noch weiter davor liegen. Auf diese Weise wiederholen und verstärken sie die empfangene Nachricht. So erklären sich Lernfähigkeiten oder der Umstand, daß es uns leichter fällt, uns Dinge einzuprägen, die mit unserem Beruf oder unserem Wissen zu tun haben.

Vom Hippokampus führen Verbindungen in alle Kortexregionen. Außerdem steht er in enger Verbindung mit tiefer liegenden Strukuren des Gehirns – dem Mandelkern und dem limbischen System. Diese Strukturen spielen eine zentrale Rolle im affektiven, emotionalen Leben des Menschen. Ihre Neuronen reagieren auf Erregungen affektiver oder emotionaler Art. Wenn sie solche Reize empfangen, schicken sie Signale an alle Hirngebiete, mit denen sie in Verbindung stehen. Auf diese Weise klingt jede affektive oder emotionale Reaktion im größeren Teil des Gehirns nach.

Der globale Schaltkreis des Gedächtnisses läßt sich also wie folgt schematisieren: Alles beginnt mit der Aufzeichnung einer Empfindung in den Arealen, die für diese Sinnesmodalität zuständig sind. Anschließend wird sie an den präfrontalen Kortex weitergeleitet. Die Speicherung im Langzeitgedächtnis geschieht im Hippokampus und im *mammilo-thalamischen Kortex*. Der Abruf erfolgt über den frontalen Kortex.

Das Beispiel eines Gedichtes, das wir auswendig lernen, illustriert die Gedächtnisspeicherung durch Wiederholung des Reizes. Jede erneute Lektüre des Gedichtes reizt die neuronalen *Reentry*-Schleifen des Hippokampus, wodurch die Verse, die behalten werden sollen, verstärkt und wiederholt werden, bis die Neuronen der Langzeitpotenzierung so intensiv gereizt worden sind, daß sie die Worte und die Strophen des Gedichtes als Engramme aufgenommen und sich zu einem Netz geformt haben. Beim Rezitieren zieht dann jedes Wort, jeder Vers die folgenden nach sich. Das hat bereits Henri Bergson beschrieben: »… wie etwa in einer Melodie, die man kann, wo jede Note gleichsam gespannt auf den richtigen Einsatz der folgenden wartet.«[7]

Dagegen verläuft die Gedächtnisspeicherung durch Reizintensität sicherlich anders. Bei einem Unfall zum Beispiel reizt eine starke neuronale Entladung im Hippo-

kampus die Bahnen, die von dieser Struktur zu den betroffenen sensorischen Arealen führen, und bewirkt die
Speicherung des Unfalls im Langzeitgedächtnis. An diesem Beispiel kann man sehr gut beobachten, daß jede
Erinnerung mehrere »Schlüssel« besitzt, die den Zugang
zu ihr eröffnen. Nachdem ich Zeuge eines Unfalls geworden bin, brauche ich nur das heftige Kreischen von Reifen
zu vernehmen, um mich sofort an die Szene zu erinnern.
Genauso ergeht es mir, wenn ich durch die Straße komme,
in der er sich zugetragen hat.

Die Unversehrtheit des Hippokampus ist eine unabdingbare Voraussetzung für die Einspeicherung von Erinnerungen im Gedächtnis. Wie uns bildgebende Verfahren
zeigen, wird diese Region bei bestimmten schweren Traumata häufig erheblich in Mitleidenschaft gezogen. Unfälle, die diese Art von Schädigungen hervorrufen, ziehen
Störungen eines bestimmten Typus nach sich. Die Patienten bewahren die Erinnerungen, die sie vor dem Unfall
erworben haben, erweisen sich aber als unfähig, neue Erinnerungen aufzunehmen. Bei bestimmten Fotografien, die
man mit einer Polaroidkamera aufnimmt, muß man ein
Fixiermittel auf das Bild auftragen, damit es sich nicht im
Laufe der nächsten Stunden verflüchtigt. Menschen, die
Opfer solcher Traumata geworden sind, haben ihr Fixiermittel verloren. Zwar können sie genau berichten, was sie
zwei Jahre vor dem Unfall getan haben, sind aber unfähig,
das zu behalten, was sie seither erlebt haben.

Wir bilden unser Gedächtnis, indem wir ein Leben lang
Erinnerungen erwerben – entweder durch Wiederholung
oder durch hohe affektive Intensität der Reize. Die neuronalen Schaltkreise, die das Substrat dieser Aktivität
bilden, führen von den Sinnesorganen zu spezialisierten

Kortexregionen. Von dort gelangen die Wahrnehmungen zu den Neuronen des Hippokampus. Handelt es sich um eine Wiederholung, führt die mehrfache Einwirkung des Reizes zur Bildung eines Netzes und zur Entstehung von *Reentry*-Schleifen, die das Lernen oder den Erwerb von Gewohnheiten ermöglichen. Besitzt die Sinnesempfindung eine starke affektive Konnotation, bewirkt die Ausschüttung von Neurotransmittern durch Mandelkern und limbisches System sofort eine so starke Reizung der Hippokampusneuronen, daß diese Depolarisationswellen aussenden, die die Wahrnehmungen langfristig in den sensorischen Arealen fixieren.

Auch wenn uns die anatomischen Schaltkreise Einblick in die Mechanismen der Gedächtnisspeicherung gewähren, stehen sich doch immer noch zwei Theorien der funktionalen Zusammenhänge des Gedächtnisprozesses gegenüber. Die eine betrachtet das Gedächtnis als einen Vorrat von Vorstellungen, die von bestimmten Operationen organisiert werden: Kodierung, Speicherung, Abruf. Das ist das abstrakte Gedächtnis. Die andere Theorie betrachtet das nicht-abstrakte Gedächtnis, das Gedächtnis, das fähig ist, mittels Systemen von Verbindungen frühere Erfahrungen wieder zum Leben zu erwecken. Ein System hat etwas gelernt, ein anderes rekonstruiert etwas durch die Veränderung seiner Synapsen. Jede Wahrnehmung modifiziert jede Synapse, die dadurch die Funktion der Rekonstruierens übernimmt. Wahrnehmen, Kodieren, Abrufen sind die drei Etappen des Gedächtnisaktes, der auf der Aktivierung von Neuronennetzen beruht. Sie sind die Saiten des Nervensystems, die »innere Geige«, auf der unser Nervensystem spielt.

KAPITEL 3

Erinnerungserwerb

Körper und Gedächtnis

Unser Körper ist ein Apparat, der vom Gehirn abhängig ist, während dieses gleichzeitig untrennbar zu ihm gehört. Der Körper ist der unverzichtbare Mittler zwischen der Außenwelt und unserem Geist, denn es »scheint sich doch der menschliche Geist unaufhörlich mit der Totalität seines Gedächtnisses gegen die Tür zu stemmen, die ihm der Körper halb öffnet«.[1] (H. Bergson) Er registriert die Empfindungen und realisiert die Willensäußerungen. So heißt Hören beispielsweise, daß wir Laute registrieren, und Sprechen, daß wir Laute äußern. Der Körper »ist also der Durchgangsort der empfangenen und zurückgegebenen Bewegungen, der Bindestrich zwischen den Dingen, welche auf mich wirken, und den Dingen, auf welche ich wirke, der Sitz mit einem Worte der sensorisch-motorischen Vorgänge.«[2] Hier nimmt Bergsons Theorie der zwei Gedächtnisse ihren Ausgangspunkt: Das eine ist im Organismus verwurzelt und sorgt dafür, daß wir uns an die gegenwärtige Situation anpassen, das andere behält alle unsere Zustände, wie sie sich ereignen.

Der Körper ist mit seinen sensiblen und sensorischen Fähigkeiten der unabdingbare Mittler der Wahrnehmung und damit auch des Erinnerungserwerbs und der Gedächtnisbildung. Das Gedächtnis ist laut Diderot »die Eigenschaft des Mittelpunktes, der spezifische Sinn des Netzursprungs, so wie das Sehen die Eigenschaft des Auges ist«. Jeder Faden des peripheren Nervensystems führt zum Zentralnervensystem, »ins gemeinsame Zentrum aller Empfindungen«. Descartes dagegen betont den Zusammenhang zwischen Empfindungen, so daß die einen durch die anderen ausgelöst werden können. An Prinzessin Elisabeth schrieb er 1646: »Die Verbindung zwischen unserem Körper und unserer Seele ist dergestalt, daß die Gedanken, die bestimmte Bewegungen unseres Körpers seit Beginn unseres Lebens begleitet haben, sie noch jetzt begleiten, was zur Folge hat, daß diese Bewegungen, wenn sie abermals durch äußere Ursachen im Körper hervorgerufen werden, in der Seele die gleichen Gedanken erwecken, und umgekehrt, daß sie, wenn wir die gleichen Gedanken haben, die gleichen Bewegungen hervorrufen.«[3]

Verwandlung von Empfindung in Wahrnehmung

Wie gelangt eine Landschaft über die Sehbahn so in das Gehirn, daß dieses sie als Landschaft wahrnehmen kann? Wie wird eine Komposition, die von den Hörbahnen übertragen wird, im Hörzentrum als harmonische Melodie interpretiert? Wie wandert der Sinneseindruck eines Seidenschals über einige Dezimeter Nervenfasern im Rückenmark in das sensible Zentrum des Gehirns? Die Mechanismen der Sinnesempfindung sind genauso einfach oder kompliziert wie die des Fernsehens oder Telefons. Ein Rugbyspiel, das von einer Fernsehkamera in Australien aufgenommen wird, erscheint fast im selben Augenblick in der 20. Etage eines Hochhauses in Frankreich auf dem Bildschirm. Die Stimme eines Einhandseglers weit draußen auf dem tobenden Ozean ist unmittelbar im Radio eines Autos auf einem Pariser Boulevard zu hören. Die Bilder oder Laute verwandeln sich in Wellen und werden dann wieder Bilder oder Laute. Wo liegt der Unterschied? In unserem Körper entsprechen die Augen der Kamera, die Sehbahnen den Kabeln oder Satelliten und das Sehzentrum des Gehirns dem Fernsehempfänger. Doch wie können Landschaft, Melodie oder Schal als Erinnerungen in unserem Gedächtnis bleiben, manchmal ein Leben lang? Sobald das Rugbyspiel zu Ende und der Fernseher ausgeschaltet ist, behält der Empfänger nichts von dem, was er empfangen hat, während unser Gehirn die Erinnerungsspur aufbewahrt. Dazu müssen wir allerdings zunächst etwas wahrgenommen haben. Als größtes Wahrnehmungsorgan nimmt der Körper mittels der fünf Sinne – Sehen, Hören, Riechen, Schmecken und Tasten – den Rohstoff unserer Erinnerungen auf. Eine Szene, die sich aus Geräuschen, Gerüchen, Tasterlebnissen zusammensetzt, gelangt über verschiedene Kanäle in verschiedene Regionen des Gehirns, das diese Informationen wieder zusammensetzt. Die Baudelaireschen (und romantischen) Entsprechungen, die farbige Wahrnehmung der Rimbaudschen Vokale haben hier ihren physiologischen Ursprung, denn dort »antworten die Düfte, Farben und Töne einander«.[4]

Wie die Wahrnehmung zur Erinnerung wird

Der Erwerb der Erinnerungen beruht auf mehreren Mechanismen, die verschiedenen Formen von Erinnerungen entsprechen: Gewohnheit, zweckbestimmte Erinnerungen im Kurzzeitgedächtnis, Langzeiterinnerungen. Der Erwerb der Erinnerungen – der von unserem Leben im Mutterleib bis zur vorletzten Sekunde unseres Lebens andauert – ist einerseits weitgehend unabhängig von unserem Willen, andererseits aber auch abhängig von zahlreichen Faktoren wie Erbanlage, Persönlichkeit und Alterungsprozeß. Die Gedächtnisspeicherung von Wahrnehmungen erfolgt prinzipiell durch Wiederholung oder durch Assoziation, was die mnemotechnischen Methoden einschließt. Bei den ersten beiden Formen des Erinnerungserwerbs spielt die Aufmerksamkeit eine wichtige Rolle. Die dritte Art der Aufnahme von Wahrnehmungen in das Gedächtnis vollzieht sich in einem affektiven und emotionalen Kontext. Diese dritte Form des Erinnerungserwerbs ist zweifellos vorherrschend. Die Wahrnehmung wird durch die Wiederholung des Reizes oder durch seine Intensität zur Erinnerung. Gedichte bleiben in unserem Gedächtnis, weil wir sie durch Wiederholung auswendig gelernt haben oder weil es uns geht wie Valéry, der »zwei- oder dreihundert Verse behielt, die sich mir durch ihre Macht zwingend eingeprägt haben«.[5]

Wiederholung

Über die Fähigkeit, Erinnerungen durch Wiederholung des Reizes zu erwerben, verfügen alle Tiere, selbst die einfachsten: Die Schnecke Aplysia lebt in den Tiefen des Ozeans und besitzt ein sehr einfaches Nervensystem. Sie verfügt über eine Atemröhre, die sie einzieht, wenn sie sich bedroht fühlt; eine Berührung am Körper veranlaßt sie, die Atemröhre einzuziehen. Wiederholt man die Berührung mehrfach, ohne sie mit einem schmerzhaften Reiz zu verknüpfen, gewöhnt sich die Schnecke daran. Nach und nach bewirkt die einfache Berührung dann nicht mehr die Einziehung der Atemröhre. Das ist die elementarste Form des Erinnerungserwerbs, die Gedächtnisspeicherung durch Wiederholung des Reizes. Lange vor Pawlow erläuterte Descartes in einem Brief vom 18. März 1630 an Mersenne: »Die gleiche Sache, die einigen Menschen die Lust zum Tanzen eingibt, kann in anderen den Wunsch zum Weinen hervorrufen. Denn diese rührt nur von den Ideen her, die in unserem Gedächtnis erregt werden … Wenn man einen Hund fünf oder sechs Mal zum Klang einer Geige gründlich durchgeprügelt hat, dann bin ich mir sicher, daß er, hört er die Musik ein weiteres Mal, aufheult und davonrennt.«[6]

Das gleiche Phänomen belegt Pawlows berühmter Hund. Das wiederholte Läuten der Glocke, unmittelbar bevor der Hund etwas zu fressen bekommt, führt nach einigen Sitzungen dazu, daß er schon bei ihrem Klang Speichel absondert. Unser Leben ist angefüllt mit Erinnerungen, die wir durch Wiederholung erworben haben. Vom Einmaleins bis zu den viel zu vielen Telefonnummern, die wir für den Alltag brauchen, haben wir unzählige Dinge durch Wiederholung im Gedächtnis verankert. Auf diese Weise werden ein Weg, den wir oft gehen, eine Landschaft, die wir jedes Frühjahr wiedersehen, der Duft eines Hauses, in das wir Tag für Tag zurückkehren, nach und nach zu dauerhaften Erinnerungen. Die Gewohnheit gräbt bestimmte Bilder oder Prototypen in das Gehirn. Je zahlreicher die assoziierten Umstände sind, desto leichter fällt das Wiedererkennen. Im willkürlichen Gedächtnis ist die Wiederholung zusammen mit der Assoziation das häufigste Mittel, nicht nur um Erinnerungen zu erwerben, sondern auch um dem Vergessen vorzubeugen.

Assoziation

Seit der Antike gibt es Menschen, die hoffen, alles behalten zu können. Sie bedienen sich der Gedächtniskunst, der Mnemotechnik. Plinius der Ältere sammelt einige Beispiele: »Was das Gedächtnis angeht, diese im Leben überaus unentbehrliche Eigenschaft, so läßt sich schwer entscheiden, welcher Mensch es im höchsten Grade sein eigen nennt, haben es doch auf diesem Gebiet viele zu Ruhm gebracht. König Cyrus konnte alle Soldaten seines Heeres beim Namen nennen, Lucius Scipio alle Angehörigen des römischen Volkes, Cineas, der Gesandte von König Pyrrhus, alle Senatoren und alle Edlen Roms, nachdem er sich einen Tag in der Stadt aufgehalten hatte, Mithridates, König über zweiundzwanzig Völker, hielt in ebenso vielen Sprachen Gericht und sprach sie alle ohne Dolmetscher an. Der Grieche Charmadas vermochte die Bücher, die man ihm in einer Bibliothek wies, aufzusagen, als läse er aus ihnen vor. So wurde aus dem Gedächtnis eine Kunst, die der lyrische Dichter Simonides erfand und Metrodorus Sceptius zu solcher Volkommenheit führte, daß er alles, was ihm zu Gehör gebracht wurde, wörtlich wiedergeben konnte.«[7] Auch die *Encyclopediana* von Panckoucke aus dem Jahr 1791 nennt Menschen mit außergewöhnlichem Gedächtnis: Papst Clemens VI., der nichts mehr vergaß, seit er einen Schlag auf den Kopf erhalten hatte; den Jesuiten Ménestrier, den die Königin von Schweden 300 höchst ungewöhnliche Wörter wiederholen ließ; Juste Lipse, der Tacitus auswendig konnte und seinen Zuhörer aufforderte, sich neben ihn zu setzen und ihm einen Dolch in den Leib zu jagen, falls er einen Fehler begehe; Joseph Scaliger, der die *Ilias* und die *Odyssee* in 21 Tagen auswendig lernte.

Alle diese Gedächtnismethoden beruhen auf Assoziationen. Viele Dichter beschrieben das, wenn sie Landschaften beschworen, um sich besser an ihre Gefühle zu erinnern. In *Le Lac* beschwört Lamartine eine Landschaft, um sich ein bestimmtes Liebeserlebnis ins Gedächtnis zu rufen. Intuitiv ahnt er, welche Bedeutung Ideenassoziationen für das Erinnern haben. Im Prinzip handelt es sich um ein ähnliches Verfahren, wie es die antiken Autoren verwendeten, wenn sie sich des »Gedächtnispalastes« bedienten. Nur daß die Romantiker ihre Erinnerungen nicht den Zimmern eines Gebäudes, sondern den Elementen einer Landschaft anvertrauten. Die neuen Gedächtnispaläste befinden sich in der Natur:

> *Bewahre von dieser Nacht, bewahre, schöne Natur,*
> *wenigstens die Erinnerung! …*
> *Möge der Wind, der heult, das Schilf, das seufzt,*
> *die zarten Wohlgerüche deiner duftenden Luft.*
> *Möge alles, was wir hören, sehen oder atmen,*
> *möge dies alles sagen: »Sie haben geliebt!«*

Ebenso wendet sich Baudelaire an die Geliebte: »Mutter der Erinnerungen, Geliebte der Geliebten«, und ruft sie dann auf, die Erinnerungen zu sammeln:

> *Gedenken wirst du der Schönheit unserer Liebkosungen,*
> *des sanften Heimes und der zauberhaften Abende.*

Er verleiht ihr ein Gedächtnis, indem er Erinnerungen aufzählt, die sie teilen kann, diese »glücklichen Minuten«, die der Dichter zu beschwören vermag.

Aufmerksamkeit und Konzentration

Es gibt einen dritten Weg zur Erinnerung: Aufmerksamkeit und Konzentration ermöglichen die Verankerung der Erinnerung. Wenn wir auf eine alltägliche Handlung, die wir mittels unseres Gewohnheitsgedächtnisses vornehmen, eine gespanntere Aufmerksamkeit richten als sonst, können wir uns hinterher an ihre Ausführung erinnern. Bei Proust liest sich das so: »… wie die Geisteskranken, die sich bemühen, wenn sie eine Tür schließen, an nichts anderes zu denken, um, wenn wieder die krankhafte Ungewißheit über sie kommt, ihr mit Erfolg die Erinnerung an den Augenblick, wo sie sie geschlossen haben, entgegensetzen zu können.«[8] Wie wichtig die Aufmerksamkeit sein kann, um ein Ereignis im Gedächtnis festzuhalten, schildert Balzac am Ende des Romans *Lilie im Tal*: Im Zimmer der sterbenden Henriette Morts, wo die Natur ihr Lebewohl zu sagen scheint, »waren wir so tief in diese schreckliche Betrachtung versunken, als wollten wir die Erinnerung unserer Seele auf ewig einprägen«.[9] Proust, der noch einmal auf den Anblick des Weißdorns und der Blasen an der Oberfläche des Flusses in Combray zu sprechen kommt, legt dar, daß auch die Intensität des Betrachtens den Erwerb der Erinnerung ermöglicht: Der Duft des Weißdorns, diese Blase – sie hat er durch seine »gesteigerte Aufnahmebereitschaft … durch so viele aufeinanderfolgende Jahre hindurch mit sich weitergetragen«.[10]

[92]

Der Autor ist der Chronist, der Erinnernde, der eine scheinbar höchst gewöhnliche Wahrnehmung im Gedächtnis behält. Doch wenn die Aufmerksamkeit von einem Objekt vollkommen in Anspruch genommen ist, gelangt nichts anderes ins Gedächtnis. Die affektive Besetzung überlagert alles. So berichtet Stendhal: »Die Kraft der Leidenschaft, die bewirkt, daß wir nur eine einzige Sache betrachten, nimmt mir durch die Entfernung, in der ich mich zu jenen Zeiten befinde, jegliche Erinnerung.«[11] Die Leidenschaft hindert Stendhal daran, die Erinnerung zu bewahren: »Ich habe kaum noch eine Erinnerung an jene leidenschaftlichen Zeiten. Die Dinge glitten, kaum daß ich sie wahrgenommen, unbeachtet oder gering geschätzt an mir vorbei.«[12] Die Leidenschaft nimmt dem Menschen jede Möglichkeit, seine Aufmerksamkeit auf etwas anderes zu richten als auf das Objekt, so daß auch die Gedächtnisspeicherung unterbunden wird. Allerdings kann die affektive Besetzung einer Wahrnehmung die Funktion der Wiederholung oder der Assoziation übernehmen und dafür sorgen, daß eine Erinnerung sofort im Gedächtnis gespeichert wird. So heißt es bei Conrad in dem autobiographischen Roman *Der goldene Pfeil*: »Mit der Erinnerung an jene Epoche meines Lebens hat es eine besondere Bewandtnis. Anfang und Ende verschmelzen zu einer einzigen Empfindung, einer tiefen, immerwährenden, übermächtigen Erregung, die alle Extreme umfaßt: eine Fülle unbeschwerten Glücks und eine unüberwindliche Traurigkeit – wie in einem Tagtraum. Das Gefühl, dies alles wie in einem einzigen großen Rausch der Vorstellungskraft erlebt zu haben, ist mit der Zeit nur stärker geworden.«[13]

Das affektive Gedächtnis

Alles ist Affekt; unser Leben steht in ununterbrochener Beziehung zu den Dingen, den Wesen, dem Leben, uns selbst. Jede Beziehung zieht eine affektive Bindung nach sich: Ein einfaches Objekt erscheint uns als schön, häßlich, interessant. Selbst wenn wir sagen: »Es ist mir gleichgültig«, ist das schon eine affektive Bindung. Das ist unserem Willen weitgehend entzogen. Der Affekt ist abhängig von unserer Erbanlage, unserer Erziehung, unserer Umgebung, unserem augenblicklichen Zustand. Unser Wille kann die äußeren Manifestationen der Affektivität einschränken, ihre inneren Auswirkungen jedoch in weit geringerem Maße. Nach außen mögen wir glücklich und entspannt erscheinen, doch in unserem Inneren sieht es möglicherweise ganz anders aus.

Da sich der Affekt unserem Willen entzieht, fällt er in den Zuständigkeitsbereich des Reflexes. Ein Ereignis, ein Mensch, ein Gegenstand, der eine affektive Reaktion auslöst, reizt den Mandelkern und das limbische System. Diese stehen in enger Beziehung zu den Hippokampusregionen, die für die Gedächtnisspeicherung zuständig sind und anschließend den Reiz auf die verschiedenen Areale der beiden Hirnhälften projizieren. Im limbischen System werden viele *neuroendokrine Substanzen*[*] und Neurotransmitter ausgeschüttet. Jede Wahrnehmung eines Sinnesorgans reizt stärker oder schwächer — je nach der affektiven Besetzung, mit der wir sie ausstatten — die Neuronen des limbischen Systems, die mit einer entsprechenden Entladung antworten. Diese reizt ihrerseits die Neuronen des Hippokampus und begünstigt oder hemmt die Gedächtnisspeicherung. Dabei ist das Ausmaß des Affektes wichtiger als sein Charakter. Egal, ob der empfundene Eindruck Freud oder Leid ist, Glück oder Unglück, Wohlbehagen oder Unbehagen, in der Regel werden die gleichen *Neuromediatoren** ausgeschüttet und laufen die gleichen Prozesse der Gedächtnisspeicherung ab (obwohl, wie wir noch sehen werden, bestimmte Umstände, die für unser Selbstbild besonders störend sind, ausgeblendet werden können). Erst später wird zwischen guten und schlechten Erinnerungen unterschieden und der Versuch gemacht, störende auszulöschen – wenn dieses Später auch fast gleichzeitig durch Freisetzung entsprechender Stoffe erfolgt. Die Intensität der affektiven Reaktion auf eine Wahrnehmung ist von unserem Willen vollkommen unabhängig, wird aber von unserer Persönlichkeit beeinflußt und ist daher der Ursprung einer unwillkürlichen Gedächtnisspeicherung. Aus diesem Grund hat Stéphane Mallarmé den Dichter Villiers de L'Isle-Adam nie vergessen. In der Ansprache, die dem Andenken des Verstorbenen gewidmet ist, beschwört Mallarmé die leuchtenden Erinnerungen, die er bewahrt hat, weil sie so außergewöhnlich, so heftig sind: »Für mich wird […] der Anblick seines Eintretens nie verblassen. Dieser strahlende Augenblick, ja, diese Erinnerung wird jedem im Gedächtnis bleiben … Ich sehe ihn wieder vor mir … Dann kam er, für ihn war das nichts, für uns die unsagbare Überraschung.«

Der unwillkürliche Mechanismus

Der zweite wichtige Mechanismus des Erinnerungserwerbs ist also vollkommen unwillkürlich und hängt von der emotionalen, affektiven Besetzung der Empfindung ab. »Ist die Empfindung auffällig und wichtig«, sagt Taine, »taucht die Vorstellung nach einer mehr oder minder langen Phase der Unterdrückung von alleine wieder auf.«[14] Nicht anders äußert sich William James: »Eine Erfahrung kann emotional so intensiv sein, daß sie eine Narbe im Gehirngewebe hinterläßt.«[15] Das Phänomen läßt sich nicht nur am Menschen, sondern auch an Tieren beobachten: Setzt man eine Ratte einem Streßerlebnis aus, indem man ihr einen schmerzhaften Reiz verabreicht, so erinnert sie sich sofort daran. Ratten schwimmen nicht gern; wenn man sie in ein kleines Wasserbecken wirft, in dem sich Plattformen befinden, schwimmen sie auf sie zu, um wieder festen Boden unter die Füße zu bekommen. Nun können wir einige dieser Plattformen so präparieren, daß das Tier einen elektrischen Schlag erhält, wenn es sie erklettert. Schwimmt das Tier das nächste Mal in dem Becken, meidet es die »elektrischen« Plattformen und hält sich an die anderen. In diesem Fall ist keine Wiederholung erforderlich – der Streßzustand, der durch das Wasser und die schmerzhaften Schläge hervorgerufen wurde, hat dem Tier die Lage der »guten« Plattformen sofort eingeprägt.

Kehren wir zum menschlichen Gedächtnis zurück. Das Leben hält viele glückliche und unglückliche Erfahrungen für uns bereit, deren prägende Kraft so groß ist, daß sie auf Anhieb zu Langzeiterinnerungen werden. »Diese Gefühle verlieren sich nicht; sie nisten sich im Grunde unseres Wesens ein; sie werden ein Teil unseres Willens.«[16] So Henry James. Das ästhetische Empfinden fixiert fast ohne unser Wissen den Eindruck von Gemälden, Gedichten oder Musikstücken, so wie es Swann bei Proust ergeht, wenn er eine Violin- oder Klaviersonate vernimmt: »Von einem gewissen Augenblick an … hatte er die Melodie oder Harmonie – er wußte es selber nicht – festzuhalten versucht, die an sein Ohr drang und ihm die Seele auftat, so wie gewisse Rosendüfte in feuchter Abendluft die Eigentümlichkeit haben, die Nasenlöcher zu weiten … Aber die Töne sind schon verrauscht, bevor noch die Empfindungen in uns so deutlich geworden sind, daß sie nicht von denen überflutet werden könnten, die aus den folgenden oder sogar schon zu gleicher Zeit erklingenden entstehen.« Und dieser Eindruck würde verschwinden, »wenn nicht das Gedächtnis wie ein Arbeitsmann inmitten der Flut an der Errichtung eines Fundamentes schaffte und einen Abdruck jener flüchtigen Takte nähme, so daß wir sie mit den darauf folgenden zu vergleichen und von ihnen zu unterscheiden imstande sind«.[17]

Ursache einer unwillkürlichen Erinnerung kann auch aus dem Schock eines traumatischen Anblicks folgen, der sich plötzlich und heftig darbietet, nur einige Sekunden lang, und trotzdem ein Leben lang im Gedächtnis bleibt. Mehr noch, nicht nur dieses Ereignis hat sich eingeprägt, sondern auch die Augenblicke, die ihm unmittelbar vorausgegangen sind. Ich erinnere mich, daß es an diesem Tag geregnet hat, daß ich einen blauen Regenmantel getragen habe. Der Reiz war so intensiv, daß er eine Art zerebrale Krise hervorgerufen hat, eine Aura, die alles, was dem Ereignis unmittelbar voranging und nachfolgte, in grelles Licht getaucht und fixiert hat.

Auf diese Weise veranlaßt eine Erinnerung, die, um es vorsichtig auszudrücken, unangenehm ist, Senancour dazu, die ursprüngliche Empfindung wiederzuerleben: »Ich bin wie jene Unglücklichen, bei denen ein allzu heftiger Eindruck die Empfindlichkeit bestimmter Nervenfasern erregt hat und die nicht umhin können, ihrem Wahn jedesmal aufs neue anheimzufallen, wenn ihr Vorstellungsvermögen beim Anblick eines ähnlichen Objekts jenes erste Gefühl zu neuem Leben erweckt.«[18] Das erklärt, warum besonders sensible Menschen sehr viel empfänglicher für diese unwillkürliche Form der Gedächtnisspeicherung sind. Vom Melancholiker hieß es in der Antike, er habe ein solches Gedächtnis. Umgekehrt haben Menschen von geringerer Phantasie und Sensibilität häufiger ein »gutes Gedächtnis« – ein Gedächtnis für Zahlen, Daten, mnemotechnische Kunststücke. Es handelt sich um eine spontane Form des Gedächtnisses, von der Bergson meinte, man finde sie »auch bei Menschen, deren geistige Entwicklung kaum über die der Kindheit hinausgeht«.[19]

Der Gedächtnisakt muß nicht unbedingt durch ein tragisches Ereignis ausgelöst werden, es kann auch ein glücklicher Anlaß sein. Das Glück ist für Rousseau ein Stimulans des Gedächtnisses: »Nichts von dem, was mir in jener liebgewonnenen Zeit zugestoßen ist, nichts von dem, was ich getan habe, solange sie dauerte, ist meinem Gedächtnis entfallen. Die Zeiten, die ihr vorausgingen und nachfolgten, fallen mir stückweise ein. Ich erinnere mich unterschiedlich und ungenau an sie; doch dieser besondere Zeitraum ist mir im Gedächtnis geblieben, als dauerte er noch an.«[20] Rousseau erinnert sich nur an Dinge, die ihn ergreifen. Wenig bedeutet ihm, was sich nur an seinen Verstand wendet, das heißt, alles, was abstrakt, intellektuell ist. Er sagt von sich, er habe »überhaupt kein sprachliches Gedächtnis« und könne »keine sechs Verse auswendig lernen«[21] – was *a contrario* beweist, daß Menschen, die über eine sehr leistungsfähige Gedächtnistechnik verfügen, einen entsprechenden Mangel an Sensibilität besitzen.

So verhält es sich auch mit den Gedichten der *Contem-plations*, die Hugo unter dem schrecklichen Eindruck von Léopoldines Tod schrieb – der berühmtesten Trauerbe-schreibung in der französischen Literaturgeschichte: »Stets habe ich jenen Augenblick meines Lebens vor Augen / da ich sie ihre Flügel öffnen und davonfliegen sah.«[22] Es gibt erschütternde Erlebnisse, die einen so tiefen Eindruck auf uns machen, daß wir sie nicht vergessen können. Nicht nur Ereignisse, sondern auch Menschen können sich dem Gedächtnis auf diese Weise, auch gegen unseren Willen, unvergeßlich einprägen: »Er besaß die … Kunst, / Sein Gedächtnis im Herzen eines andern zu verankern / … dort blieb er fest verwurzelt, in Liebe oder Haß … / ver-geblich war das Wehren gegen dieses Netz der Seele, / Sein Geist schien dich herauszufordern, ihn zu vergessen.« So Lord Byron.[23]

Kontextspeicherung

Die Erinnerung an den Kontext und an mich selbst ist je nach der Art des Erwerbs unterschiedlich. Gelegentlich erwerbe ich die Erinnerung eines allgemeinen Kontextes, beispielsweise an das Zimmer, in dem ich meine Schular-beiten machte, an die Klasse, in der ich lernte, oder das Aussehen der Straße, die ich jeden Tag entlangging, doch die genauen Einzelheiten sind nicht engrammiert. Dage-gen sind diese Einzelheiten sehr viel gegenwärtiger und exakter im Kontext einer Erinnerung, die durch einen af-fektiven Reize erworben wurde. Was wir sehen, was wir wahrnehmen, sind nicht einfach Gegenstände, visuelle Szenen, Gesichter. Es sind Farben, Gerüche, Formen. Dieser Kontext wird in unser Gedächtnis integriert, oder richtiger: in unsere Gedächtnisse – das visuelle, auditive, olfaktorische. Alle seine Sinne mobilisiert Apollinaire, um die Geliebte zu beschwören: »So wirken die fünf Sinne zusammen, dich neu zu erschaffen / vor mir / obwohl du fort bist und so fern / … Meine fünf Sinne fotografieren dich in Farbe.«[24]

Was mein Blick registriert, wird durch interneuronale Verbindungen mit dem verknüpft, was ich höre oder spüre. Um das auswendig gelernte Gedicht organisiert sich ein ganzes Neuronennetz. Die Baudelaireschen Entsprechungen und Rimbauds Farbvokale bringen außerhalb der Zeit zum Ausdruck, was sich in Wirklichkeit während unserer ersten Wahrnehmung und damit in der Zeit ereignet. Folglich kann eine Erinnerung über verschiedene Eingänge in unser Gedächtnis gelangen. Außerdem kann die Erinnerung an dieses Gedicht seit seiner Speicherung mit einem Eindruck assoziiert sein, mit der Freude über die Rückkehr nach Hause oder der Angst vor dem nächsten Tag. Schließlich trägt diese Erinnerung, die mit Tausenden anderen assoziiert ist, auch zum sogenannten *biographischen Gedächtnis* bei; vor allem wirkt sie an dem Eindruck mit, den ich empfinde, wenn ich an mein Leben denke.

Auch unseren inneren Zustand, einen Kontext anderer Art, dürfen wir nicht vergessen. Sobald wir die Welt wahrnehmen, beeinflußt sie unsere affektiven Konnotationen. Es stimmt nicht, daß uns irgend etwas oder irgend jemand gleichgültig läßt. Jede Empfindung bewirkt eine mehr oder weniger intensive neuronale Entladung und bleibt, je nach dieser Intensität, mehr oder minder tief, mehr oder minder lange im Gedächtnis. In *Sodom und Go-*

morrha gesteht Albertine dem Erzähler, daß sie Mademoiselle Vinteuil und ihre Freundin kannte: »Bei diesen Worten, die sie ... aussprach ... so fern von Combray und von Montjouvain und so lange nach Vinteuils Tod, regte sich ein Bild in meinem Herzen, ein Bild, das ich dort so viele Jahre hindurch im Hintergrund verwahrt hatte, so daß ich, selbst, wenn ich seinerzeit, als ich es in meinem Innern einlagerte, vielleicht erriet, daß es eine verderbliche Macht in sich barg, doch geglaubt hätte, es müsse diese auf eine so lange Dauer hin vollkommen verloren haben; lebendig aufgespart ... mit einem Male aufsteigend aus der Tiefe der Nacht, in der es auf ewig begraben schien, um nun wie ein Rächer zuzuschlagen.«[25]

Um einen neuronalen Reiz im Gedächtnis zu speichern, muß er also in der Zeit wiederholt werden oder von Anfang an durch seine affektive Besetzung Bedeutung erhalten. Manchmal bleiben uns banale Umstände des Lebens ohne besonderen Grund im Gedächtnis, meist aber deshalb, weil sie zum Kontext, zur Umgebung eines bedeutenderen oder wiederholten Ereignisses gehören, das sie in ihre Aura engrammiert hat. Der Beitrag unseres Willens zur Gedächtnisspeicherung ist gering. Das zeigt sich in der großen Mehrzahl aller Dinge, die wir im Laufe des Tages tun. Reflexhaft oder unwillkürlich handeln wir nur selten. Selbst das, was wir gewohnheitsmäßig erledigen, ist letzlich willkürliches Handeln, denn der Wille kann diese Abläufe jederzeit unterbrechen oder in sie eingreifen. Allerdings zeigt uns unser innerer Zustand und sein unwillkürlicher Ausdruck häufig die Grenzen dieses Willens. Wir erröten oder werden bleich, die Stimme zittert, Schweißperlen treten uns auf die Stirn, Tränen in die Augen, der Puls beschleunigt sich – das alles sind Erscheinungen, die unsere inneren Zustände zum Ausdruck bringen, Zustände, die wir nicht willkürlich hervorrufen und noch weniger unterdrücken können.

Noch stärker empfinden wir die Grenzen unseres Willens, wenn wir seine Beziehungen zum Gedächtnis betrachten: zu dem, was die Grundlage unserer Persönlichkeit bildet, was uns ermöglicht, in der Kontinuität unseres Ichs zu leben, was dafür sorgt, daß unsere bewußte Existenz auch wirklich die unsere und nicht die von irgend jemand anderem ist. Mit anderen Worten, unser Gedächtnis ist in großen Teilen unabhängig von unserem Willen und kann sich unserem Zugriff daher jederzeit entziehen. Zum Glück ist das Gedächtnis in Netzen organisiert, diese sind in Module gegliedert, und das Ganze ist auf viele Gehirnregionen verteilt, mit dem Erfolg, daß wir, von Krankheitsfällen abgesehen, nicht Gefahr laufen, alles von einem Tag auf den anderen zu vergessen. Doch in welchem Umfang haben wir willkürlich zur Bildung dieser Module beigetragen, und inwieweit können wir in die Tat umsetzen, wenn wir uns vornehmen: »Daran will ich mich erinnern« oder »Das will ich nicht vergessen«?

Man kann die Gegenthese aufstellen, daß das Gedächtnis dem Willen vollkommen unterworfen ist. Nehmen wir ein einfaches Experiment: Ich fahre für drei Tage ins Ausland und beschließe, daß ich mich an diese Reise erinnern will. Dazu registriere ich mit gespannter und anhaltender Aufmerksamkeit alles, was ich tue und sehe, und gehe dabei sogar so weit, daß ich die Informationstafeln der besuchten Museen notiere, die Speisekarten der Restaurants, in denen ich gegessen habe, die Straßen und Plätze, auf denen ich gegangen bin. Abends vergegenwärtige ich mir noch einmal alles, was ich getan habe, in der richtigen Reihenfolge. Am nächsten und übernächsten Tag verfahre ich genauso, wobei ich immer wieder ganz am Anfang, mit der Abfahrt des Zuges, beginne. Diese Gedächtnisarbeit kostet mich in den ersten Tagen viel Mühe, dann ein bißchen weniger, sobald sich die Einspeicherung zu stabilisieren scheint und mir die Ereignisse der Reise offenbar automatisch einfallen. Dank dieser täglichen Übung erinnere ich mich sechs Monate später erschöpfend an diese drei Tage. Daher beschließe ich, die Gedächtnisübungen in größeren Abständen durchzuführen. Durch einen Vergleich mit meinen Aufzeichnungen stelle ich rasch fest, daß Lücken auftreten. Wenn ich jeden Tag unermüdlich damit fortführe, mir die Ereignisse der Reise in der richtigen Reihenfolge ins Gedächtnis zu rufen, würde ich mich auch weiterhin lückenlos an sie erinnern können. Doch was für eine Arbeit würde mich das kosten: eine Stunde pro Tag für die Erinnerungen an drei Tagen! Es steht also außer Zweifel, daß wir, beschlössen wir in diesem Augenblick, uns willkürlich an alles zu erinnern, was wir tun, bald vom Umfang der Aufgabe restlos überfordert wären.

Daher erfaßt unser willkürliches Gedächtnis bestimmte Elemente. Wille, Aufmerksamkeit und Wiederholung helfen uns, Erinnerungen so lange zu behalten, wie sie unentbehrlich oder nützlich für uns sind. Diese Form des zweckbestimmten, willkürlichen Gedächtnisses entwickeln wir im Laufe des Lebens, indem wir in unserem Gehirn Netze und Module anlegen, die es uns ermöglichen, bestimmte Erinnerungen sehr viel leichter zu erwerben als andere. So registrieren und vergegenwärtigen sich manche Schachspieler in wenigen Sekunden die Positionen auf einem Schachbrett, indem sie sie mit anderen Partien vergleichen, die sie gespielt haben. Neben Mozart kennt die Musikgeschichte noch viele Komponisten und Dirigenten, die ganze Partituren nach einmaligem Hören fehlerlos zu Papier bringen konnten. Oder nehmen wir ein Beispiel, das uns näher liegt: Wir wissen aus Erfahrung, daß wir uns sehr viel leichter an Dinge oder Ereignisse erinnern können, die mit unserem Leben oder unserem Beruf zu tun haben, als an Dinge, die uns fern liegen oder neu sind. Ein Gedächtnistest besteht zum Beispiel darin, daß man einer Versuchsperson mehrere Gegenstände zeigt und sie einige Zeit später auffordert, möglichst viele Bestandteile dieser Objekte zu nennen. Wenn etwa unter den vorgelegten Bildern ein Schiff ist und wenn mir Schiffe vertraut sind, erinnere ich mich wahrscheinlich an mehr Einzelheiten als an die vier oder fünf Einzelheiten, die der Durchschnitt der Versuchspersonen abrufen kann.

Wir können uns nach Belieben und willkürlich Ereignisse und Objekte einprägen, doch wenn wir sicher sein wollen, daß wir sie auch lange behalten, müssen wir uns regelmäßig um sie kümmern wie um die Pflanzen in einem Garten, sonst verlieren wir sie. Jedes Neuronennetz, das wir beim Abruf einer Erinnerung aktivieren und reaktivieren, wird mit Wachstumsfaktoren gesättigt, die für seine Konsolidierung und Stärkung sorgen. Andernfalls werden sie von anderen Erinnerungen überlagert, die in die Netze einfallen, sie parasitär in Beschlag nehmen und die Erinnerungen verblassen lassen. Wir müssen wieder betrachten, wieder lesen, wieder hören, wieder erzählen, wenn wir eine Erinnerung bewahren wollen.

Läßt sich das Gedächtnisvermögen willkürlich erhöhen? Wir wollen das Gehirn hier nicht mit einem Muskel vergleichen, dessen Kraft und Volumen man durch tägliches Training steigern kann, aber fest steht, daß eine bestimmte Form der geistigen Arbeit oder des Gedächtnistrainings die Erinnerungsfähigkeit wenn nicht erhöht, so doch bewahrt. Das beweisen die Ergebnisse, die man mit bestimmten Methoden des Gedächtnistrainings bei Schädelverletzungen oder im Alter erzielt hat. Entgegen der Regel, die im allgemeinen gilt, nutzt sich das Gedächtnis ab, wenn wir keinen Gebrauch von ihm machen. Der Chirurg Henri Modor, der lange Zeit der bedeutendste Mallarmé-Spezialist war, riet seinen Assistenzärzten, jeden Morgen ein Mallarmé-Gedicht zu lernen, um das Gedächtnis zu trainieren.

Genetische Faktoren

Der Gedächtniserwerb hängt auch von genetischen Faktoren ab, von der Persönlichkeit und dem physiologischen Zustand. Dieses Gebiet ist zwar noch weitgehend unerforscht, doch Proust erahnt es schon, wenn bei ihm die Rede ist »von diesen unbekannten Gesetzen, denen wir gehorcht haben, weil wir in ihnen schon unterwiesen waren, ohne zu wissen, wer sie dort niedergelegt hatte, diesen Gesetzen, denen wir uns bei jeder tieferen geistigen Arbeit annähern«. Sie scheinen einer anderen Welt anzugehören, »aus der wir hervorgehen, um auf diese Erde geboren zu werden«, bevor wir möglicherweise wieder dorthin zurückkehren. Ohne Zweifel spielt die Erbanlage bei der Entwicklung des Gedächtnisses eine wichtige Rolle. Es gibt eine Gedächtnisform, die arttypisch ist. Vögel, denen man bei der Geburt das Gehör nimmt, lernen nicht zu singen. Können sie dagegen normal hören, lernen sie die typischen Lautäußerungen ihrer Art – sie speichern sie also im Gedächtnis. Wenn Nabokov von der fast krankhaften Genauigkeit seines Gedächtnisses berichtet und von dem Vergnügen, das es ihm bereitet, seine Vergangenheit im Geiste noch einmal zu sehen, meint er, diese Eigenschaft sei wohl erblich, denn sein Vater habe die gleiche Fähigkeit besessen. »Es gab einen bestimmten Fleck im Wald … wo mein Vater immer andächtig stehenblieb und sich den seltenen Schmetterling ins Gedächtnis rief, den sein deutscher Hauslehrer am 17. August 1883 dort für ihn gefangen hatte. Und noch einmal wurde dann die dreißig Jahre alte Szene rekapituliert.«[26]

Es handelt sich um ein organisches, instinktives Gedächtnis. Samuel Butler, der größte englische Essayist aus der zweiten Hälfte des 19. Jahrhunderts, hält die Vererbung und die Evolution für eine Art Gedächtnis: Das Leben wiederholt eine Form wie das Gedächtnis eine Idee.[27]

Ebenso ist der Trieb von Wandertieren, sich regelmäßig in bestimmte Gebiete zu begeben, Ausdruck eines Artgedächtnisses, also eines bestimmten Erbguts. Ein solches genetisches Gedächtnis schreibt Chateaubriand auch sich selbst zu: »Wie die Zugvögel erfaßt mich im Oktober eine Unruhe, die mich zwänge, das Klima zu wechseln, hätte ich noch genügend Kraft in den Flügeln und genügend Leichtigkeit im Umgang mit der Zeit.«[28]

Wenn der Einfluß der Erbanlage auf die Bildung der Persönlichkeit nicht mehr nachzuweisen ist, so spielt die Persönlichkeit des Individuums jedoch eine erhebliche Rolle bei der – häufig unbewußten – Auswahl der Erinnerungen. Daß Menschen Erinnerungen unterschiedlich erwerben, auch wenn sie dasselbe Objekt wahrnehmen, ist in zahlreichen Experimenten nachgewiesen worden.

Beispielsweise hat Sophie Calle Mitarbeiter des Museum of Modern Art in New York aufgefordert, ihre Erinnerungen an ein Gemälde von Magritte zu beschreiben, das sie täglich sahen; jeder Befragte hatte eine vollkommen andere Erinnerung an das Bild.[29]

Viele Schriftsteller haben das Phänomen geschildert: Proust, Henry James, Pirandello in *So ist es — wie Sie meinen*, Faulkner in *Schall und Wahn*.[30] Im Kriminalroman werden in den Verhören die Erinnerungen der Beteiligten in ihren verschiedenen Perspektiven und Widersprüchen gezeigt. Auch Filme beschäftigen sich mit diesem Problem: *Citizen Kane*, *Mr. Arkadin (Herr Satan persönlich)*, *F for Fake (F wie Fälschung)*, alles Filme von Orson Welles, *Rashomon* von Kurosawa, *The barefoot Comtessa (Die barfüßige Gräfin)*.

Das spezialisierte Gedächtnis

Alle Aspekte unserer Persönlichkeit bestimmen den alltäglichen Gedächtniserwerb und unsere Merkfähigkeit. Beruf und Spezialisierung sind Beispiele dafür. Wenn ein Arzt bei der Visite Fälle begutachtet, die in sein Fachgebiet gehören, kann er hinterher die Symptome und Diagnosen aller untersuchten Patienten aufzählen. Begleitet er dagegen einen Kollegen mit einem anderen Fachgebiet auf dessen Visite, ist er, auch wenn er die gleiche Anzahl von Patienten sieht, nicht dazu in der Lage. Er kann allenfalls einige der untersuchten Fälle beschreiben. Gleiches gilt für Schach- oder Bridgespieler. Der Maler, der sein Gedächtnis trainiert hat, wird von einer solchen Fülle von Einzelheiten bestürmt, daß er Mühe hat, sie zu zähmen. Nicht anders ergeht es einem Dirigenten wie etwa Toscanini, der auswendig dirigierte, oder Malraux, der sich noch 30 Jahren an den Ort und die Farben eines Gemäldes erinnern konnte.

Wenn einer unserer Sinne gestört ist, etwa das Hören, dann ist es auch die akustische Gedächtnisspeicherung, wie das Beispiel der um ihren Gehörsinn gebrachten Jungvögel gezeigt hat. Aber auch wenn bestimmte Hirnregionen geschädigt sind, insbesondere das Gebiet des Hippokampus, ist der Erwerb neuer Erinnerungen unmöglich. Das zeigt die Beobachtung von Patienten mit bestimmten Schädelverletzungen, denen zwar die alten Erinnerungen bleiben, die aber nach ihrer Verletzung eingetretene Ereignisse nicht behalten können.

Ohne jeden Zweifel nimmt die Fähigkeit, neue Dinge zu erlernen, mit dem Alter ab. Das schlechte Gedächtnis hindert Montaigne daran, »mehrere Gegenstände zur gleichen Zeit zu verstehen«. Wenn er eine längere Äußerung von Bedeutung zu machen hat, muß er sie Wort für Wort auswendig lernen. Aber »dieses Mittel fällt mir nicht minder schwer. Um drei Verse zu lernen, brauche ich drei Stunden.« Es nützt auch nichts, seinem Gedächtnis zuzusetzen, dann gerät es nur durcheinander. »Je mehr ich in es dringe, desto mehr verstrickt und verwirrt es sich; es dient mir, wann es ihm gefällt, nicht wann es mir gefällt.«[31] Wenn er in seiner Bibliothek nach einer bestimmten Einzelheit sucht, muß er sie jemand anderem anvertrauen, um sie nicht zu vergessen, während er über den Hof geht. Entfernt er sich nur um einen Finger breit vom roten Faden seiner Rede, findet er ihn nicht wieder. »Die Leute, die mir dienen, muß ich mit der Bezeichnung ihrer Aufgabe oder ihrer Heimatregion anrufen, weil es mir größte Mühe bereitet, mich an ihre Namen zu erinnern.« Der

Erinnerungserwerb beruht also auf der Reizung einer bestimmten Anzahl von Neuronen unter dem Einfluß von Empfindungen, die wir wahrnehmen. Eine Spur dieser Wahrnehmung bleibt nur dann im Gedächtnis, wenn der Reiz eine gewisse Intensität besitzt. Wiederholung, Aufmerksamkeit, Emotion haben eine verstärkende Wirkung, die dafür sorgt, daß bestimmte Wahrnehmungen eher als andere im Gedächtnis bleiben. Wenn nicht, besteht immerhin die Hoffnung, daß uns die Assoziation mit Menschen, Landschaften oder Dingen die Möglichkeit eröffnet, durch logische Deduktion oder Affektivität die Erinnerung wiederzufinden, die wir ihnen zugeordnet haben. Allerdings bleibt die Gedächtnisspur nicht unveränderlich und identisch. Die Entwicklung unseres Selbst verändert sie, wie sich der Anblick eine Schiffes auf dem Meer mit der Entfernung, dem Dunst, dem Licht, den Strömungen und den Gezeiten wandelt.

[KAPITEL 4] Das Gedächtnis im fortwährenden Wandel

Die antike Metapher führt in die Irre: Das Gedächtnis ist kein Stück Wachs, auf dem die Erinnerungen ein für allemal eingeschrieben werden. Es hat mit diesem nur zwei Eigenschaften gemeinsam: Wie das Wachs schmilzt, löst sich das Gedächtnis mit der Zeit stellenweise auf. Und die Erinnerungen werden den Neuronen tatsächlich gewissermaßen eingeprägt und können abgerufen werden, so wie sich das Stück Wachs lesen läßt. Das Gedächtnis ist auch kein Computer, der in seinem Speicher behält, was wir ihm eingegeben haben, und nur abruft, was wir von ihm verlangen. Allerdings ist selbst der Computer nicht unfehlbar. Wo im Gehirn Gedächtnisschwächen auftreten, können in der Maschine Viren Defekte hervorrufen, die den Computer ein klein wenig menschlicher erscheinen lassen.

Entwicklung der Persönlichkeit

Jeder neue Eindruck bedeutet eine Verformung des Gedächtnissystems, die wir nicht sehen. Als einer der ersten hat Chateaubriand davon gesprochen: »Versuche ich heute, den Horizont wiederzueröffnen, der sich geschlossen hat, finde ich nicht mehr den gleichen vor, sondern treffe andere an. Ich verirre mich in meinen verblaßten Gedanken.«[1] Den Horizont der Vergangenheit finden wir nicht wieder wie eine Akte im Regal, weil sich alles bewegt, alles verändert hat. Manchmal bringen uns die Erinnerungen nur eine fragmentarische Vergangenheit: »Die Freuden der Jugend, wie sie das Gedächtnis wiedergibt, sind Ruinen, die wir im Fackelschein betrachten.« Wir sehen Gesichter, »die die Zeit zur Stofflosigkeit von Gespenstern hat verkümmern lassen«.[2] Die alten Ichs sind unauffindbar: »In Dieppe gibt es mich nicht mehr: Es war ein anderes Ich, ein Ich meiner ersten, vergangenen Tage, das dort einst lebte, und dieses Ich ist zugrunde gegangen, denn unsere Tage sterben mit uns.«[3] Das Gedächtnis versucht, diese Trümmer vergangener Ichs nebeinanderzustellen: »Während wir unser Leben durchmessen, lassen wir zwei oder drei Bilder unserer selbst zurück, alle untereinander verschieden, und erblicken sie dann im Dunst der Vergangenheit wie Porträts unserer verschiedenen Alter.«[4] Denn die Vergangenheit bekämpft die Gegenwart: »Unablässig führt mein Gedächtnis meine Reisen gegen meine Reisen ins Feld, Berge gegen Berge, Flüsse gegen Flüsse, Wälder gegen Wälder, und mein Leben zerstört mein Leben.«[5]

Die zersetzende Wirkung der Zeit

Nachdem Freud berichtet hat, er habe »eine Szene aus … [der] Urzeit« eines Patienten entdeckt, »die allen Anforderungen entspricht und in die alle übriggelassenen Rätsel einmünden«, fügt er hinzu: »Es ist, als hätte Schliemann wieder einmal das für sagenhaft gehaltene Troja ausgegra-

ben.«⁶ Man könnte das Gedächtnis mit einer Stadt vergleichen, die sich im Laufe der Jahrhunderte entwickelt, mit
einer dieser tausendjährigen Städte, Troja oder Alexandria
zum Beispiel, wo Ausgrabungen zeigen, daß sich unter
der modernen Stadt eine arabische, römische oder grie-
chische Stadt verbirgt. Vielleicht entspricht diese archai-
sche Stadt unserem Unbewußten, der Archäologe dem
Psychoanalytiker. Wenn unser Gedächtnis einer großen
Stadt gleicht, dann ist sie ständig in Bewegung, dann entstehen neue Gebäude, werden Verschönerungen vorgenommen und Sanierungsprojekte durchgeführt. Aber es
gibt auch Häuserblöcke, die verlassen und zerstört sind.
Das emotionale Zentrum der Stadt ist für uns das Gebäude, an das wir die meisten affektiven Erinnerungen haben. Hier und dort gibt es Geschäftsviertel mit ganz ähnlichen Gebäuden, das sind unsere Gewohnheiten, und
wieder andere, in denen die Gebäude ganz verschieden
voneinander aussehen, wie unsere persönlichen Erinnerungen. Manche Viertel sind verlassen, von Unkraut
überwuchert. Schließlich gibt es Viertel, die wir zerstören
möchten, Erinnerungen, die uns unangenehm sind, die
unsere Persönlichkeit beschädigen. Die Wartungsdienste
sind die Wachstumsfaktoren und die Neurotransmitter,
die Häuser die Zelleiber der Neuronen, die Straßen und
Alleen die Dendriten und Axonen. Die Schaffung neuer
Stichstraßen und Verkehrsverbindungen entspricht der
neuronalen Plastizität. Wie in einer Stadt vollzieht sich
auch in unserem Gedächtnis ein ständiger Wandel. Neue
Interessen, neue Beziehungen bilden neue Erinnerungen.
Unsere Persönlichkeit entwickelt sich, indem sie unsere
Wahrnehmung der Vergangenheit modifiziert, indem sie
das Aussehen unserer Erinnerungen verändert. Ganze Flä-

[112]

chen unseres früheren Lebens werden verlassen. Nie erinnern wir uns an sie oder erzählen von ihnen, so daß sie in Vergessenheit geraten, während andere ganz im Gegenteil eine neue Qualität annehmen: »Auch in mir sind viele Dinge zerstört, von denen ich geglaubt hatte, sie würden ewig währen, und andere sind entstanden, die neue Freuden und Leiden heraufbeschworen haben, von denen ich damals noch nichts wissen konnte, so wie mir heute die damaligen schwer zu begreifen sind.« (M. Proust)[7]

Gedächtnis und Erzählung

»In ihrer unauflöslichen Verschränkung erschaffen sich Gedächtnis und Zeit jedesmal neu, wenn wir versuchen, uns vorzustellen, was gestern, vorige Woche oder vor vierzig Jahre passiert ist. Sie gehören zur besonderen Struktur des Bewußtseins.«[8] Erinnerungen sind nicht datiert: »Sie werden verfälscht durch die Erzählung, die wir aus ihnen fertigen.« P. Janet verknüpft das Gedächtnis mit der Erzählung, die »darin besteht, die Abwesenden das tun zu lassen, was sie getan hätten, wenn sie anwesend gewesen wären«. Das bedeutet: »Das Gedächtnis ist eine Probe zur Klärung der Schwierigkeiten, die die Zeit bereitet.«[9] Das ist ein Akt des Bewahrens. Die Sprache ist ein Zeichentransport, die Rezitation eine »Elementarform des Gedächtnisses«.[10] Nach der Rezitation kam die Beschreibung (abwesender Gegenstände). Nach der Beschreibung die Erzählung – nicht mehr von Gegenständen, sondern von Ereignissen. Die Gedächtnisspeicherung ist die Vorbereitung »der aufgeschobenen Handlung«.[11] Janet glaubte übrigens, im Gegensatz zu seinem Kollegen Bergson, wir hätten nur eine kleine Anzahl von Erinnerungen. Anders als Locke und Condillac behauptet er, die intensive Empfindung reiche nicht aus, um eine Erinnerung anzulegen.

»Die Schrift ist ein Gedächtnisphänomen.« Eine erste Form der Beschreibung, der Erzählung ist die Zeichnung. »Die Erinnerung ist eine literarische Konstruktion, die langsam unter allmählicher Vervollkommnung hergestellt wird.« Man bedient sich des Raumes, um die Zeit darzustellen – das Prinzip des Kalenders. Zur Funktion des Gedächtnisses meint Janet, wie Bergson, man müsse es mit dem Handeln verknüpfen. In einem zweiten Stadium, dem Fabulieren, verselbständigt sich das Gedächtnis. Um praktisch zu werden, braucht das Gedächtnis ein Datum. Eine Grenzmarkierung, die Gegenwart. Der Nervenkranke, der in der Vergangenheit (oder Zukunft) lebt, mag die Gegenwart nicht. Das Gedächtnis muß immer in der Gegenwart verankert werden. Die Erinnerung an die Wahrnehmung zeichnet sich laut Bergson neben dieser ab wie ihr Schatten. Erst im nachhinein flechten wir den roten Faden der Erzählung. »Was Objekt war, wird Subjekt, weil wir es uns einverleiben.«[12] Merzenich hat 1983 gezeigt, daß »sich die sensorischen und motorischen Karten mit der Zeit verändern«.[13] Danach ist das Gehirn »ein Netz, das sich ununterbrochen reorganisiert«, ein Netz von Funktionen und Erinnerungen. Den Begriff der Gehirnkarte hat Valéry bereits vorweggenommen, indem er eine geographische Karte als Beispiel nahm: »Ich reise und habe eine Karte bei mir – oder ich fertige die Karte zur selben Zeit.« Von der Reise heimgekehrt, erhält diese Karte eine neue Bedeutung: »Es ist nicht mehr derselbe Mensch, der sich erinnert – sondern ein neuer Weg für einen neuen Menschen.«[14] Folglich werden die Erinnerungen im Gehirn nicht als statische Bilder repräsentiert. »Wir schreiben die Geschichte um, wir revidieren die Urteile über unsere eigene Erfahrung, indem wir den Gedanken, die wir uns über Personen oder Ereignisse in unserer Vergangenheit gemacht haben, eine neue Form geben.«[15] Die Reaktionen des Gehirns werden in Erinnerungen verwandelt, weil sie im Zuge der Reorganisation zur Struktur des Bewußtseins und damit zur »Selbstwahrnehmung« gehören.

Schau, unter meinen Augen verändert alles seine Farbe
Und die Lust zerspringt in Schmerzessplitter,
Kaum wage ich noch, meine heimlichen Schränke zu öffnen,
in denen mein verwirrtes Gedächtnis Unordnung gestiftet hat.

(J. Supervielle)[16]

Erinnerungen im Fluß

Zwischen dem Erwerb der Erinnerungen und ihrem Ausdruck, das heißt dem Abruf der Erinnerung oder dem Vergessen, vollziehen sich verschiedene Veränderungen in unserem Gedächtnis. Die Bildung des Gedächtnisses beginnt bereits in der Kindheit. Eine große Zahl von Neuronennetzen bildet sich in den verschiedenen spezialisierten Hirnregionen, die unseren verschiedenen Sinnen entsprechen. Zwischen diesen verschiedenen Netzen entstehen wiederum Verbindungen, die dafür sorgen, daß eine Erinnerung nur in den seltensten Fällen rein visuell oder olfaktorisch oder akustisch ist. Die meisten Erinnerungen setzen sich aus allen diesen Sinnesempfindungen zusammen. Wenn ich mich an das Meer in der Bretagne erinnere, dann sehe, spüre und höre ich es zugleich. Der Einfluß der Netze kann uns so die Illusion einer Wirklichkeit vermitteln, die in der Ganzheitlichkeit der Erinnerung rekonstruiert wird.

Die Neuronennetze sind in Schichten angeordnet, die ihrem Alter entsprechen. Sie stehen mit der Gedächtniszentrale des Hippokampus und der Affektivitätsregion in Verbindung. Das Gehirn ist ein Schauplatz fortwährender Handlungen, Wahrnehmungen und Gedanken. Jeden Augenblick treffen Nervensignale ein, bewirken die Ausschüttung von Neurotransmittern, die zur Bildung neuer Synapsen führen, und modifizieren die Neuronennetze unserer Erinnerungen, wodurch manche ausgelöscht und andere hinzugefügt werden. Diese Rekonstruktion oder Zerstörung geschieht teils implizit, teils bewußt und teils affektiv.

Bei dem impliziten Teil handelt es sich im allgemeinen um das habituelle oder prozedurale Gedächtnis. Der Alltag setzt sich aus vielen gewohnheitsmäßigen Verhaltensweisen zusammen, die unserer Aufmerksamkeit entzogen sind. Trotzdem ist keine dieser Handlungen absolut identisch mit der entsprechenden Handlung vom Vortag oder von der Vorwoche. Diese winzigen Modifikationen werden aufgezeichnet und verändern ganz allmählich unser Verhalten. Beispielsweise haben wir die Gewohnheit, häufig den gleichen Spaziergang zu machen. Eines Tages hat es einen Erdrutsch gegeben, so daß ein neuer Weg angelegt werden mußte, dem wir nun folgen. Einige Tage später hat die neu angelegte Gewohnheit in unserer Erinnerung die alte, der wir jahrelang gefolgt sind, überlagert.

Bei den bewußten Vorgängen haben wir es überwiegend mit dem Erfahrungsgedächtnis zu tun, für das wir ein einfaches Beispiel im Berufsleben finden. Die tägliche Ausübung eines Berufs konfrontiert uns ständig mit neuen Problemen, neuen Umständen, neuen Fällen, die es zu lösen gilt. In unseren Erinnerungen gesellen sie sich zu denen, mit denen wir in den Monaten und Jahren zuvor zu tun hatten. Genauer, die neuen Probleme verändern die alten, so daß das Erfahrungsgedächtnis keine Ansammlung der Situationen ist, mit denen wir schon einmal zu tun hatten, sondern ihre Verschmelzung. Wenn wir uns einem neuen Problem gegenübersehen, gehen wir nicht alle unsere früheren Erfahrungen durch, um zu einer Lösung zu gelangen, sondern finden sie auf Anhieb. Das ist die Nützlichkeit, die Wirksamkeit der allgemeinen Kultur – ganz anders und weit umfangreicher als das, was man meistens Kultur nennt, weitreichender auch als die Gelehrsamkeit, die leblos bleibt, wenn sie sich nicht in Kultur verwandelt, das heißt, wenn sie nicht ein Gedächtnis ausbildet, das auf alle unvorhergesehenen Ereignisse gefaßt ist.

Die affektiven Ereignisse verändern unser Gedächtnis am gründlichsten. Nehmen wir einen Mann, der die Gewohnheit hat, oft in einem Park spazierenzugehen, den er schätzt und sehr gut kennt. Seit seiner Kindheit sucht er diesen Park auf, er ist vertraut mit den Alleen, den Rasenflächen, Blumenbeeten, den Farben, die sich im Wandel der Jahreszeiten zeigen. Eines Tages besucht er ihn zum ersten Mal in Begleitung der Frau, die er liebt. Dieser Spaziergang in Begleitung der Geliebten prägt sich sofort tief in sein Gedächtnis ein, weil jede Einzelheit dieses Tages affektiv besetzt ist. Einige Zeit später kehrt er in den Park zurück, wieder allein. Seine Erinnerungen betreffen nun nicht mehr die Spaziergänge von einst, sondern allein jenen Tag, den er dort im Zustand der Verliebtheit verbracht hat. Er hat wieder die Blumen vor Augen, an denen sie gerochen hat, die Bäume, die sie bewundert hat, das Licht dieses Tages, die Dinge, die sie getan, und die Worte, die sie gewechselt haben. Dank neuer Neuronenfortsätze und neuer Synapsen haben sich neue Verbindungen gebildet zwischen der Erinnerung an den Spaziergang mit ihr und jedem Teil des Parks, den er vor ihr und nach ihr gesehen hat. Die neuronale Plastizität hat ohne sein Wissen, aber überaus wirksam, ihre Verbindungen im Gedächtnis angelegt, wobei das Epizentrum der Empfindungen verschoben und alte Erinnerungen ausgelöscht wurden.

Egal, ob implizit, bewußt oder affektiv, unaufhaltsam entwickelt sich unsere Gesamtpersönlichkeit – wobei sie einerseits von unseren Erinnerungen modifiziert wird und andererseits diese Erinnerungen oder die Art, wie wir sie wahrnehmen, selbst modifiziert. Als Kind konnte ich nicht verstehen, wie Menschen, die sich einmal geliebt hatten, dahin kommen können, sich zu hassen. Ich dachte, sie brauchten sich nur Fotos aus der Zeit anzuschauen, da sie glücklich waren, um die Gefühle von einst, ihre Kraft und Intensität, wiederzufinden. Eines Tages informierte mich ein Freund, dessen Frau ich ebenfalls gut kannte (für mich waren die beiden das ideale Paar), er habe die Scheidung eingereicht, und fügte hinzu: »Wenn ich die Bilder von früher betrachte, begreife ich nicht, wie ich diese Frau habe lieben können.« So gründlich hatte sich seine Persönlichkeit verändert, daß er sich noch nicht einmal mehr erinnern konnte, sie je geliebt zu haben. Das erinnert an den letzten Satz in *Eine Liebe von Swann*: »Er sah wieder, wie er sie vor kurzem noch ganz nahe bei sich gefühlt, Odettes bleichen Teint, ihre zu mageren Wangen, die

schlaffen Züge, die müden Augen vor sich, alles was er —
im Laufe der vielen aufeinanderfolgenden Liebesstunden,
die seine Dauerliebe zu Odette zu einem einzigen langen
Vergessen jenes ersten Bildes gemacht hatten — nach den
ersten Zeiten seiner Verbindung mit ihr nicht mehr bemerkt … [so] sagte er fast empört zu sich selbst: ›Wenn ich
denke, daß ich mir Jahre meines Lebens verdorben habe,
daß ich sterben wollte, daß ich meine größte Leidenschaft
erlebt habe, alles wegen einer Frau, die mir nicht gefiel,
die nicht mein Genre war!‹«[17]

Wiedererkennen

Ein besonderer Aspekt dieser Trennung zwischen dem, was
wir in einem Abschnitt unseres Lebens wahrnehmen und
engrammieren, und dem, was wir Jahre später wahrnehmen, wenn wir jemanden, den wir jahrelang nicht gesehen
haben, erkennen oder vielmehr nicht erkennen, ist dadurch
gegeben, daß der andere sich im Laufe der Jahre körperlich
und seelisch verändert hat. In unserer Erinnerung ist er so
geblieben, wie wir ihn zum letzten Mal erlebt haben, oder
er hat sich in unserer Vorstellung in einer Weise weiterentwickelt, die nicht der Wirklichkeit entspricht. Wenn
wir ihn dann wiedersehen, erkennen wir ihn nicht. So
ergeht es Odysseus' Sohn, der seinen Vater bei dessen
Heimkehr zunächst für einen Gott hält. Seine Gesichts-
züge rufen in Telemach überhaupt keine Erinnerung hervor, genausowenig wie in Penelope. Der alte Eindruck
stimmt mit der tatsächlichen Wahrnehmung nicht überein. Nur Argos, der alte Hund, vernachlässigt und mit
Läusen bedeckt, erkennt Odysseus. Er wedelt mit dem

Schwanz und senkt die Ohren, allerdings hat er nicht mehr die Kraft näherzukommen: »Aber den Argos ergriff das Geschick des finsteren Todes / Gleich, nachdem er Odysseus sah im zwanzigsten Jahre.«[18] Die Amme Euryklea, der zunächst eine Ähnlichkeit in Gang und Stimme aufgefallen ist, erkennt Odysseus an einer Narbe. Penelope dagegen zweifelt an seiner Identität und verlangt, die »Zeichen« zu sehen, die nur sie beide kennen. An die Stelle der Erinnerung an einen Mann, den zwanzig verstrichene Jahre unkenntlich gemacht haben, tritt das metonymische Gedächtnis der Zeichen. Die römische Komödie, Molière, das Melodram werden sich des Stoffes bedienen. Das Zeichen, das Merkmal, ist das einzig Gemeinsame zwischen dem alten und dem neuen Eindruck. Diese Gemeinsamkeit ist so schwach, daß das Wiedererkennen eher rational als affektiv ist. Es kann schwerlich noch von Gedächtnis die Rede sein, denn von einer solchen Einzelheit führt kaum ein Weg zur Empfindung, zum Nervensystem, dem Ganzen. Das war in den Jahren 1944 und 1945 das Schicksal vieler Kinder, die ihre Väter nach fünf oder sechs Kriegsjahren wiedersahen.

Der Hund erkennt Odysseus dank seinem Geruchsgedächtnis wieder. Diese Eigenschaft verändert sich beim Menschen am allerwenigsten. Da der Hund kein Vorstellungsvermögen besitzt, ist ihm der charakteristische Geruch seines Herrn unveränderlich im Gedächtnis geblieben. Auch beim Menschen sind die Erinnerungen an Gerüche, Geschmacksnuancen und Melodien besonders gefühlsbesetzt, weil sie bleiben, wie sie sind, das heißt von unserem Denken, unserem Vorstellungsvermögen kaum verändert werden. Die Amme und die Frau des Odysseus können ihn jedoch nur an Merkmalen erkennen, die sich weder an ihrem Träger noch in unserem Gedächtnis verändern können. Auch Proust äußert sich zum Problem des Wiedererkennens: »Jemanden wiedererkennen, das heißt, unter einer einzigen Bezeichnung an zwei widersprüchliche Dinge zu denken, das heißt, zuzugeben, daß das, was war, das Wesen, an das man sich erinnert, nicht mehr ist, und daß das, was ist, ein Wesen ist, das man nicht gekannt hat.«[19] Auf der Matinée bei den Guermantes erkennt der Erzähler erst die Freunde von einst und am Ende sich selbst nicht wieder. Diese Szene führt uns vor Augen, daß wir nicht nur blind sind für die Metamorphosen, die die Zeit an anderen vornimmt, sondern auch für die, die sie an uns selbst bewirkt.

Erstarrte Erinnerung

Mag sich das Gedächtnis auch in ständiger Entwicklung befinden, einige Erinnerungen bleiben uns erhalten – erstarrt, intakt oder idealisiert. Wer von uns hat noch nicht die Erfahrung gemacht, daß er an einen Ort zurückkehrt, den er kennt, den er vor langer Zeit geliebt hat und dessen Anblick ihn nun enttäuscht? Hat sich wirklich die Landschaft verändert – oder nicht vielmehr die Erinnerung, die wir von ihr hatten, die wir idealisiert und damit verändert haben? Sicherlich gibt es nur wenige erstarrte Erinnerungen. Aber einige wenige Bildern tragen wir in uns, die – ihres Kontextes beraubt, idealisiert und von uns in den Zustand der Unsterblichkeit erhoben – im Laufe der Zeit immer größere Dimensionen annehmen. »Ich würde heute fürchten, durch die Stimme meiner Jahre ein Gefühl zu entweihen, das in meinem Gedächtnis seine ganze Jugendlichkeit bewahrt hat und dessen Zauber sich in dem Maße steigert, wie das Leben schwindet«, schreibt F. R. Chateaubriand.[20]

Das gilt nicht nur für leblose Dinge, sondern auch für Menschen. Es ist durchaus möglich, daß wir eine Frau, die wir einst geliebt haben, in unserer Erinnerung auch weiterhin lieben. Einige Jahre später treffen wir sie. Ihr Charakter und ihr Aussehen haben sich unter dem Einfluß der Zeit so verändert, daß sie nicht mehr das geringste zärtliche Gefühl in uns weckt. Die Wiederbegegnung mit der einst geliebten Frau, mit ihrem Lächeln, ihrer Stimme ist mit unserer Erinnerung nicht in Einklang zu bringen:

Mein Herz, noch ganz erfüllt von ihr, irrte auf ihrem
Gesicht umher

Und fand sie nicht mehr …
Mir schien, eine unbekannte Frau
Hätte zufällig diese Stimme und diese Augen angenommen.
(A. de Musset)[21]

Der Ort, der Kontext haben eine Liebe wiedererweckt, der die Begegnung mit dem einst geliebten Wesen kein neues Leben einhauchen kann. So sind wir hin- und hergerissen zwischen der Liebe, die wir in unserem Gedächtnis für es empfinden, und der Gleichgültigkeit, ja, dem Widerwillen, die es in der Gegenwart in uns hervorruft.

Das gleiche Phänomen beschreibt Rousseau in *La Nouvelle Héloïse (Julie oder die neue Héloïse)*: Das Gefühl bleibt, aber in der Vergangenheit und von der Gegenwart abgeschnitten. Als Saint-Preux Julie wiedersieht, ist die Frau, die er liebt, die verlorene Geliebte und nicht der

Mensch, der vor ihm steht: »Er liebt sie in der Vergangenheit.« Deshalb verbringen manche Menschen ihr Leben in der unaufhörlichen Suche nach jemandem zu, der jünger ist und ihnen erlaubt, eine vergangene Liebe in der Gegenwart wiederzuerwecken. In *Stark wie der Tod* von Maupassant verliebt sich der Maler Bertin in die Tochter der Gräfin, die er einst geliebt hat, und »verwechselte die Tochter immer mehr mit dem in seiner Erinnerung auftauchenden Bild der Mutter, wie sie einst war. Er hatte Lust, die eine und die andere zu küssen, die eine, um auf Wange und Nacken die rosig blonde Frische wiederzufinden, die er ehemals genossen und die er heute wieder wunderbar erlebte, die andere, weil er in ihr die Macht altgewohnter Anziehung immer noch liebte. Er stellte jetzt sogar in aller Klarheit fest, daß sein schon lange ein bißchen ermattetes Begehren und seine Liebe zu ihr durch den Anblick ihrer wiedererstandenen Jugend angefacht wurden.«[22] In unserer Gedächtnisstadt wachsen ständig neue Gebäude aus dem Boden: neue Erinnerungen, zu denen neue Zufahrtsstraßen, die neuronalen Verbindungen, führen. Einige Hauptverkehrsstraßen werden ständig benutzt, das sind die Erinnerungen, die wir häufig abrufen, aus Gewohnheit oder Erfahrung. Andere Gassen werden von Unkraut überwuchert, die Fassaden bröckeln ab, die Mauern zeigen Risse – Erinnerungen, die für uns ohne Interesse sind, die wir weder anderen noch uns selbst erzählen. Gelegentlich versuchen wir, uns einen Weg zu bahnen, der uns zu einer bestimmten Erinnerung führt, doch wenn wir das Haus erreicht haben, haben wir den Schlüssel nicht mehr oder das Schloß ist so verrostet, daß wir nicht hineingelangen und uns beim besten Willen nicht erinnern können, was es enthielt. Bleibt zwischen fortwährender Beschönigung und unaufhaltsamem Verfall eine einzige Erinnerung, die sich vollkommen mit dem ursprünglichen Ereignis, dem ursprünglichen Empfinden deckt? Leider läßt sich diese Frage nicht eindeutig beantworten, weil kein vergangener neben den gegenwärtigen Eindruck gestellt werden kann, um mit ihm verglichen zu werden. Allerdings sorgt die Genauigkeit von Geruchs- und Geschmackserinnerungen dafür, daß die affektive Besetzung beim Abruf der Erinnerung in unverminderter Frische hervortritt. So wird manchem Mann ein kurzes Glückserlebnis zuteil, wenn ihn auf der Straße flüchtig und schwach die Duftwolke eines Parfums anweht, das er einst an einer geliebten Frau kannte.

Auch andere Phänomene können unsere Gedächtnisinhalte verändern, ohne daß wir es bemerken. Gemeint sind die Träume, die Umbauten, die stattfinden, während wir schlafen.

Traum, Gedächtnis, Déjà-vu

Der Traum ist ein integraler Bestandteil des Schlafes. Er ist eine Form der Wahrnehmung, die alte Erinnerungen wachruft und sie mit einer Eindrücklichkeit versehen kann, die wir verloren glaubten: »Hatte ich nicht oft erlebt, daß des Nachts, in einer Minute einer Nacht, weit entlegene Zeiten, die bis in jene ungeheuren Fernen zurückgewichen waren, in denen wir nichts mehr von den damals erlebten Gefühlen deutlich zu erkennen vermögen, in rasendem Tempo und von blendender Helligkeit umflossen, als seien sie Riesenflugzeuge anstelle der blassen Gestirne, für die wir sie gehalten hatten, über uns hereinbrechen und dank der tiefen Bewegung, dem Schock, der Lichtüberflutung ihrer unmittelbaren Nähe uns alles noch einmal schenken, was sie einst für uns enthalten haben.«[23]

Häufig sind unsere Träume die Umsetzung von Ereignissen, die wir in einer sehr nahen Vergangenheit, manchmal sogar am Tag zuvor, oder in länger zurückliegenden Zeiten erlebt haben. Manchmal sind sie sehr nahe an der Wirklichkeit, dann wieder vollkommen phantastisch. In diesem Fall verselbständigen sich die Funktionen des Gehirns. Träume stützen sich auf unsere Erinnerungen, aber sie verändern sie, entstellen sie, bringen tiefere Gefühle zum Ausdruck, die ihnen zugrunde liegen. Wachen wir plötzlich während eines Traums auf, bleibt er uns bewußt und exakt im Gedächtnis. Meist aber ist die Erinnerung an einen Traum flüchtig, verschwommen, schwierig auszudrücken und zu behalten.

Was ist mit all den Träumen, die uns nicht bewußt werden? Schließlich gibt es sie, denn aus EEG-Aufzeichnungen während des Schlafes wissen wir, daß diese zerebrale Aktivität während bestimmter Phasen unseres Schlafes sehr intensiv ist. Wie alle anderen Tätigkeiten unseres Gehirns entsteht sie durch neuronale Entladungen, also durch Freisetzung von Neurotransmittern, durch synaptische Übertragungen, durch Ausbreitung in den neuronalen Verbindungen. Es ist also gut möglich, daß diese Träume, die nicht in unser Bewußtsein gelangen, im Gedächtnis gespeichert werden. Diese Hypothese stützt sich auf die häufige Erfahrung, daß wir beim Abruf einer Erinnerung nicht mehr wissen, ob ihr ein reales Erlebnis oder etwas anderes zugrunde liegt, das sich unserem Gedächtnis eingeprägt hat, ohne daß wir es bemerkt haben. Dann fragen wir uns wie Nerval: Habe ich es erlebt oder geträumt? »Indem ich mir die Einzelheiten vergegenwärtige, frage ich mich, ob sie wirklich sind oder ob ich sie geträumt habe.« Der Erzähler in *Sylvie* glaubt, er habe Adrienne ein Stück spielen sehen. »Vielleicht ist die Erinnerung eine Obsession!«[24] Im Traum kann sich das Bewußtsein frei in einem Raum ohne Grenzen bewegen, in dem sich Vergangenheit und Zukunft mischen. Der Traum ist ein Zustand des Gehirns, in dem es sich selbst Lust und Schrecken bereiten kann.

Vielleicht ist das eine Teilerklärung für Déjà-vu-Erlebnisse: Wir haben den Eindruck, ein Ereignis wiederzuerleben, von dem wir ganz genau wissen, daß es uns in der Wirklichkeit noch nie begegnet ist. Trotzdem meinen wir, es sei teilweise oder ganz in unserem Gedächtnis vorhanden. Eindringlich schildert Fernand Gregh, ein Schriftsteller, der mit Proust befreundet war, diese Situation: »Oh, welch seltsames Schwindelgefühl! Alles entfernt sich, alles schwindet, alles verändert sich, die Glocken haben geläutet. Empfing ich einst gleiche Eindrücke in der nämlichen Umgebung eines schönen Parks, an einem ähnlich strahlenden Morgen, in einer Allee, die dieser hier glich mit ihrer Steinbank und dem Moos? Habe ich schon einmal die Osterglocken unter den gleichen Umständen läuten hören? Ich weiß es nicht, trotzdem habe ich gespürt, daß der Klang dieser Glocken etwas in mir ausgelöst hat, was die ganze Vergangenheit zwischen dem Augenblick damals und dem Augenblick jetzt zum Verschwinden brachte. Ich spürte, daß ich schon alles getan hatte, was ich tat, empfunden hatte, was ich empfand, innerlich schon gesprochen hatte, was ich zu mir sprach, in einem Augenblick, der absolut gleich gewesen war; daß ich diese Bewegungen schon einmal ausgeführt hatte, haargenau in dieser Reihenfolge, daß ich, den Klang derselben Glocken im Ohr, einen Zweig berührt, einen Kieselstein mit dem Fuß gestoßen, den Kopf gewendet hatte, wobei die Glocken die gleiche Tonfolge erklingen ließen, unter einem Himmel vom gleichen tiefen Blau, in einer Luft, die ebenso frisch und verschleiert gewesen war.«[25] Ist dieser meist sehr flüchtige Eindruck nicht einfach eine Art Doppelbelichtung, die zu einer augenblicklichen Kollision und Verschmelzung der beiden Eindrücke führt, so daß die Wahrnehmung Erinnerung wird und die Erinnerung wieder Wahrnehmung? Das Déjà-vu-Erlebnis, das Empfinden, etwas schon einmal gesehen oder gehört zu haben, ist immer von einer beklemmenden Konnotation begleitet. Im schlimmsten Fall kann sie den Anfall einer Schläfenlappenepilepsie ankündigen.

In diesem Zusammenhang zitiert Pierre Janet Literaten und Dichter, unter ihnen auch Fernand Gregh. Die besonderen Merkmale sind das »totale« Wiedererkennen (obwohl wir immer nur partiell wiedererkennen) und die gleiche Gemütsverfassung, die pathologische Gewißheit, die es sonst nur bei Neurosen gibt, die Ungewißheit in bezug auf den Zeitpunkt und das Gefühl der Beklemmung. Nach Janets Auffassung handelt es sich um eine Verdopplung, ein Echo, eine Nicht-Gegenwart, eine Abwesenheit von Gegenwart, eine Störung des Gegenwartsempfindens.[26]

Die Psychonalytiker sehen im Déjà-vu das flüchtige Auftauchen einer verdrängten Erinnerung, die durch keine Wiederholung wiedererweckt werden kann. Nach anderen Hypothesen ist dieser Eindruck des Déjà-vu die Erinnerung an ein Ereignis, von dem wir geträumt haben, ohne daß es uns bewußt geworden ist. Mangels besserer Erklärungen sind sogar parapsychologische Ereignisse oder Erlebnisse aus einem früheren Leben bemüht worden, »die ich in einem anderen Dasein vielleicht gesehen habe und an die ich mich erinnere«.[27] Eine Übereinstimmung zwischen einem bereits erlebten und einem gegenwärtigen Ereignis läßt uns glauben, wir würden es bereits kennen.

Die innere Entwicklung von Erinnerungen

Valéry, der das Gedächtnis nicht liebte, spürte die innere Arbeit, die heimliche Entwicklung der Erinnerungen: »Eine kleine Äußerung fällt in Gegenwart eines Menschen. Er ist überrascht. Seine Aufmerksamkeit ist geweckt. Und doch interessiert ihn die Äußerung nicht sonderlich. Er vergißt sie. Aber sie vergißt sich nicht. Ohne daß er es merkt, dauert sie in ihm fort und erneuert sich. Sie arbeitet. Können Sie sie erkennen in dem unbeleuchteten Teil dieses Menschen, wo sie zu einer unbekannten Erwartung und Tätigkeit geworden ist? Eines Tages wird sie ihre mächtige und unerwartete Wirkung entfalten, ohne sich noch einmal zu zeigen. Er wird den Ursprung seiner neuen Energie nicht kennen. Diese verborgene Arbeit kann durchaus überraschende Verwandlungen hervorbringen, die ganz spontan zu sein scheinen.«[28]

Zwischen der erstarrten, unwandelbaren, exakten Erinnerung und dem vollkommenen Vergessen gibt es Zwischenformen aller Art. Ob festgefügt oder instabil, alle Erscheinungsformen haben auf zellulärer und molekularer Ebene ihr anatomisches und biologisches Substrat. Hormone und Neurotransmitter, die ihrerseits von Neuronen ausgeschüttet werden oder durch den Blutkreislauf von außen ins Gehirn hineingetragen werden, bewirken unablässig, daß Synapsen verschwinden, sich wandeln, sich vermehren oder sich festigen, was erklärt, warum Erinnerungen verblassen, sich verändern oder bewahrt werden.

KAPITEL 5

Ausdruck des Gedächtnisses in der Erinnerung

Der Abruf von Erinnerungen kann implizit geschehen, aus Gewohnheit, absichtlich, dank einer inneren Anspannung oder beispielsweise durch Rezitation. Doch sehr häufig wird die Erinnerung durch eine Assoziation, einen äußeren Reiz, der ihr mehr oder minder nahe ist, zutage gefördert, nicht selten mit dem Ergebnis, daß eine ganze Kette von Erinnerungen heraufgezogen wird. Dabei lassen sich drei große Kategorien unterscheiden: die objektive Erinnerung an die gespeicherte Wahrnehmung, die mehr oder weniger genau ist, die Erinnerung, deren Auftauchen eine affektive Reaktion in der Gegenwart auslöst, und die Erinnerung an den affektiven Eindruck selbst, der empfunden wird wie einst.

Manche Erinnerungen bilden einen so festen Bestandteil unseres Alltags, daß wir sie gar nicht mehr bewußt registrieren, obwohl sie für den normalen Gang des Alltags unentbehrlich sind.

Gewohnheit und implizites Gedächtnis

Ein ganzer Komplex von Erinnerungen betrifft Tätigkeiten, die die elementare Grundlage unserer alltäglichen Verrichtungen bilden: anziehen, zur Arbeit gehen, essen, Auto fahren – allesamt Handlungen, die wir gelernt und im Gedächtnis eingespeichert haben. Werden bestimmte Gehirnregionen geschädigt, sind wir nicht mehr in der Lage, diese Tätigkeiten auszuführen. Wenn wir zerstreut sind, können wir uns bei der Ausführung einer gewohnheitsmäßigen Tätigkeit täuschen. Um unseren Fehler zu korrigieren, müssen wir einen willkürlichen und bewußten Abruf unserer Erinnerungen vornehmen. So erweist sich, daß die Gewohnheit kein unbewußter, sondern ein eher impliziter Ausdruck des Gedächtnisses ist.

Handlungen, die wir einst nur mühsam gemeistert haben, führen wir jetzt fast unbewußt aus, wenn wir etwa ein schwieriges Musikstück spielen oder lesen. Daraus schließt Samuel Butler, wir könnten nichts auf diese halbbewußte oder unbewußte Weise tun, ohne es vorher durch lange Übung gelernt zu haben. Das Bewußtsein blendet sich aus; sobald wir eine Sache sehr gut können, schließen wir sie aus unserem Bewußtsein aus. Wir beherrschen sie allerdings nur, solange wir uns unseres Könnens nicht bewußt sind.[1]

Der fundamentalste Ausdruck des unbewußten Gedächtnisses ist der Reflex. Ein Beispiel aus der Tierwelt zeigt anschaulich, wie mit Hilfe dieser Fähigkeit rasch neue Verhaltensweisen entwickelt werden. Damit ein Hafen von größeren Schiffen angelaufen werden konnte, vertiefte man seine Fahrrinne. Dazu mußte ein Schwimmbagger wiederholt Sprengladungen in einen unterirdischen Felsen einbringen, sie zünden, die abgesprengten Felstrümmer einsammeln und sie in einen Frachtkahn schütten. In dieser Mischung aus Felssplittern und Schlamm befanden sich auch Fische, die von der Druckwelle der Explosion getötet worden waren. Um sicher zu gehen, daß sich keine Schiffe in zu großer Nähe befanden, ließ der Schwimmbagger einige Minuten vor jeder Explosion seine Sirene ertönen. In den ersten Tagen wurden Möwen von den toten Fischen im Frachtkahn angelockt und stürzten sich gierig auf die Beute. Nachdem die Vögel das einige Male durchexerziert hatten, kamen sie schon beim Aufheulen der Sirene, setzten sich auf den Frachtkahn und warteten auf die Explosion und die Fische. Wie bei Pawlows Hund hatten sich bei diesen Möwen neue neuronale Verbindungen gebildet, die den Ton mit der Vorstellung von Nahrung verknüpften. Derartige Gedächtnismanifestationen, die sich auf einen zur Erinnerung gewordenen Lernprozeß gründen, sind, angefangen mit dem Gehen, ein fester Bestandteil unseres Lebens. Wir lernen, uns zu erinnern, wie wir gehen lernen. »Gehen heißt sich erinnern«, sagt Valéry und denkt dabei an das *implizite* oder prozedurale Gedächtnis: »Wer geht, erinnert sich an das Gehen-können – doch diese Erinnerung ist nicht bewußt –, man versetzt sich nicht zurück in die Zeit, als man gehen lernte, sondern man geht, als wäre man schon immer gegangen; genauso pflegt man Umgang mit den Wörtern – als hätte man sie schon immer gekannt.«[2] Bei bestimmten Erkrankungen, die zu Gedächtnisstörungen führen, schwindet diese Form des Erinnerns als letzte. Unaufhörlich aktualisieren wir Erinnerungen, die so gründlich mit unserem gegenwärtigen Handeln verschmolzen sind, daß wir beim besten Willen nicht genau angeben können, wann wir sie in unser Gedächtnis eingespeichert haben. Ein Gedächtnis hat sich gebildet, das auf alle Eventualitäten vorbereitet ist.

So spiegeln unsere alltäglichen Handlungen Erinnerungen, die in unserem Gedächtnis miteinander verschmolzen sind, von denen wir aber nicht sagen können, wo und wann wir sie erworben haben. Wer kann exakt angeben, wann er zum ersten Mal eine Multiplikation ausgeführt hat? Die Gewohnheit beruht zwar auf dem Gedächtnis, aber sie tötet es auch.

Arbeitsgedächtnis

Das Amalgam aus implizitem und willkürlichem Gedächtnis nennen wir Erfahrung; auf sie greifen wir zurück, um schwierige Situationen zu lösen. Einerseits brauchen wir dazu unser implizites Gedächtnis, das für eine bestimmte Gewohnheit verantwortlich ist, andererseits aber auch selektivere Erinnerungen, um der besonderen Situation gerecht zu werden, die sich aktuell darbietet. Ähnlich beschreibt Bergson zwei komplementäre Gedächtnisse, die bei »wohlausbalancierten Köpfen« fest ineinandergreifen. Das eine wurzelt im Organismus und sorgt dafür, daß wir uns den gegenwärtigen Situationen anpassen, das andere behält nacheinander alle unsere Zustände, so, wie sie sich präsentieren. Was den Tatmenschen charakterisiert, »ist die Geschwindigkeit, mit der er in einer gegebenen Lage alle darauf zu beziehenden Erinnerungen parat hat … Von der Gegenwart geht der Ruf aus, auf den die Erinnerung anwortet.«[3] Bei dieser Theorie sind wir an Michel Foucault erinnert: Die Vergangenheit ermöglicht das Handeln, kann aber auch mit dem Gewicht der Gewohnheit auf ihm lasten.

Ein Arzt sieht sich ständig mit Symptomen konfrontiert, aus denen er die exakte Diagnose einer Krankheit ableiten muß, um angemessene Therapien zu verordnen. Dank seinem erworbenen Wissen ruft er mehrere mögliche Diagnosen ab. Am Ende muß er eine Synthese finden und, mit Hilfe genauerer Erinnerungen, eine exakte Diagnose stellen. Diese beiden Arten von Erinnerungen – die einen unbewußt, weil sie implizit und habituell geworden sind, die anderen exakt und dem Besonderen Rechnung tragend – bringen den Arzt in Gefahr, zwei verschiedene Fehler zu begehen. Der erste, häufigere, ist derjenige, der vom Gewicht der Gewohnheit beherrscht wird und den Arzt veranlaßt, bestimmte, ungewöhnliche Symptome des Patienten zu mißdeuten oder zu vernachlässigen – mit dem Erfolg, daß er eine häufige, aber in diesem Fall falsche Diagnose stellt. Der andere, umgekehrte Fehler besteht darin, daß der Arzt nicht mehr auf sein Gewohnheitsgedächtnis zurückgreift, woraufhin er unsicher und zögerlich zu Werke geht und sich für eine zwar seltenere, aber genauso falsche Diagnose entscheidet. Laut Foucault muß der Kliniker an jeden Fall mit allen Kenntnissen herangehen, die er in der Vergangenheit erworben hat, dann von sich selbst und seinen Gewohnheiten absehen, um sicher zu gehen, daß seine Persönlichkeit ihn nicht verleitet, ein wichtiges Krankheitszeichen zu verkennen und sich zu irren.

Reflexhaftes Gedächtnis, implizites Gedächtnis, Gewohnheits- und Erfahrungsgedächtnis bilden die Grundlage unserer zweckdienlichen und alltäglichen Verrichtungen. Die Erinnerungen, die wir auf diese Weise eingelagert haben, sind unser persönliches Gedächtniserbe, das wir der Arbeit, dem Alltag und der Kultur verdanken. Im Laufe unseres Lebens knüpfen sie ein Netz von Kenntnissen. Das Wiedererkennen, das sich auf die Erinnerung stützt, begünstigt den Erwerb neuer Erinnerungen, insoweit sie die Wahrnehmung erleichtern. Dabei kommt das Wiedererkennen nicht nur dem Gedächtnis zugute, sondern ist auch dem Verständnis und dem ästhetischen Empfinden zuträglich. Sehr häufig ist beim ersten Anhören eines Musikstücks weder das Verständnis noch der ästhetische Genuß vollständig. Erst nach mehrfachem Wiederhören erschließt sich uns die ganze Schönheit des Werkes. Ebenso löst bei vielen Menschen der Anblick neuer Landschaften den Reflex aus, sie mit Landschaften zu vergleichen, die sie kennen. Diese Dominanz des Wiedererkennens meint Proust, wenn er schreibt, »daß die Wirklichkeit sich nur aus der Erinnerung formt, jedenfalls kommen mir Blumen, die man mir heute zeigt, nicht mehr wie richtige Blumen vor ... die Kornblumen, der Weißdorn, die Apfelbäume, die ich zufällig, wenn ich reise, auf den Feldern sehe, knüpfen, weil sie auf der gleichen Höhe oder Tiefe mit meiner Vergangenheit gelegen sind, sofort mit meinem Herzen eine Verbindung an.«[4] Die moderne Kunst wird, egal, ob in der Malerei, Literatur, Musik oder Architektur, von den Zeitgenossen oft schlecht aufgenommen. Manchmal dauert es Jahre oder gar Jahrzehnte, bis das Wiedererkennen den Geschmack so weit gebildet, das heißt modifiziert und umgelenkt, hat, daß das Publikum bereit ist, die neue Richtung zu akzeptieren. Die Meisterwerke schaffen sich ihre Nachwelt selbst. »Wir vergessen«, sagt Proust, »daß das Frühere durch einen langen Assimilationsprozeß ... in eine homogene Materie umgewandelt ist, in der Victor Hugo seinen Platz neben Molière haben kann.«[5]

Willkürlicher Abruf aus dem Gedächtnis

Deutlicher wird der Ausdruck des Gedächtnisses in der willkürlich abgerufenen Erinnerung. Sie kann auf zweierlei Arten zustande kommen. Zum einen kann die Erinnerung absichtlich erworben werden, wie es zum Beispiel der Fall ist, wenn wir etwas lernen. Zum anderen kann sie unwillkürlich angelegt werden. Der erste Fall läßt sich noch einmal unterteilen, je nachdem, ob man die Erinnerung kurzfristig oder mittelfristig speichern will. Den Willen, uns kurzfristig zu erinnern, bekunden wir zum Beispiel, wenn wir uns im Telefonbuch eine Nummer heraussuchen und sie wiederholen, bis wir sie gewählt haben. Diese sehr flüchtige Gedächtnisspeicherung findet in der Region des präfrontalen Kortex statt. Die Spur, die dort hinterlassen wird, ist sehr schwach, denn wenn uns jemand ablenkt, bevor wir die Nummer gewählt haben, müssen wir erneut nachschlagen. An der Grenze zwischen Kurzzeit- und Mittelzeitgedächtnis liegt die Lektion, die der Schüler lernt, das Examen, auf das sich der Student vorbereitet, das Konzert des Musikers, die Arie des Opernsängers, das Theaterstück des Schauspielers. Der Wille, bestimmte Inhalte zu lernen, um sie eines Tages als Erinnerungen zu nutzen, trägt dafür Sorge, daß wir sie über eine gewisse Periode im Gedächtnis speichern, um sie zu gegebener Zeit fehlerlos abzurufen. Daran sind verschiedene Gedächtnisformen beteiligt: das repetitive, auditive, visuelle, logische Gedächtnis. Durch Wiederholung wird ein solcher Inhalt in einen neuronalen Schaltkreis eingelagert. Ein Willensakt genügt, und die Depolarisationswelle, die bei der Gedächtnisspeicherung ein neuronales Netz erregt hat,

wird reproduziert und bringt zum Ausdruck, was engrammiert worden ist.

Das Risiko ist die Gedächtnislücke; die Depolarisationswelle nimmt einen falschen Weg, oder ein äußeres Ereignis stört diesen Mechanismus – und schon ist die Kette
unterbrochen. So erging es dem Theaterschauspieler, der
bei einer Vorstellung mehrmals an der gleichen Stelle zu
Anfang des Stückes hängenblieb. Nach zwei vergeblichen
Versuchen verlangte er, daß der Vorhang heruntergelas-
sen und das Stück von vorn gespielt wurde. Schließlich
konnte er nur fortfahren, indem er die Stelle übersprang.
1871 dirigierte Wagner bei einem Konzert in Mannheim
das Vorspiel zu *Tristan und Isolde*, als er plötzlich abbrach
und ausrief: »Was ist das? Ich weiß nicht mehr weiter.«
Man mußte eine Partitur aus Karlsruhe kommen lassen.[6] –
Liegt es nicht nahe, bei einem so affektiv besetzten Werk,
bei einem Werk, das so reich an schmerzlichen Erinnerungen ist, nach einem Grund, etwa einer unbewußten
Erinnerung, für eine solche Blockierung zu suchen?[7]

Das auditive Gedächtnis kann diesem rezitativen Gedächtnis zur Hilfe kommen, vor allem wenn es sich um
Lyrik oder Musik handelt. Der Rhythmus, die Harmonie helfen uns, die natürliche Verkettung wiederzufinden:
»... wie etwa in einer Melodie, die man kennt, wo jede
Note gleichsam gespannt auf den richtigen Einsatz der
folgenden wartet«. Unter Umständen ist das visuelle Gedächtnis eine zusätzliche Hilfe: Man kann in der Erinnerung die auswendig gelernte Seite visualisieren, im Zuge
der Rezitation überprüfen, ob ein Satz fehlt, und versuchen, ihn wiederzufinden. Das logische Gedächtnis setzt
voraus, daß gemeinsam mit dem Bemühen, die Erinnerung wiederzufinden, auch der Versuch einer logischen

Rekonstruktion stattfindet. Meist wird diese Form des willkürlichen Gedächtnisses von den Spezialisten getestet, um die Merkfähigkeit zu beurteilen. Aber handelt es sich dabei um das wirkliche Gedächtnis? Kann man das Gedächtnis ausschließlich unter diesem sehr verengten Blickwinkel betrachten? Sprechen wir in diesem Zusammenhang von Erinnerungen, so handelt es sich um eine Form der Speicherung. Eine bestimmte Anzahl von Neuronen wird durch die willkürliche Eingabe und Wiedereingabe der Information stimuliert. Tritt umgekehrt der Reiz des ersten Wortes eines Textes oder des ersten Tons eines Konzerts auf, folgen die anderen in der vorgegebenen Verkettung. Diese Form des Gedächtnisses ist dem Speicher des Computers am ähnlichsten.

Totales Gedächtnis

In vollem Ernst schreibt Bergson: »Ich glaube, daß unser vergangenes Leben vollständig erhalten ist, in jeder winzigen Einzelheit, daß wir nichts vergessen und daß alles, was wir seit dem ersten Erwachen unseres Bewußtseins wahrgenommen, gedacht, gewollt haben, unendlich fortbesteht.«[8] Ganz anders Proust: »Unser Gedächtnis ist kein *Doppelexemplar* der verschiedenen Ereignisse unseres Lebens, kein Doppelexemplar, das unserem Blick fortwährend dargeboten ist, sondern ein *Nichts*, aus dem wir in Momenten einer augenblicklichen Ähnlichkeit tote Erinnerungen rückgewinnen, wiederauferstehen lassen können; es bleiben jedoch Tausende von kleinen Ereignissen, die nicht in diese Virtualität des Gedächtnisses gelangt sind und die uns auf immer unzugänglich sind.«[9]

Seit der Antike hat es immer wieder Menschen gegeben, die hofften, alles behalten zu können. Baudelaire dagegen behauptete, zweifellos um es zu beklagen: »Ich habe mehr Erinnerungen, als wär' ich tausend Jahre alt.« Sein Gehirn ist ein Friedhof, ein riesiges Grabgewölbe, eine Pyramide – »die mehr der Toten als ein Massengrab enthält«.[10] Borges erzählt die Geschichte von Funès, der ein so vollkommenes Gedächtnis hat, daß er nichts vergessen kann. Auch Louis René des Forêts berichtet in seiner Novelle *Une mémoire démentielle* von den Bemühungen seines Protagonisten, sich zunächst die ganze Vergangenheit zu vergegenwärtigen, um sich dann einen Ausschnitt dieser Vergangenheit vor Augen zu führen, Minute für Minute: »Seine Aufgabe ist es, aus der Vergangenheit eine ewige Gegenwart zu machen, sein Schicksal – und sein Fluch –, das, was einmal erreicht ist, immer und immer wieder, bis zum Wahnsinn, wiederzuerleben.« Zugleich Hauptperson und hellsichtiger Zeuge, sitzt er in der Falle einer »obsessiven Rückschau«.[11]

Wieder eine andere Form des Gedächtnisses ist für den willkürlichen Abruf all unserer Erinnerungen verantwortlich – nicht nur derjenigen, die wir willkürlich erworben haben, sondern auch derjenigen, die aus den Elementen unserer Existenz bestehen und sich unserem Gedächtnis im Laufe des Lebens eingeprägt haben. Genau das ist das Vorhaben von Victor Hugo, dessen Gedächtnis krankhaft ist, weil es Anspruch auf Totalität erhebt. In den *Contemplations* – »diesem Flug der zum Horizont entschwindenden Erinnerungen«[12] – schreibt er im Vorwort: »Tatsächlich kann ein Bewußtsein alle Eindrücke, alle Erinnerungen, alle Wirklichkeiten, alle undeutlichen Schemen, die heiteren wie die düsteren, enthalten, die zurückkehren und erinnert werden, Strahl um Strahl, Seufzer um Seufzer, in dieselbe dunkle Wolke gehüllt. Das ist das menschliche Dasein, das aus dem Rätsel der Wiege hervorgeht und in das Rätsel der Bahre mündet.« Vigny behauptete von sich, mit einem nahezu unfehlbaren Gedächtnis begabt zu sein: »Ich wurde mit einem Gedächtnis geboren, das nichts von dem vergessen hat, was ich gesehen und gehört habe, seit ich auf der Welt bin.«[13]

Nabokov sagt, durch Konzentration sei es ihm gelungen, einige weiße Flecken seiner Vergangenheit von einem Abschnitt seiner Autobiographie zum nächsten zu füllen: »Ich entdeckte, daß mittels intensiver Konzentration der neutrale Schmutzfleck zu gestochener Schärfe gezwungen und so die unvermittelte Ansicht identifiziert, der anonyme Diener mit einem Namen versehen werden konnte.«[14] Er glaubt sich im Besitz eines ungewöhnlichen Erinnerungsvermögens wie alle russischen Kinder seiner Generation, die »eine Periode der Genialität durchmachten, so, als versuchte ein wohlgesonnenes Schicksal angesichts des kataklysmischen Umsturzes, der die ihnen bekannte Welt vollständig auslöschen sollte, für sie soviel wie nur möglich zu tun und ihnen mehr zu schenken, als ihnen eigentlich zustand.«[15]

In ganz ähnlicher Weise spricht Balzac von Louis Lamberts ungewöhnlichem Gedächtnis: »So leicht werden die Dinge, die er einst beobachtet hat, in ihm wiedererweckt, schön durch ihren Liebreiz oder schrecklich durch das grausige Entsetzen, das ihnen innewohnte.«[16] So löst die Vergangenheit in Balzac ebenso heftige Emotionen aus: »Nur eines gibt es, was mir fast glückliche Momente bereitet, nämlich in Gedanken noch einmal gewisse Stunden der Vergangenheit zu durchleben, die sich mit einer über-

raschenden Eindringlichkeit und Genauigkeit des Gedächtnisses einstellen. Wenn ich die Augen schließe, bin
ich dort.«[17]

Balzac rekapituliert die Welt, die Gesellschaft, aber
auch die Zeit: »Die Vergangenheit erschien ihm als über-
deutliches Bild, in dem die Ursachen des Gefühls, das es
einflößte, plastisch hervortraten wie die Adern eines
Leichnams, bei dem die Naturforscher durch eine kunst-
volle Injektion noch die feinsten Verästelungen einfärben;
er erkannte sich selbst in dem vergänglichen Bild, ver-
folgte darauf sein Dasein, Tag um Tag, Gedanken um Gedanken.«[18] Es war also das Bedürfnis, »die Vergangenheit
zu rekonstruieren, entweder durch die Kraft eines rückwärtsgewandten Blickes oder durch das Geheimnis einer
Wiedergeburt«.[19] Die Fähigkeiten des Balzacschen Helden haben außergewöhnliche Folgen: »Er erinnerte sich
mit gleicher Genauigkeit an Gedanken, die er sich durch
Lektüre angeeignet hatte, wie an solche, die eigenen Überlegungen oder dem Gespräch entsprungen waren. Schließlich besaß er alle Gedächtnisse – für Orte, für Namen, für
Wörter, für Dinge und für Gesichter.

Diese wenigen Beispiele für bemerkenswerte Gedächtnisleistungen lassen erkennen, daß der willkürliche
Gedächtnisabruf häufig sehr fragmentarisch ist. Ich kann
mich nicht an alles erinnern, was meine Vergangenheit
ausmacht. Nur das, was mein Gedächtnis gespeichert hat
und was es meinem Bewußtsein zuführt, vermag ich zu
vergegenwärtigen. Die Suche nach der Erinnerung vollzieht sich im Inneren. Seit Homer, Vergil und Dante haben wir dafür das archetypische Bild des Abstiegs in die
Tiefen der Hölle.

Fragmentarisches Gedächtnis

In uns finden wir die Bruchstücke unserer Vergangenheit, kurze Zeitintervalle und dann wieder Lücken. Agatha Christie spricht am Anfang ihrer Autobiographie davon: »Was entscheidet über die Auswahl unserer Erinnerungen? Das Leben ist wie eine Filmsequenz. Schnitt! Da bin ich als Kind und esse an meinem Geburtstag Eclairs. Schnitt! Zwei Jahre sind vergangen, und ich sitze auf den Knien meiner Großmutter ... Nur Augenblicke und dazwischen lange Intervalle, Monate oder sogar Jahre. Wo war man damals? Das erinnert an Peer Gynts Frage: ›Wo war ich, ich selbst, der vollständige Mensch, der wirkliche Mensch?‹ ... Unsere Erinnerungen repräsentieren diese Augenblicke. So unbedeutend sie auch erscheinen mögen, sie stehen doch für unser tieferes Ich und unser Selbst in seiner realsten Form.«[20] Anhand dieser Bruchstücke, dieser Erinnerungsfetzen kann ich die Lücken füllen, indem ich auf meine Phantasie oder äußere Hilfsmittel zurückgreife, und auf diese Weise meine Biographie rekonstruieren oder vielmehr konstruieren. Gelegentlich spricht man vom *biographischen Gedächtnis*. Das sind die Lücken und Leerstellen der Vergangenheit, die Rousseau nur mit konfusen Resten zu ergänzen vermag. Er bedauert, die Einzelheiten seiner Reisen vergessen zu haben, weil er kein Tagebuch geführt hat. Auch Proust empfindet die Diskontinuität dieser Gedächtnisrekonstruktion: »In meinem Gedächtnis hatte ich lediglich Abfolgen von Albertine, alle voneinander getrennt, unvollständig, Profile, Momentaufnahmen, ein aus dem Zusammenhang gerissener Ausdruck.« Da ein Wesen »uns nur im Ablauf der Minuten erscheint«, setzt es sich in unserem Gedächtnis aus Bruchstücken zusammen, und ist nichts als »eine bloße Sammlung von Momentaufnahmen«.[21]

Die Lücken, die es zu füllen gilt, faszinieren die Autobiographen (mit Nathalie Sarraute als bemerkenswerte Ausnahme). Nabokov berichtet uns, er habe verzweifelte Anstrengungen unternommen, um diese Löcher zu stopfen. In dem Buch *Je me souviens* versammelt Georges Perec 480 Erinnerungen aus seiner Jugend. Die bruchstückhaften Erinnerungen unserer Biographie, die uns im Gedächtnis geblieben sind, befinden sich nicht zufällig dort, wenn wir Stefan Zweig glauben dürfen: »… ich betrachte unser Gedächtnis nicht als ein das *eine* zufällig behaltendes und das *andere* zufällig verlierendes Element, sondern als eine wissend ordnende und weise ausschaltende Kraft. Alles, was man aus seinem eigenen Leben vergißt, war eigentlich von einem inneren Instinkt längst schon vordem verurteilt gewesen, vergessen zu werden. Nur was sich selbst bewahren will, hat ein Anrecht, für andere bewahrt zu werden. So sprecht und wählt, ihr Erinnerungen, statt meiner, und gebt wenigstens einen Spiegelschein meines Lebens, ehe es ins Dunkel sinkt!«[22]

Abruf durch Assoziation

Häufig müssen wir auf äußerliche Hilfsmittel zurückgreifen, um unsere Erinnerungen wiederzufinden oder sie auch nur zu datieren, sie einfach in der Zeit zu lokalisieren. Nathalie Sarraute präsentiert ihre Erinnerungen nicht chronologisch, sondern nach der Ordnung (oder Unordnung) ihres Wiedererscheinens. Ihre Autobiographie zu schreiben, bedeutet für sie mitzuerleben, wie ihre Erinnerungen in einer qualitativen, aber unbewußten Reihenfolge auftauchen (die wichtigsten, die traumatischsten, die verdrängtesten oder die sehnlichst erwarteten) – in einer Reihenfolge, der im allgemeinen das quantitative Maß des Kalenders übergestülpt wird.

Wir müssen zurückkehren zu den Menschen, den Landschaften, den Dingen, den Düften, den Melodien, denen wir unsere Erinnerungen anvertraut haben. Dann finden wir sie wieder: »... dann spür ich / Wie sich entblößt Falt um Falt Stein längst verwitwet«[23], schrieb Mallarmé im Gedenken an Brügge und seine belgischen Freunde. Die Vergangenheit wird, so Bergson, »von der Materie durchgespielt und durch den Geist vorgestellt«.[24] Die Rekonstruktion der Vergangenheit anhand äußerer Hilfsmittel wird gern von Romanciers verwendet. In einer ganz ungewöhnlichen Szene seines Romans *Ein Leben* zeigt Maupassant, wie die gealterte Jeanne versucht, ihr Leben mit Hilfe von Kalendern zu rekonstruieren. »Mit äußerster Anspannung der Aufmerksamkeit, des Gedächtnisses und des Willens« vermochte sie, weit zurückliegende Erinnerungen aus ihrem Leben heraufzurufen, und sie »kamen ihr mit merkwürdiger Leichtigkeit und wie plastisch greifbar [...] Manchmal gelang es ihr, einen ganzen Monat zurückzurufen, indem sie die Nebenumstände, die einem wichtigen Ereignis vorangegangen oder gefolgt waren, nach und nach wieder fand, gruppierte und miteinander verband.«[25] Als die Jahre im Nebel zu verschwinden scheinen, tauchen die unwillkürlichen Erinnerungen auf. Der Anblick einer Margerite in einem Grasbüschel, der eines Sonnenstrahls, der einer Wasserlache wecken das Echo ihrer einstigen Gefühle – das Echo wohlgemerkt, nicht das Gefühl selbst; die willkürliche Erinnerung dagegen ist arm an Gefühlen.

Um unsere Erinnerungen wiederzufinden, rufen wir häufig auch andere Menschen oder Orte als Zeugen auf, weil wir hoffen, wir hätten ihnen diese Erinnerungen anvertraut. Bei Dumas ist es Monte-Cristo, der allmählich den Ursprung seiner Rache vergißt. Aus diesem Grund beschließt er, wieder die Umgebung von einst aufzusuchen. Als er in das Gefängnis hinabsteigt, tritt »eine kalte Blässe auf seine Stirn«, im Verlies versagen ihm die Beine den Dienst. Nun ruft die Erinnerung ein schmerzliches Gefühl hervor. Mit Entsetzen vernimmt er, daß der Wächter seine eigene Geschichte erzählt, und versucht, »ein heftiges Herzklopfen« zu unterdrücken. Noch einmal erlebt er »alle Eindrücke, die er einst verspürt hatte«, die Angst schnürt ihm das Herz zusammen, das Atmen fällt ihm schwer. In diesem Augenblick liest er auf der Mauer seines Verlieses: »Oh Gott, erhalte mir das Gedächtnis!« Tatsächlich hatte er im Kerker befürchtet, verrückt zu werden und alles zu vergessen. Seinem Gedächtnis verdankt er es, daß er ein Mensch geblieben ist. Beim Anblick von Farias Kerker ergreift ihn »ein sanftes und zärtliches Gefühl«, ein Gefühl der Dankbarkeit, und zwei Tränen laufen ihm über die Wangen.[26] Diese Vergegenwärtigung seiner gesamten Vergangenheit – diese Anamnese oder Selbstanalyse – gestattet ihm, sich selbst wieder in den Blick zu bekommen und sich der Zukunft zu stellen.

Die assoziative Verknüpfung kann so stark sein, daß eine Wahrnehmung automatisch eine Idee wachruft. So vermag die Wahrnehmung bestimmter Gerüche in unseren Gedanken automatisch die Idee des Frühlings zu wekken; oder »die Fliegen, die mit ihrem Summkonzert eine Art sommerlicher Kammermusik vollführten, … sie ist mit dem Sommer … durch ein echteres Band verknüpft: in den schönen Tagen entstanden, nur mit ihnen wiedererstehend und mit etwas von ihrer Substanz getränkt, führt sie nicht nur die Vorstellung davon in unserem Gedächtnis herauf, sondern bestätigt vielmehr ihre Wiederkehr als tatsächliche, unmittelbar uns umwebende, greifbare Gegenwart.«[27] Auch ein Gegenstand, der einem geliebten Menschen gehört hat, sein Porträt zählen zu den Hilfsmitteln der willkürlichen Erinnerung und werden von der Literatur häufig in Anspruch genommen. Sei Shonagon, eine japanische Autorin aus alter Zeit, stellt in ihrem *Kopfkissenbuch* eine Liste auf mit »Dingen, die eine zärtliche Erinnerung aus der Vergangenheit hervorrufen«.[28]

Äußerliche Hilfsmittel haben also für den Abruf von Erinnerungen und für die Wiedererweckung von Abschnitten unserer Vergangenheit erhebliche Bedeutung. Natürlich ist die Rückkehr an Orte der Vergangenheit ein literarischer Topos. Man nährt die Hoffnung, die Vergangenheit lasse sich dort zurückgewinnen, wo sie einst stattgefunden hat. Da sind Enttäuschungen, aber auch Überraschungen aller Art möglich. Als Henry James nach Cambridge zurückkehrt, spürt er, wie in ihm Erinnerungen und Gefühle wach werden, die so zahlreich sind wie die Käfer unter einem Stein, den man aufhebt.[29]

Emotion und Ausdruck des Gedächtnisses

Kann die Erinnerung wirklich die Gemütsbewegung der Vergangenheit wachrufen? Damit berührt das Gedächtnis den Bereich der Affektivität. Ribot hebt ihre Bedeutung in einem Kapitel[30] seiner *Psychologie des sentiments* hervor, das dem »affektiven Gedächtnis« vorbehalten ist.

Laut Ribot gibt es verschiedene affektive Typen: Manche Menschen erinnern sich leichter an Leid als an Freude, bei anderen verhält es sich umgekehrt. Ein Patient von Ribot erklärt: »Eine schmerzliche Erinnerung läßt mich in einem glücklichen Augenblick traurig werden. Eine glückliche Erinnerung macht mich in einem schmerzlichen Moment fröhlich.«[31] Die meisten Menschen haben gar kein affektives Gedächtnis, bei manchen lassen sich die emotionalen Elemente nur mit Mühe wiedererwecken, und nur die wenigsten verfügen über ein echtes affektives Gedächtnis.

»Die Wiederbelebung hängt weit mehr von zerebralen und internen (bekannten wie unbekannten) Bedingungen ab als von dem ursprünglichen Eindruck selbst. Die Eindrücke lebhaft empfinden und sie lebhaft wiedererleben sind zwei verschiedene Vorgänge. Jener führt nicht notwendig zu diesem ... Bei vielen Menschen scheint die Wiederbelebung sogar im umgekehrten Verhältnis zur Intensität des ursprünglichen Phänomens zu stehen ... Es genügt nicht, daß der Eindruck lebhaft ist, er muß sich auch festsetzen. Häufig verstärkt sich die Intensität durch die Arbeit in einem latenten Vorstadium, das von der individuellen Veranlagung abhängt.«

Daraus leitet Ribot in *Les sentiments et l'association d'idées (Gefühle und Ideenassoziation)* – zwei Gesetze ab:

»Wenn ein geistiger Zustand von einem lebhaften Gefühl begleitet war, neigt jeder gleiche oder ähnliche Zustand dazu, dasselbe Gefühl hervorzurufen« (Übertragung durch Ähnlichkeit). – »Haben mehrere geistige Zustände gleichzeitig vorgelegen, sich durch *Kontiguität** zu einem Komplex zusammengeschlossen, und war einer von ihnen von einem bestimmten Gefühl begleitet, dann neigt jeder dieser Zustände dazu, dasselbe Gefühl hervorzurufen« (Übertragung durch Kontiguität).[32]

Seit Augustinus wird die Frage von vielen Schriftstellern gestellt: Läßt Glück Glück wiedererstehen und Unglück Unglück oder beides das Gegenteil? Dazu Fréderic Paulhan: »Beide Arten des Gefühls sind gleich real. Sie zeigen uns die verschiedenen Geisteshaltungen angesichts einer affektiven Erinnerung.«[33] In dem einen Fall gelangt die glückliche Erinnerung in einen unglücklichen Kontext, der sie mit sich fortreißt; in dem anderen beherrscht sie ihn. »Hier begünstigt der Kontrast zur Wirklichkeit die Erinnerung. Häufig gibt man sich dann einer Illusion über das vergangene Glück hin, man ist geneigt, es zu übertreiben.«[34]

Affektives Gedächtnis

Das affektive Gedächtnis läßt uns, wenn wir eine Erinnerung abrufen, ein Gefühl, einen Eindruck, eine Empfindung erleben. Doch diese Begriffe umfassen sehr verschiedene Aspekte der Wirklichkeit, der Authentizität, der Intensität dessen, was wir bei einer Erinnerung empfinden. Unter Umständen ruft sie Vorstellungen wach, die keinerlei affektive Konnotationen mehr besitzen. Die Erinnerung kann aber auch affektiv besetzt sein. Dann bringt sie uns nicht nur das Ereignis, den Kontext, die einst wahrgenommene Landschaft ins Bewußtsein, sondern läßt durch diesen Gedächtnisakt auch ein Gefühl wiederaufleben. Allerdings ist sehr umstritten, wie es zustande kommt, wie intensiv und wie real es ist. Um das affektive Gedächtnis besser zu verstehen, unterteilen wir seine Untersuchung. So unterscheiden wir das *romantische Gedächtnis*, den Versuch, durch Rückkehr in die Umgebung, in der unsere Gefühle einst geweckt wurden, ihrer wieder habhaft zu werden; das *imaginative Gedächtnis*, das anhand der Vorstellung, die uns die Erinnerung zuträgt, ein Gefühl rekonstruiert, von dem wir glauben, wir hätten es in jenem Augenblick empfunden; das *affektive Gedächtnis*, das ein gegenwärtiges Gefühl ist, welches durch den affektiven Schock der Erinnerung ausgelöst wird; das *sensible Gedächtnis* (von Proust »unwillkürlich« genannt, eine Bezeichnung, die die wissenschaftliche Psychologie niemals verwenden würde), das uns mit dem einst empfundenen Gefühl überflutet, bevor noch (oder auch ohne daß) das Erinnerungsbild ins Bewußtsein tritt.

Romantisches Gedächtnis

Das romantische Gedächtnis ist zunächst einmal affektiv. Es ist mehr damit befaßt, »zu empfinden, als sich zu erinnern«, sagt Madame de Staël, und es kreist um das Thema der Rückkehr. An die Orte zurückzukehren, an denen wir einst gelebt haben, ist eine Möglichkeit, die Erinnerungen an die Vergangenheit wiederzufinden, vor allem die Erinnerungen an die Kindheit. Indes, die Orte erlauben uns zwar, der Kontext vergangener Zeiten aufzusuchen, aber sie sind ohne Leben. Lamartine schildert, wie er diese Suche voller Hoffnung beginnt und doch scheitert, als er zum Haus seiner Kindheit zurückkehrt:

Komm, schau den Ort, wo dein Leben jung war,
Arme, verwitwete Seele, meldet sich kein zärtliches Gefühl,
wenn du hier in der Asche der erloschenen Tage stocherst?
Beim Anblick deines Strauchs und der verwaisten Bleibe …

Der Ort seiner Jugend ist der gleiche geblieben:

Nichts hat sich dort verändert, ausgenommen die Zeit;
Von den Orten, über die unser Auge wandert,
ist nichts geflohen, ausgenommen die Bewohner.
Er [der Weinstock] scheint uns wiederzuerkennen
Wie ein Hund, der eine Wiege bewacht.

Die Dinge umfangen die Erinnerung, und die Beziehungen zwischen Subjekt und (beseeltem) Objekt scheinen sich umzukehren. So ermöglicht das Gedächtnis der Seele, sich jenseits der Zeit wiederzufinden:

Oh, meine Seele! glaubst du nicht
Dich endlich wiederzufinden
Trotz Abwesenheit und Tod?

Woraufhin die Seele den Tod ins Feld führt:

Sich den Ort entschwundenen Glücks zu vergegenwärtigen,
das heißt, Särge zu öffnen, um den Tod zu betrachten.

Für das romantische Gedächtnis ist Erinnerung nicht mehr Leben, sondern Tod. Bestenfalls sind die Zimmer des Hauses »angefüllt mit dem Schweigen der Zeit«. Denn das Haus von heute enthält nicht mehr das Leben von einst, obwohl das Gedächtnis es noch vergegenwärtigt:

Als das Haus mitschwang wie ein großes Herz aus Stein
mit all den fröhlichen Herzen, die unter seinem Dach schlugen.

Die Schließung des Hauses bereitete seiner Lebendigkeit ein unwiderrufliches Ende:

Dann glitt das Haus auf den steilen Abhang,
auf dem die Zeit die Tage zusammendrängt;
Auf immer schloß sich die Tür vor der Leere,
Und die Brennessel eroberte die Höfe![35]

In *La Vigne et la Maison* können wir das Glück der Vergangenheit nicht durch das Gedächtnisbild wiedererleben. Rousseau dagegen schilderte, wie lebhaft Affekte zutage treten, die mit Ereignissen in unserer Vergangenheit verbunden sind. Nach ihm bleiben Ereignisse intakt, die sich unserem Gedächtnis durch ihre affektive Bedeutung auf Anhieb eingeprägt haben. Das Ereignis selbst und das damals empfundene Gefühl bleiben miteinander verschränkt und kehren unverändert wieder. Sie können sogar gereinigt sein durch die Distanz, die die Gegenwart von damals von allem befreit, was unnütz oder störend war. Der Eindruck eines einem anderen Menschen zugefügten Unrechts ist noch immer »in seine Seele gegraben«.[36] Der Schock war so groß, daß das Ereignis bei seiner Wiederkehr in der Erinnerung die gleiche Wirkung hervorruft.

Gleiches gilt für angenehme Augenblicke: »Fast dreißig Jahre sind seit meinem Fortgang von Bossey verflossen, ohne daß ich mir diesen Aufenthalt durch einigermaßen zusammenhängende Erinnerungen in angenehmer Weise vergegenwärtigt habe: Doch seit ich die reifen Jahre durchschritten habe und dem Alter entgegeneile, bemerke ich, daß diese Erinnerungen wiederkehren, während die anderen verblassen, und jene sich dem Gedächtnis in einer Weise einprägen, deren Zauber und Kraft mit jedem Tag zunehmen; als trachtete ich, da ich das Leben bereits entschwinden spüre, seiner Anfänge wieder habhaft zu werden. Die nichtigsten Ereignisse aus jener Zeit erfreuen mich, allein, weil sie aus jener Zeit sind. Ich erinnere mich an alle Umstände der Orte, der Personen, der Stunden.«[37] Das Gedächtnis verdoppelt oder wiederholt das Glück des Daseins. Glück, Erinnerungen, Erzählung (die die Erinnerungen untereinander verbindet), alles verkettet sich.[38]

Rousseau erinnert sich weniger an Ereignisse als an eine Kette von Gefühlen.[39] Daher fallen ihm im Alter auch die Lieder ein, die seine Tante ihm vorsang, als er klein war: »Heute, da ich [die Tante] verloren habe, fallen sie mir wieder ein, und obwohl ich sie seit meiner Kindheit vollkommen vergessen hatte, treten sie mir, je älter ich werde, mit einem Zauber vor Augen, den ich nicht zu beschreiben vermag.«[40] Es gibt Ereignisse, die sind ihm so gegenwärtig, als hätten sie gerade stattgefunden. Nur mit Hilfe der Erinnerung kann er die *Nouvelle Héloïse* schreiben. Er erinnert sich an alles, was er in seiner Jugend gefühlt hat, und läßt auf diese Weise seinem Verlangen zu lieben freien Lauf, das er damals nicht zu befriedigen vermochte.[41]

Die Affektivität findet alles wieder: »Daraufhin fällt mir alles wieder ein: Ich erinnere mich an den Ort, die Zeit, den Ton, den Blick, die Geste, die Umstände, nichts entgeht mir … Unter den verschiedenen Situationen, in denen ich mich befunden habe, waren einige von einem derartigen Wohlgefühl bestimmt, daß ich, wenn ich sie mir vergegenwärtige, bewegt bin, als befände ich mich noch immer in ihnen. Ich erinnere mich nicht nur an die Zeiten, die Orte, die Personen, sondern auch an die Gegenstände, die sie umgaben, die Temperatur der Luft, ihren Geruch, ihre Farbe, einen bestimmten Eindruck, den nur dieser Ort vermittelte und dessen lebhafte Vergegenwärtigung mich aufs neue dorthin entführt.«[42] Eine Empfindung, die sich mit einem glücklichen Gefühl verbindet, ist immer vorhanden, immer bereit wiederzuerstehen: »Ah! Die bloße Erinnerung an sie weckt in meinem Herzen eine reine Wonne, deren ich bedarf, um meinen Mut wiederzufinden.«[43]

Doch die Rückkehr an dieselben Orte ist kein Ersatz für das Gedächtnis. Als der unglückliche Rousseau, von Madame de Warens betrogen, noch einmal nach Les Charmettes zurückkehrt, ist es vergeblich: »Ich kam, um die Vergangenheit zu suchen, die nicht mehr existierte und die nicht mehr wiedererstehen konnte.« Manchmal gibt es Erinnerungen an unglückliche Zeiten, die verdrängt werden müssen. So heißt es zu Beginn des zweiten Teils der *Confessions* (Buch VII): »Meinen ersten Teil habe ich ganz aus dem Gedächtnis geschrieben und dürfte dort viele Irrtümer begangen haben. Gezwungen, den zweiten zu schreiben, werde ich mir wahrscheinlich noch viel mehr zuschulden kommen lassen. Die angenehmen Erinnerungen an die schönen Jahre, die ich so ruhig wie unschuldig verbrachte, haben tausend bezaubernde Eindrücke in mir hinterlassen, die ich nicht müde werde, mir mit großem Vergnügen zu vergegenwärtigen. Es wird sich bald zeigen, wie sehr sie sich von dem Rest meines Lebens unterscheiden. Sie erinnern, das heißt, die Bitternis jener Zeit zu erneuern.« Daher schiebt er diese traurigen Erinnerungen so weit von sich, »daß ich sie auch dann nicht wiederfinden kann, wenn ich ihrer bedarf. Die Leichtigkeit, mit der ich Leiden vergesse, ist ein Trost, den der Himmel mir zuteil werden ließ … Mein Gedächtnis, das mir nur die angenehmen Gegenstände vor Augen führt, bildet ein angenehmes Gegengewicht zu meinem ängstlichen Vorstellungsvermögen, das mir immer nur eine schreckliche Zukunft ausmalt.« Gelegentlich ist die willkürliche Suche nach Erinnerungen eine Enttäuschung, wenn die Umgebung sich verändert hat oder einfach nichts in uns wachruft. Von uns oder von dem, was uns nahe war, erinnern wir nur, was unser Gedächtnis damals bereit war zu speichern und was es bereit ist, uns zurückzugeben.

Affektives Gedächtnis und Vorstellungsvermögen

Das affektive Gedächtnis läßt uns ein Gefühl noch einmal erleben. Es kann auf unterschiedliche Weise angeregt werden. Am häufigsten ist die imaginäre Erinnerung: Wir erinnern uns an ein Ereignis und erschaffen mit unserem Vorstellungsvermögen noch einmal den Eindruck von damals. Doch das Gedächtnis hat das Ereignis all seiner affektiven Elemente beraubt. Was wir zu empfinden glauben, ist ausschließlich unserer Vorstellung entsprungen und hat möglicherweise mit der Empfindung von einst nicht mehr das geringste gemein. Im Laufe der Jahre hat sich unsere Persönlichkeit verändert, und die Realität des Ereignisses hat sich gewandelt. Das Gefühl bei der Wiederkehr der Erinnerung ist also ausschließlich das Produkt unserer Vorstellungskraft. Das imaginative Gedächtnis konstruiert uns imaginäre Vorstellungen.

Augustinus schreibt über seine Erinnerungen: »Vergangener Fröhlichkeit entsinne ich mich, ohne froh zu sein; vergangener Traurigkeit gedenke ich, ohne traurig zu sein … Ja, im Gegenteil, an meine überstandene Traurigkeit denke ich zuweilen froh zurück, und traurig an die Fröhlichkeit.« In Form eines Sprachbildes wagt er eine erstaunliche Hypothese: »Das Gedächtnis ist gleichsam der Magen der Seele, Freude aber und Trauer wie süße und bittere Speise; einmal dem Gedächtnis übergeben, sind sie gleichsam in den Magen eingegangen, der sie verwahren, aber doch nicht schmecken kann.« Diese Theorie des leidenschaftslosen Erinnerns steht in entschiedenem Gegensatz zum romantischen Gedächtnis.

Proust glaubte, daß allein die Kunst unsere »Visionen« wieder zum Leben zu erwecken vermag: »Ich dachte an tausend Dinge; was wird aus den Dingen, an die man in solchen Augenblicken denkt? Hoffentlich sind sie nicht verloren. Sie kehren ins Bewußtsein zurück, um es zu bereichern und zu verschönern. So dachte ich an Geschichten, Dramen, das ganze vergangene Leben – Dinge, von denen ich kaum sprechen kann, ich meine damals. Es ist die Kunst, die von diesen Dingen spricht …« Das affektive Gedächtnis produziert keine reellen Gefühle. Das bringt der Erzähler in der *Suche nach der verlorenen Zeit* zum Ausdruck, wenn er sagt, er könnte Combray zwar vollständig beschreiben, habe aber kein Interesse daran: »da alles, was ich mir davon hätte ins Gedächtnis rufen können, mir dann nur durch bewußtes, durch intellektuelles Erinnern gekommen wäre und da die auf diese Weise vermittelte Kunde von der Vergangenheit ihr Wesen nicht erfaßt, hätte ich niemals Lust gehabt, an das übrige Combray zu denken.«[44] Das willkürliche Gedächtnis, das auf eine gedankliche Suche angewiesen ist, um die Erinnerungsbilder wiederzufinden, trägt uns nur Klischees zu. Unsere affektive Vergangenheit bleibt unter unserer Gegenwart vergraben wie die antiken Städte unter den modernen Städten. Wir können ihre Ruinen ausgraben, aber nur die Vorstellungskraft vermag sie wiederzubeleben und ihnen durch eine zusätzliche Anstrengung eine affektive Konnotation zu verleihen. Das affektive Gedächtnis kann sich auch auf eine andere Art äußern. Dann führt die Erinnerung nicht die Empfindung aus der Vergangenheit mit sich, sondern sie ruft in uns eine neue emotionale Reaktion hervor. Mitunter läßt uns die Erinnerung durchaus gegenwärtig leiden: »Oh, Erinnerungen, ihr durchschneidet das Herz wie ein Schwert!«[45] ruft Chateaubriand aus. Sobald Combourg erscheint, ist der Memoirenschreiber erschüttert: »Ich sah mich gezwungen innezuhalten. So heftig schlug mein Herz, daß ich den Tisch zurückstoßen mußte, an dem ich schrieb. Die Erinnerungen, die sich in meinem Gedächtnis regen, erdrücken mich mit ihrem Gewicht und ihrer Zahl. Und doch, was bedeuten sie dem Rest der Welt?«[46] Eine Erinnerung ist eine innere Wahrnehmung, die, genauso wie eine äußere Wahrnehmung, den Mandelkern und das limbische System reizt und dadurch eine emotionale Reaktion hervorruft: »Man kann lächeln / Man kann leiden / Man kann sterben / An einer

Erinnerung«, singt Moustaki. Tatsächlich stimmen Erinnerungen oft melancholisch, weil sie eine glückliche Vergangenheit beschwören, die unwiderruflich vorbei ist. Diese Art von Traurigkeit empfindet ein Protagonist bei Maupassant, der in einer Schublade alle Briefe seiner Geliebten findet: »Wie er sie öffnete, entstiegen ihnen herzbewegend genaue Erinnerungen. Aus der Schublade, aus der Vergangenheit stiegen all diese Erinnerungen wie Rauch; es war nur noch der Rauch der ausgebrannten Wirklichkeit. Doch tat es ihm weh, und er weinte über den Briefen, wie man Tote beweint, weil sie nicht mehr da sind.«[47]

Das sensible Gedächtnis

Das ist der rätselhafteste Aspekt des Gedächtnisses: der Augenblick, da uns die affektiv besetzte Sinnesempfindung erneut überwältigt. Das sensible Gedächtnis vermittelt uns in der Gegenwart das Gefühl, das uns damals überkam, und zwar identisch und mit gleicher Intensität. Dazu Taine: »Unbeeinträchtigt und vollständig wiederholt sich in mir einzig die exakte Schattierung des Gefühls – bitter, zärtlich, fremdartig, hold oder traurig –, das einst der äußeren oder körperlichen Empfindung nachfolgte oder sie begleitete.«[48] Im sensiblen Gedächtnis tritt zunächst der Eindruck zutage und erfüllt uns. Erst in einem zweiten Schritt gelangen die Fakten des vergangenen Ereignisses ins Bewußtsein – wenn sie dort überhaupt eintreffen. Es ist der umgekehrte Weg wie beim Erwerb der affektiven Erinnerung. Der Anblick einer Landschaft, der aufgehenden Sonne in der klaren Luft eines stillen Morgens hat uns einmal mit Glück erfüllt. Einige Jahre später kann uns eine andere Landschaft mit den gleichen Lichtverhältnissen dazu veranlassen, das Glücksgefühl von damals erneut zu empfinden. Dieser Eindruck wird nicht durch die Schönheit des gegenwärtigen Schauspiels hervorgerufen, sondern durch das Wiedererleben des einstigen Schauspiels, ausgelöst durch das aktuelle. Um dann die Landschaft von damals wiederzufinden, bedarf es einer Anstrengung des Gedächtnisses, einer inneren Suche.

Diese Form des Gedächtnisses ist höchst subtil und außergewöhnlich, aber auch vollkommen unwillkürlich. Anläßlich eines häufig banalen Ereignisses fühlen wir uns plötzlich von einem Gefühl des Glücks überwältigt, oder umgekehrt von Traurigkeit oder Angst, die wir in der Vergangenheit empfunden haben. Henry James erlebte einmal eine Art Ekstase, als er nach Cambridge zurückkehrte, und schildert sie in exklamatorischem Stil: »Ich erinnere ihn, ich kann ihn jetzt FÜHLEN, den leeren Monat August ...«

Diese Empfindungen sind häufig sehr intensiv, aber auch sehr flüchtig. Kaum aufgetaucht, sind sie schon wieder verschwunden, und alle unsere Anstrengungen, sie festzuhalten oder wieder hervorzulocken, sind vergeblich. Dann müssen wir uns den Kontext vergegenwärtigen, die Erinnerung, mit der diese Empfindung verknüpft ist. Sie ist mit dem Eindruck zu vergleichen, den wir empfinden, wenn wir mitten in einem Traum aufwachen. Die erste, unvermittelte Empfindung beim Aufwachen ist oft Glück, Unglück oder Angst. Wir müssen einige Anstrengung unternehmen, um uns zu erinnern, was wir geträumt haben und was den Zustand ausgelöst hat, in dem wir uns beim Aufwachen befanden. Das sensible Gedächtnis erfüllt uns mit einer Empfindung, die wir in der Vergangenheit real erlebt haben, das affektive Gedächtnis weckt Erinnerungen, denen wir eine affektive Qualität zuschreiben, ohne sie zu empfinden.

Gedächtnis der fünf Sinne

Die Bedeutung des visuellen Gedächtnisses ist wohlbekannt. Unter den Malern hat sich keiner eingehender darüber geäußert als Vuillard, der »von der Notwendigkeit, überwiegend aus dem Gedächtnis zu arbeiten« spricht. Weiter schreibt er: »Das Vergnügen liegt genau in diesem Augenblick; aber unmittelbar, nachdem die Erinnerung noch angenehm ist, die wiedererlebte Totalität, die man mit dem ursprünglichen Augenblick verwechselt und die man vergeblich sucht, wenn es ersteren nie gegeben hat.«[49]

Das auditive Gedächtnis wiederum spielt bei Blinden eine große Rolle. Diderot berichtet von einem Blinden, dessen »Gedächtnis für Laute in überraschendem Maße ausgeprägt ist; uns bieten Gesichter keine größere Vielfalt, als er in Stimmen beobachtet. Für ihn haben sie eine unendliche Fülle feinster Abstufungen, die uns nicht auffallen, weil wir sie nicht beachten müssen, weil sie für uns nicht so interessant sind wie für den Blinden. Uns ergeht es mit diesen Abstufungen wie mit dem eigenen Gesicht. Von allen Menschen, die wir gesehen haben, erinnern wir uns am wenigstens an uns selbst.«[50]

In Romanen und Gedichten taucht das Geruchsgedächtnis häufig auf. Baudelaire liefert in *Flacon* die bewundernswerte Beschreibung eines Weges. Vom Duft eines Parfums wird der Dichter zu einer gefährlichen Suche verführt, bis aus den Tiefen eines Abgrunds der gespenstische Leichnam »einer alten Liebe … ranzig, reizend und grabesbleich« aufsteigt.[51] In *La Chevelure* weckt der Duft des Haars die Erinnerung an exotische Länder; es ist die Korbflasche, »aus der ich in langen Zügen den Wein der Erinnerung schlürfe«.[52]

Auch Flauberts Madame Bovary erinnert sich »an diesen Vicomte, der in Vaubyessard mit ihr Walzer getanzt hatte und dessen Bart wie dieses Haar hier einen Geruch von Vanille und Zitrone ausgeströmt hatte. Automatisch schloß sie die Augen halb, um ihn deutlicher wahrzunehmen.«[53] Gleich nachdem Madame Bovary sich durch das Parfum von Rodolphe auf einen längst vergangenen Ball versetzt fühlte, erblickt sie die gelbe Postkutsche, die ihr Léon brachte und mit der er dann für immer entschwand. »Sie glaubte, ihn von vorn zu sehen, an seinem Fenster, dann verschwamm alles, Wolken zogen vorüber; ihr schien, sie drehe sich noch immer im Walzer, im Licht der Lüster, im Arm des Vicomte, und Léon sei nicht weit, werde gleich kommen … und dennoch spürte sie fortwährend Rodolphes Kopf neben sich. So mischte sich die Süße dieser Empfindung mit ihren verlangenden Wünschen von einst, und wie Sandkörner unter einem Windstoß wirbelten sie in den Parfumschwaden, die sich in ihrer Seele ausbreiteten.«[54]

Gerüche halten sich deshalb am hartnäckigsten in der Erinnerung, weil sie vom entwicklungsgeschichtlich ältesten Teil des Gehirns wahrgenommen werden. Das taktile Gedächtnis, das Gedächtnis für Tastempfindungen, spricht uns weniger intensiv an. Es bedarf schon des Genies eines Diderot, um es gebührend zu würdigen: »In der Erregung einer heftigen Leidenschaft ist mir gelegentlich widerfahren, daß ich ein Beben in der ganzen Hand verspürte, daß ich den Eindruck von Körpern fühlte, die ich vor langer Zeit berührt hatte, daß sie dort zum Leben erwachten, als wären sie noch zugegen unter meiner Berührung, und daß ich sehr deutlich wahrnahm, wie die Grenzen der Sinnesempfindung exakt mit denen der abwesenden Körper zusammenfielen.«[55] Der Blinde habe, so führt er aus, durch wiederholte Tasterlebnisse »Erinnerungen an Empfindungen, die er an verschiedenen Punkten gespürt hat. Dabei versteht er sich meisterhaft darauf, diese Empfindungen und Punkte so miteinander zu verbinden, daß daraus Figuren entstehen.« Seit 1728 der englische Chirurg William Cheselden einem Blinden das Augenlicht zurückgab, fragt man sich, wie Blinde, die wieder sehend wurden, Dinge und Menschen wiedererkennen. Einen Gegenstand, den man ihnen zeigt, erkennen sie in der Regel erst, wenn sie ihn berühren. Ihr taktiles Gedächtnis ist dem sehender Menschen weit überlegen.

Zum Gedächtnis der fünf Sinne schreibt Apollinaire: »So eifern die fünf Sinne um die Wette, neu dich zu erschaffen / Hier vor mir / … Und all meine fünf Sinne machen Farbaufnahmen von dir.«[56] Der Gedächtniskünstler Schereschewskij, dessen ungewöhnliche Fähigkeiten der Neurologe Luria in einem Buch beschrieben hat, hat unter seinem Gedächtnis der fünf Sinne gelitten. Bei jeder Reizung seines Gehirns spien alle Sinne gleichzeitig Vorstellungen aus, die fortan untrennbar mit Worten, Farben, Formen und Gerüchen verknüpft waren. Daher gelang es ihm nicht, sich von ihnen zu befreien. Wie stellt man es an, dieser Überfülle ledig zu werden und das Vergessen wiederzufinden?

Aus all dem läßt sich schließen, daß nur die emotionale Erinnerung die Jahre und die Veränderungen unserer Persönlichkeit übersteht. Wenn ein Gefühl wiedererlebt wird, ist das empfindende Gedächtnis ein *sechster Sinn*. Auch die anderen Formen der Erinnerung gelangen zwar in unser Bewußtsein und regen unsere Phantasie an, aber sie werden nicht zu emotionalen Erinnerungen.

Das unwillkürliche Gedächtnis bei Proust

Die bekannteste Episode steht ziemlich am Anfang des Romans. Der Erzähler, der sich Combray, das Dorf seiner Jugend, mittels des willkürlichen Gedächtnisses nur teilweise zu vergegenwärtigen vermag, führt »einen Löffel Tee mit dem aufgeweichten kleinen Stück Madeleine darin an die Lippen«.[57] Ein außergewöhnliches Glücksgefühl überwältigt ihn, er fühlt sich von einer »köstlichen Substanz« erfüllt. »Ich hatte aufgehört, mich mittelmäßig, zufallsbedingt, sterblich zu fühlen.« Nun muß der Geist eine Erklärung für dieses Phänomen suchen, dieses Etwas, das noch nicht vorhanden ist, »erschaffen«, es vorstellen. Schließlich fühlt er die Empfindung auf ganz außerordentliche Weise in sich anwachsen: »… doch langsam steigt es in mir empor; ich spüre dabei den Widerstand und höre das Rauschen und Raunen der durchmessenen Räume.« Was sich in ihm bewegt, muß »das Bild, die visuelle Erinnerung sein, die zu diesem Geschmack gehört und die nun versucht, mit jenem bis zu mir zu gelangen«. Doch zunächst gelingt es ihm nicht, die Grenzen der Geschmackserinnerung zu überschreiten. »Und dann mit einem Male war die Erinnerung da.« Combray ist auferstanden durch den Geschmack der Madeleine. Die visuelle Erinnerung hat nicht genügt, entweder weil sie mit anderen Madeleines in anderen Bäckereien assoziiert war oder weil – als habe Proust die Erkenntnisse über den neuronalen Tod vorausgeahnt – »von jenen so lange aus dem Gedächtnis entschwundenen Erinnerungen« nichts überlebte und alles sich auflöste. Die »Formen … waren versunken oder sie hatten, in tiefen Schlummer versenkt, jenen Auftrieb verloren, durch den sie ins Bewußtsein hätten emporsteigen können.« Zwar war die visuelle Erinnerung in Schlaf gefallen, doch das galt weder für Geruch noch Geschmack. Diese bewirken mittels Metonymie, daß die Kulisse und das Personal von Combray wieder Form und Substanz gewinnen: »Aber wenn von einer früheren Vergangenheit nichts existiert nach dem Ableben der Personen, dem Untergang der Dinge, so werden sie allein, zerbrechlicher aber lebendiger, immateriell und doch haltbar, beständig und treu Geruch und Geschmack noch lange wie irrende Seelen ihr Leben weiterführen, sich erinnern, warten, hoffen, auf den Trümmern alles übrigen und in einem beinahe unwirklich winzigen Tröpfchen das unermeßliche Gebäude der Erinnerung unfehlbar in sich tragen.«[58]

Geschmack und Geruch sind verläßliche Vehikel der Gefühle, die ihre Wahrnehmung begleiten. In den Aromen der Parfums verbirgt sich nach Baudelaire das Haar vieler einstiger Geliebten. Gleiches gilt für die Musik, die mit ganz besonderer Eindringlichkeit bestimmte Empfindungen wiederaufleben läßt. In den *Künstlichen Paradiesen* beschreibt er dieses Vermögen der Musik: »Die Musik erklang seinen Ohren dann nicht wie eine einfache logische Folge angenehmer Töne, sondern wie eine Reihe von

Memoranda, wie die Klänge einer Hexenkunst, die sein ganzes vergangenes Leben vor seinem inneren Blick heraufrief ... Sein ganzes vergangenes Leben, sagt er, lebte in ihm, nicht dadurch, daß die Erinnerung sich bemühte, es zurückzurufen, sondern gleichsam gegenwärtig in der Musik und wie verkörpert in ihr; es war nicht mehr schmerzlich zu betrachten; alles Triviale und Rohe, wie es den menschlichen Dingen anhaftet, war von dieser geheimnisvollen Auferstehung ausgeschlossen, oder es zerschmolz und ertrank in einem idealen Nebel, und alles, was ihn früher leidenschaftlich bewegt hatte, war nun veredelt, vergeistigt, über sich hinausgehoben.«[59]

Die Bedeutung des Hörens und des Zufalls für dieses Wiederaufleben von Empfindungen hat auch Valéry beschrieben: Die Hammerschläge, die Valéry am 3. August 1920 hört, sind für den Bruchteil einer Sekunde »die Hammerschläge in Cette, gegen 1880, beim Bau der Buden für das Volksfest so um den 15. August ... Der Rhythmus tat seine Wirkung. Ich erblickte die Platanen, die Holzgestelle, die Bretter, die Esplanade – die Langeweile, den Markt –, ich war dort. Möglicherweise hätten gleiche Schläge zehn Jahre zuvor diese Vergangenheit nicht wiederhergestellt.«[60]

Die unebenen Pflastersteine

Als der Erzähler auf dem Hof des Guermantesschen Palais auf die schlecht behauenen Pflastersteine tritt,[61] empfindet er die gleiche Beseligung wie beim Genuß der Madeleine. Doch gleich darauf, fast augenblicklich, stellt sich das Wiedererkennen ein: »Es war Venedig, über das mir meine

Bemühungen, es zu beschreiben, und die angeblich von meinem Gedächtnis festgehaltenen Augenblicksbilder nie etwas hatten sagen können, das mir aber eine Empfindung, wie ich sie einst auf zwei ungleichen Bodenplatten im Baptisterium von San Marco gehabt hatte, samt allen an jenem Tage mit dieser einen verknüpften Empfindungen, die damals abwartend an ihrem Platz in der Reihe vergessener Tage geblieben waren … von neuem schenkte.« Eine Empfindung, die nicht dem Geschmackssinn, sondern dem »Körpersinn« angehört, hat das Netz aktiviert, in dem die ursprüngliche Wahrnehmung dieses Ungleichgewichtes aufbewahrt ist. Was die plötzlich ausgelöste Freude angeht, dieses für Proust so charakteristische Glückgefühl, wird an späterer Stelle erklärt: »Der Eindruck war so stark, daß der Moment, den ich durchlebte, mir wie der gegenwärtige Augenblick schien.« Jede Erinnerung ist verschieden, weil sie einer bestimmten Zeit, einem bestimmten Ort und einem bestimmten Kontext zuzuordnen ist. Doch durch ihre Distanz bewirkt sie, daß wir »plötzlich eine neue Luft einatmen«, die Luft von einst, »denn die wahren Paradiese sind Paradiese, die man verloren hat«. Das Glücksgefühl hat (wie Valéry sagt) eine reliefartige, eine stereoskopische Wirkung. Beispielsweise wird das Geräusch zugleich im gegenwärtigen und in einem fernen Augenblick vernommen. Der alte Ort versucht, den neuen zu überlagern, muß aber am Ende weichen. Die Vergangenheit »dringt in die Gegenwart vor«, so daß der Held nicht mehr recht weiß, in welcher von beiden er sich befindet. Doch da er nur das genießt, was ihnen gemeinsam ist und was damit »außerzeitlich« wird, offenbart sich in ihm ein Wesen, das sich außerhalb der Zeit befindet.[62]

Das unwillkürliche Gedächtnis betrifft einen Augenblick, der der Gegenwart und der Vergangenheit gemeinsam und »viel wesentlicher als beide ist«. In der Vergangenheit kostet die Einbildungskraft den Augenblick aus, weil wir uns vorstellen, was abwesend ist, und in der Gegenwart ist es die affektive Erregung der Sinne, die »zu den Träumen der Einbildungskraft das hinzutat, was ihnen gewöhnlich fehlte, das heißt die Idee der Existenz«.[63]

So finden wir in den großen Texten, die Proust dem unwillkürlichen Gedächtnis gewidmet hat, erstens den sensiblen Inhalt der Erinnerung, zweitens die Idee, daß der Inhalt das Ich von einst mit sich führt, das ihn empfunden hat, und drittens eine Synthese, nach der die Empfindung der Gegenwart und der Vergangenheit gemeinsam ist, und daß gleiches für das Ich gilt. Daher die Behauptung, das Ich gelange in einen der Zeitlichkeit enthobenen Zustand. Doch diese fast mystischen Erfahrungen sind um so seltener, je vollkommener der Grad der Vollendung ist, den sie erreichen. Ein Beweis für den mystischen Charakter ist das Glücksgefühl, das Proust jedesmal ausdrücklich hervorhebt. In den Ekstasen des unwillkürlichen Gedächtnisses wird der ganze Organismus wie im Orgasmus von einem augenblicklich lokalisierten Empfinden der Beseligung überschwemmt.

Aller Wahrscheinlichkeit nach ist das Substrat dieser Form des sensiblen Gedächtnisses ein Schaltkreis, der die Neuronen mit Langzeitpotenzierung und den Mandelkern miteinander verbindet. Werden diese Neuronen ein einziges Mal durch einen starken Reiz erregt, und entsenden sie daraufhin eine intensive Depolarisationswelle, können sie noch lange danach eine ebenso intensive Depolarisationswelle hervorrufen, wenn ein Reiz von gleicher Art, aber geringerer Stärke auf sie einwirkt. Im Beispiel der Madeleine von Proust ist der Reiz von hoher Intensität die Freude, die der Erzähler empfindet, als sich beim Essen des Gebäcks starke affektive Konnotationen einstellen. Jahre später wirkt der bloße Geschmack der Madeleine als Reiz von geringerer Stärke auf die Neuronen mit Langzeitpotenzierung ein, die die Szene von einst mit ihrem ganzen emotionalen Kontext engrammiert haben. Der Geschmack veranlaßt diese Neuronen, eine ebenso starke Depolarisationswelle zu produzieren wie damals, woraufhin der Erzähler die gleiche Empfindung erlebt.

Dieses sensible Gedächtnis ist nicht mit der Trauer nach dem Verlust eines geliebten Menschen zu verwechseln. Das erlebt Jeanne in *Ein Leben*[64] von G. de Maupassant nach dem Tod der Mutter: »Immer wieder triffst du eine quälende Erinnerung … In allen Zimmern findest du … tausend Nichtigkeiten, die eine schmerzliche Bedeutung annehmen, weil sie tausend kleine Begebenheiten wachrufen.« Diese Traurigkeit ist ein gegenwärtiges Gefühl und erwächst aus dem Verlust und dem Vergleich mit dem Glück früherer Tage, das durch die Bilder der Erinnerungen beschworen wird. Bei der gegenwärtigen Traurigkeit handelt es sich nicht um eine Erinnerung, sondern um die Konsequenz einer Erinnerung. Die Traurigkeit erwächst aus der Erinnerung und ist daher vollkommen verschieden vom sensiblen Gedächtnis.

Die gleiche Erinnerung – an Combray oder Venedig – kann, je nach der Art, in der sie erinnert wird, bar jeder affektiven Konnotation sein oder ganz im Gegenteil all die Empfindungen wieder heraufrufen, die im Augenblick der Wahrnehmungen erlebt wurden. Eine Erinnerung existiert in einer neuronalen Spur, doch wenn sie aktiviert wird, bedeutet das nicht unbedingt, daß auch alles abgerufen wird, was sie enthält. An sich ist die Erinnerung nur ein Schatten des Ereignisses, das sie angelegt hat. Die Wege, die zur Erinnerung führen, sind Scheinwerfer, die ihr mehr oder weniger Farbe verleihen. Nie rufen wir uns eine Erinnerung ins Gedächtnis, wie wir eine Information aus dem Computer abrufen – durch Tastendruck; stets rekonstruieren wir unter dem Einfluß des Kontextes, in dem sich die Gedächtnisspeicherung vollzogen hat, und unter dem unseres gegenwärtigen Kontextes.

Die verschiedenen Quellen einer Erinnerung sind die Neuronennetze, die sich in der Umgebung des eigentlichen Substrats gebildet haben. Als hätten wir es mit einem Denkmal oder, besser noch, mit einer Ortschaft auf halber Höhe eines Hügels zu tun. Sie ist entweder auf direktem Wege oder in Serpentinen durch einen Wald zu erreichen, an dessen Ende sie dann plötzlich nach einer letzten Kurve auftaucht. Auch zu verschiedenen Tageszeiten, bei unterschiedlichen Lichtverhältnissen können wir sie betrachten: Die Ortschaft ist immer dieselbe, doch ihre ästhetische Wirkung ist sehr unterschiedlich.

Wahrscheinlich aktivieren wir auf anatomischer Ebene einige Netze, die für den Gedächtnisabruf verantwortlich sind, rein logische Schaltkreise, vom frontalen Kortex bis zu den visuellen oder auditiven Arealen. Der Abruf, den sie bewirken, ist vollkommen objektiv. Andere Schaltkreise führen durch das limbische System, das für Emotionen zuständig ist, und erzeugen eine affektive Erinnerung.

Die Schlüssel

Der gemeinsame Nenner all dieser Gedächtnisformen ist der *Schlüssel*, das heißt der Reiz, der bewirkt, daß die Erinnerungen wieder in unser gegenwärtiges Bewußtsein treten. Zur Bedeutung des Schlüssel-Reizes äußert sich Valéry in seinen *Cahiers* scharfsinnig. Das Gedächtnis, sagt er, hält nicht die Dinge, sondern ihre Verbindungen fest. »Das Geheimnis des Gedächtnisses liegt in seiner Erregbarkeit. Eine zufällige Zusammenstellung kann, sobald sie einmal festgehalten ist, in ihrer Gesamtheit durch eines dieser Elemente erregt werden. Folglich können alle Elemente durch eines von ihnen geweckt werden.«[65] Das Gedächtnis ist »die regelmäßige Wiederkehr – einer Verknüpfung, die ursprünglich beliebig war, aber anders hätte sein können ... Diese Verbindung ist mit den Umständen ihrer Entstehung nicht vollständig verschwunden. Man bewahrt die Möglichkeit, sie mittels einer ihrer Elemente zu reproduzieren oder anhand von Bedingungen zu rekonstruieren, *die nicht ausgereicht hätten, um sie beim ersten Mal hervorzubringen oder zu bestimmen*. Der Abdruck einer ursprünglichen Vielfalt wird also durch eine *einfache* Reizung wieder hervorgeholt.«[66] Daraus schließt der Autor: »Was mir die Idee oder die Vorstellung eingibt und das, was ich wiedererstehen lasse – sind sehr verschiedene Dinge und Ursachen ... Dieses Wiederwecken folgt einer Sequenz, vom Bild zum Begriff, von Klang zum Sinn: Die Erinnerung wird nicht sofort verständlich. Ihre Stofflichkeit geht ihr voran.« Diesen Stoff speichern wir, ohne seine Einzelheiten wirklich wahrzunehmen; manchmal vertagen wir die Wahrnehmung auch wie bei der Entwicklung eines

Fotos: »Man wird die Dinge später erkennen. Im Augenblick nimmt man Flecken auf.«

Was sind das für Funken, die man als *Schlüssel* oder *Auslöser* bezeichnet? Manchmal sind sie willkürlich, weil wir sie kennen und wissen, in welcher Situation wir sie anwenden müssen, um die Vergangenheit wiederzubeleben. Ribot berichtet von einer achtundzwanzigjährigen Patientin, die häufig einen Angehörigen im Krankenhaus besuchte. »Stets begannen diese sehr häufigen Besuche mit einer langen Wartezeit in einem Aufenthaltsraum, dessen Fenster auf einen Garten gingen. Wenn ich mir alle Eindrücke dieser Wartezeit, die ich als außerordentlich unangenehm empfand, vergegenwärtigen will, brauche ich mich nur in einen Sessel zu setzen wie den, in dem ich damals saß, die Augen zu schließen und mich in die gleiche Gemütsverfassung wie damals zu versetzen, was ganz leicht ist. Zwischen dieser Vorbereitung und der exakten, vollständigen Rekonstruktion der Szene vergeht noch nicht einmal eine halbe Minute. Dann rieche, sehe, höre ich alle Ereignisse der Wartezeit, ich empfinde sie wie damals, einschließlich der großen Besorgnis, mit der ich dem Kommen des Arztes entgegensah und die von heftigem Herzklopfen begleitet war. Ich bin nicht in der Lage, dieses Herzklopfen zu unterdrücken. Wenn ich mich erst einmal auf diesen Weg begeben habe, muß ich ihn bis zum Ende gehen und dabei die vollständige Sequenz aller Zustände durchleben, die ich damals hatte. Es ist wie in einem Traum, in dem man einen unangenehmen Sturz voraussieht, ihn vermeiden möchte, es aber nie schafft.«[67]

Alles, was wir in der Außenwelt wahrnehmen, kann diesen Funken darstellen, der augenblicklich das im Gedächtnis gespeicherte Bild wiedererschafft. Wie oft sagt man: »Daran hätte ich mich nie erinnert, wenn er mir die Frage nicht gestellt hätte«? So erkennen wir die ungeheure Menge von Erinnerungen, die wir gespeichert haben, die aber nie in unser Bewußtsein treten, wenn wir nicht zufällig auf etwas stoßen, was den Funken entzündet. Dann kann eine ganze Sequenz von Erinnerungen zutage gefördert werden. Sehr anschaulich hat Alexandre Dumas dieses Phänomen in *Vingt ans après* (Zwanzig Jahre später) geschildert: »Der Anblick mancher Dinge in der Außenwelt ist ein geheimnisvoller roter Faden, der den Fasern des Gedächtnisses gleicht und gegen unseren Willen etwas in uns wachruft; sobald einmal diese Fäden zu Leben erwacht sind, führen sie uns wie der der Ariadne in ein Labyrinth, in dem wir uns verirren, sobald wir dem Schatten der Vergangenheit folgen, den man Erinnerung nennt.«[68]

Dieses Phänomen erklärt Taine damit, daß es keine isolierte Empfindung gibt. Eine Empfindung ist ein Zustand, der beginnt, indem er die vorausgehenden Ereignisse fortsetzt, und endet, indem er sich in den nachfolgenden verliert. In seiner Korrespondenz spricht Flaubert mehrfach davon: »Meine Reisen, meine Kindheitserinnerungen, alles färbt sich gegenseitig, reiht sich aneinander, tanzt in hellem Flammenschein und steigt spiralförmig empor. Sehr häufig haben wir den Eindruck, daß eine Idee in uns unerwartet und zufällig geweckt wird. Wir erkennen nicht, was sie mit dem Vorausgehenden zu tun hat, für die Vermittlung haben unsichtbare Übergänge gesorgt.«

Halten wir fest, daß die unwillkürliche Rückkehr einer Erinnerung zwei großen Kategorien angehören kann. In den meisten Fällen erinnert uns eine äußere Wahrnehmung an vergangene Ereignisse. Wir erleben sie wieder, aber eher wie Zuschauer, und es bedarf einer zusätzlichen Anstregung des Gedächtnisses oder vielmehr der Vorstellungskraft, um uns das Gefühl zu vergegenwärtigen, das wir damals erlebten.

Die andere Kategorie ist jene Rückkehr der Erinnerung, bei der wir den Gemütszustand von einst empfinden. Das ist das wirkliche Gedächtnis, das reinste, aber auch das ungewöhnlichste Gedächtnis. Dieses Phänomen des zündenden Funkens neurophysiologisch zu erklären, ist nicht schwer. Wir nehmen täglich neue Eindrücke im Gedächtnis auf. Diese Gedächtnisinhalte beruhen auf Neuronennetzen, die das Ereignis selbst enthalten. Daran lagern sich häufig andere Erinnerungen an und erweitern durch neue neuronale Verbindungen das Synapsennetz. Für eine kleine Zahl von ihnen, die wir häufig abrufen, verfügen wir über die Reize, mit denen wir sie auslösen können. Für die Mehrzahl der anderen Erinnerungen kommen die Reize von außen. Daher können wir nicht wissen, was von unserem vergangenen Leben in unserem Gedächtnis zurückgeblieben ist. Vielleicht sind sie dort engrammiert wie im *Palimpsest* von Baudelaire: »Oh! Da schwand mein freier Wille und es versperrte dir eine Erinnerung den Weg und erklärte gebieterisch: ›Keinen Schritt weiter, du hast eine Rechnung mit mir zu begleichen.‹ Und du muß dorthin, wo die Erinnerung es will.«[69] Wenn wir vergessen, liegt es meist daran, daß wir den Schlüssel verloren oder verlegt haben.

[KAPITEL 6] Vergessen und Unbewußtes

Die zentrale Form des Vergessens ist das Verschwimmen der ursprünglichen Wahrnehmung. Diese Verwandlung beschreibt Supervielle in seinem Gedicht *Vergeßliches Gedächtnis*:

> *Bleiche Sonne des Vergessens, Mond des Gedächtnisses,*
> *was ziehst du dich in die Tiefen deiner glanzlosen*
> > *Gefilde zurück?*
> *Ist das Wenige alles, was du zu trinken gibst?*
> *Diese Wassertropfen für den Wein, den ich dir*
> > *anvertraute?*[1]

Das fortschreitende Verblassen der Erinnerung beginnt damit, daß wir Schwierigkeiten haben, sie zeitlich einzuordnen. Das Vergessen nistet sich ein wie in »einem dichten Nebel auf dem Ozean, der einem für alle Dinge jegliche Anhaltspunkte nimmt«.[2] Er raubt uns das Gefühl für die zeitliche Distanz.

Das Vergessen läßt manchmal realtiv junge Ereignisse alt erscheinen. Die Schwierigkeit, Erinnerungen zeitlich einzuordnen, unterstreicht beispielsweise Stendhal: »Mich entmutigt dieses Fehlen aller Daten. Die Einbildungskraft müht sich damit ab, die Daten aufzuspüren, statt sich die Dinge vorzustellen.«[3]

Doch nicht nur die chronologischen Begriffe lassen nach, sondern auch die Intensität der Erinnerung. Das Vergessen überlagert alles: »Heute fehlt meinem Denken vor allem die exakte Beurteilung der Vergangenheit, weil ich diese Vergangenheit vom anderen Ende des Horizontes aus betrachte. In dem Maße, wie man vorankommt, entfernt sich die Vergangenheit wie eine Landschaft, durch die man geht. Mir ergeht es wie den Menschen, die sich im Traum verletzt haben, sie betrachten sich und spüren ihre Wunde, aber sie erinnern sich nicht, wie sie sie empfangen haben.«[4] Mit dem Vergessen schwinden auch die einst empfundenen Gefühle:

> *Oh, Erinnerungen! Schatz, der im Schatten wuchs!*
> *Düsterer Horizont einstiger Gedanken!*
> *Teurer Schimmer der versunkenen Dinge!*
> *Strahlen der verschwundenen Vergangenheit!*
> *Wie von der Schwelle oder dem Vorhof eines Tempels*
> *schaut dich das Auge des Geistes!*[5]

Allerdings kann sich dieses Vergessen auch anders zeigen als in diesem fortschreitenden Schwinden unserer Erinnerungen; es gibt neben diesem ein partielles oder vollständiges, vorübergehendes oder endgültiges Vergessen.

Partielles und vorübergehendes Vergessen

Die Suche nach dem verlorenen Namen ist eine typische Erscheinung des vorübergehenden Vergessens. »Ich habe große Mühe, Namen zu behalten. Ich kann genau angeben, ob er aus drei Silben besteht, ob sein Klang rauh ist,

ob er mit einem bestimmten Buchstaben beginnt oder endet.«[6] Erst wenn der Name uns plötzlich im Bewußtsein
erscheint, wissen wir, daß es der richtige ist. Vorher gelingt es uns nicht, den Namen zu erinnern, obwohl wir
eine exakte Vorstellung von seiner Erinnerung haben.
Diesen verschlungenen Wegen ist niemand ausdauernder
gefolgt als Proust.

Zunächst erinnert sich Prousts Erzähler daran, daß er
mit einer Dame zu Abend gegessen hat, deren Namen er
sucht: »Aber meine Aufmerksamkeit, die sich ganz auf
jene Region meines Innern konzentrierte, in der sich
diese Erinnerungen an sie befanden, vermochte gleich-
wohl ihren Namen nicht wiederzuermitteln. Dennoch
war er da. Mein Denken hatte sich auf eine Art von Spiel
mit ihm eingelassen, bei dem es sich darum handelte, allmählich die Konturen, dann seine Anfangsbuchstaben zu
erfassen und ihn schließlich ganz und gar in mir aufzuhel-
len. Es war vergebliche Mühe. Ich verspürte ungefähr seinen Umfang, sein Gewicht, aber was seine Form anbelangte, so mußte ich mir, wenn ich sie mit dem düsteren
Gefangenen, der sich im Dunkel meines Innern barg, ver-
glich, immer wieder sagen: ›Der richtige ist das noch
nicht.‹ Gewiß hätte mein Geist die schwierigsten Namen
schaffen können. Leider aber handelte es sich nicht darum
zu schaffen, sondern zu reproduzieren. Endlich trat mit
einem Male der Name in seiner Ganzheit vor mich hin:
›Madame d'Arpajon‹.« Aber er erschien »nicht aus eigenem Antrieb«. Der Kontext der Assoziationen, »die nicht
sehr gewichtigen, wenn auch zahlreichen Erinnerungen,
die sich auf diese Damen bezogen und die ich unaufhörlich um Hilfe anging«, trug nicht dazu bei, den Namen
»zum Aufsteigen zu bewegen … In dem großen Versteck-

spiel, das sich im Gedächtnis zuträgt, wenn man einen Namen wiederfinden will, gibt es nicht etwa eine Reihe von graduellen Annäherungen. Man sieht zunächst nichts, dann aber taucht auf einmal der exakte Name auf, sehr verschieden von dem, was man zu erraten glaubte … je länger wir leben, desto mehr entfernen wir uns von der Zone, in der ein Name klar und deutlich vor uns steht.« Durch Anspannung des Willens und der Aufmerksamkeit läßt sich der innere Blick schärfen, so daß er das Halbdunkel durchdringt und klar sieht. Die Arbeit des Geistes, »der vom Nichts zur Wirklichkeit vorschreitet«, ist so rätselhaft, daß diese falschen Konsonanten unter Umständen doch »im voraus und ungeschickt ausgestreckte Ruten sind, die uns helfen sollen, den genauen Namen schließlich aufzufischen«.[7]

Diesen Abschnitt hat man mit *L'Âme et le Corps* (1912) von Bergson verglichen, einer Erörterung, die er 1919 in *L'Énergie spirituelle* wiederaufgenommen hat und die Proust für spätere Überlegungen zum Schlaf herangezogen hat.[8] Dort kommt Bergson auf die Lokalisierung der Hirnfunktionen zurück, die er einer vehementen Kritik unterzieht. Nach seiner Überzeugung werden dem Gehirn keine Fotografien eingeprägt. Das Gehirn hat die Aufgabe, die Erinnerung abzurufen, und nicht, sie zu bewahren. Wenn wir uns an einen Eigennamen erinnern, probieren wir alle Buchstaben des Alphabets durch und versetzen uns in verschiedene motorische Verfassungen, zwischen denen wir dann wählen müssen: »Sobald die gewünschte Haltung gefunden ist, schlüpft das Wort dort hinein, wie in eine Kulisse, die zu seinem Empfang bereitet ist.« Mithin handelt es sich um eine motorische Aktivität des Gehirns. Es ist, als ob »das Gehirn die Grammatik kennen würde«.⁹ Eigennamen, Gattungsnamen, Adjektive und schließlich die Verben – alles verschwindet. Doch die Reihenfolge des Verschwindens ist immer gleich, egal welche Gehirnregion beeinträchtigt ist. Das, was zuerst verschwunden ist, läßt sich am schwersten erinnern. Verben bezeichnen Handlungen, »nachahmbare« Tätigkeiten, daher kann man sie am leichtesten vergegenwärtigen. Verben können durch eine vereinfachte, reduzierte Hirnfunktion erinnert werden, Eigennamen dagegen nicht.

Valéry entfällt nichts, ausgenommen Namen¹⁰: »Gelegentlich tritt der eigenartige Zustand ein, den man mit den Worten übersetzt: ›Mir liegt dieser Name auf der Zunge‹ – Man hat ihn und man hat ihn nicht. *Man hat alles, was erforderlich ist, um ihn wiederzuerkennen*, der Ort ist bereit, man erwartet ihn, das Kästchen ist da … Man hat sogar die einzelnen Elemente – ›Der Name beginnt mit einem B.‹ Der Fall ist äußerst interessant. Das Unvollständige – Widerstand. Widerstand = Sensibilität. Und was hier sensibel macht, ist das Gedächtnis.«¹¹

Freud schreibt solche Blockierungen den Verdrängungen und unbewußten Assoziationen zu. »Vergessen von Eigennamen«, »Vergessen von fremdsprachigen Worten«, »Vergessen von Namen und Wortfolgen«¹², das alles sind kleine Kriminalfälle. Interessant ist Freuds Schlußfolgerung: »Neben dem einfachen Vergessen von Eigennamen kommt auch ein Vergessen vor, welches durch Verdrängung motiviert ist.«¹³ In diesem Fall ist das Denken durch einen inneren Widerspruch gestört, der aus dem Unbewußten stammt.

Bei unserer Suche nach dem Namen können uns Klang und Umgebung helfen, den Schlüssel zu dem Neuronennetz zu finden, das die Erinnerung an den Namen enthält. Doch warum ist diese Form des Vergessens am häufigsten? Warum fehlt uns öfter ein Wort oder ein Name als ein Gesicht oder eine Landschaft? Wenn wir die Erinnerung an eine Landschaft oder ein Gesicht aufrufen, können wir sie fast immer beschreiben oder zeichnen. Vergleichen wir die Beschreibung oder die Zeichnung mit der Wirklichkeit, stellen wir unabänderlich fest, daß wir einige Fehler begangen haben. Sie hindern uns aber nicht daran, uns an das Gesicht oder die Landschaft zu erinnern. Dagegen dulden der Name oder das Wort nicht die geringste Ungenauigkeit. Wir sehen also erneut, daß das Gedächtnis selbst bei Dingen, die wir genau zu kennen meinen, Schwierigkeiten hat, eine Erinnerung mit vollkommener Genauigkeit wiederzugeben.

Unmögliches Vergessen

Es ist sehr wahrscheinlich, daß es ein endgültiges Vergessen gibt, bei dem die neuronale Spur, die die Erinnerung aufbewahrte, vollkommen verlorengeht. Und doch finden sich in der Literatur einige, die das abstreiten, unter ihnen Baudelaire und Diderot. Im *Palimpsest*[14] bezeichnet Baudelaire das menschliche Gedächtnis als grenzenlos und spricht von dem »göttlichen Palimpsest, das unser unermeßliches Gedächtnis darstellt«. Weiter heißt es: »Könnte man jedes Echo der Erinnerung gleichzeitig mit allen anderen heraufrufen, sie würden zusammen ein Konzert bilden«. An ein vollständiges Vergessen glaubt Baudelaire nicht: »Unzählige Schichten von Gedanken, Bildern, Gefühlen haben sich … nach und nach in deinem Gehirn abgelagert. Jede Schicht schien die vorhergehende zu begraben. In Wahrheit aber ging keine zugrunde.« Als Beweis dient ihm der Ertrinkende, der im Moment seines Todes noch einmal sein ganzes Leben vorbeiziehen sieht. In der »Gleichzeitigkeit so vieler Erlebnisse, die nacheinander stattgefunden hatten«, kam es zum »Wiedererscheinen alles dessen, von dem der Mensch selber nichts mehr wußte, das er jedoch genötigt war, als ihm eigentümlich *wiederzuerkennen*. Das Vergessen ist also nicht nur eine Sache des Augenblicks; und bei solchen existentiellen Momenten … entrollt das ganze ungeheure und schwer zu entziffernde Palimpsest des Gedächtnisses sich auf einen Schlag, mit all seinen sich überlagernden Schichten erstorbener Gefühle, die dort geheimnisvoll einbalsamiert liegen.«

Auch Diderot glaubt, in uns bleibe alles bewahrt. Er ist der Auffassung, »daß alles, was wir gesehen, gekannt, erblickt, gehört haben, bis hin zu den Bäumen eines großen Waldes, was sage ich, bis zur Anordnung der Äste, der Form der Blätter, der Vielfalt der Farben, der Grünschattierungen und der Sonnenlichter, bis zum Aussehen der Sandkörner am Meeresstrand, dem unterschiedlichen Erscheinungsbild des Meeres, das mal von einer leichten Brise bewegt und mal von Sturmböen aufgewühlt wird; bis zur Vielfalt der menschlichen Stimmen, der Tierrufe, der gewöhnlichen Geräusche und der Harmonie aller Melodien, aller Musikstücke, aller Konzerte, die wir gehört haben – all das ist ohne unser Wissen in uns vorhanden.«[15] Da für Diderot alles in unserem Gedächtnis engrammiert ist, wäre das Vergessen also lediglich die Unfähigkeit, sich zu erinnern.

Ein weiterer Verfechter dieser These ist Valéry. »Vergessen ist die wachsende Unempfindlichkeit des Apparates, der das Gedächtnis in Gang setzt. Ich neige zu der

Annahme, daß die Erinnerung potentiell unzerstörbar ist. Der Akt wird selten. Die Erinnerung manifestiert sich durch einen *Akt*, dessen exakte Auslösebedingungen sich nach und nach verlieren; sich vor allem durch Vermengung, Verwirrung verlieren – Nichtspezialisierung.«[16] Im Laufe der Zeit, so meint Valéry scherzhaft, »steigt die Erinnerung im Preis«. Und weiter: »Das Gedächtnis verliert sich nicht. Die Erinnerung ist unauslöschlich. Nur der Weg, der zur Erinnerung führt, verliert sich, die Synapse, deren Vermögen Schwankungen unterworfen ist.«[17]

Nützlichkeit des Vergessens

Gewiß, Vergessen ist ärgerlich, aber manchmal ist es auch begrüßenswert, ja, unverzichtbar. Montaigne, der sich über seinen vollkommenen Mangel an Gedächtnis beklagt, weiß ihm gelegentlich auch positive Seiten abzugewinnen. Zum Beispiel schützt er ihn vor politischem Ehrgeiz. Die Meinungen und Einwände anderer belasten seinen Geist und sein Urteil nicht. Seine Rede ist kürzer, weil das Vorratslager des Gedächtnisses häufig besser mit Stoff ausgerüstet ist als das der Erfindungsgabe. Wer lügt, braucht ein ausgezeichnetes Gedächtnis, um sich nicht zu widersprechen. Was keinen Sinn hat, wird auch nicht behalten. Man hat keine Wahl zwischen Gedächtnis und Verstand.

Bei Borges gibt es eine Figur namens Funès, der »ein vollkommenes Gedächtnis hat, so vollkommen, daß ihm alle Verallgemeinerungen verwehrt sind. Er stirbt sehr jung, erdrückt von diesem Gedächtnis, das ein Gott ertragen könnte, aber kein Mensch. Funès kann nichts vergessen. Infolgedessen kann er auch nicht denken, denn um zu denken, müßte er verallgemeinern, das heißt, er müßte vergessen … Er stirbt zermalmt von dem Gewicht einer Vergangenheit, die mit zu vielen Einzelheiten aufwartet, als daß er sie hätte ertragen können. Eine Vergangenheit, die sich in erster Linie aus Umständen zusammensetzt, die man im allgemeinen vergißt. Ich habe Erinnerungen. Aber ich weiß nicht, ob diese Erinnerungen zum Samstag oder Freitag gehören, während er mit Gewißheit wußte, daß er nicht denken konnte … Er kann sich nicht von der Last des ganzen Universums befreien.«[18] Und Borges fügt hinzu, daß er sich dieser Erfahrung des Vergessens unterzogen hat, um sich von der Schlaflosigkeit zu befreien, die die Unfähigkeit bedeutet, sich dem totalen Vergessen des Schlafes hinzugeben. Das Vergessen ist nützlich und notwendig. Zahlreiche Dichter haben es beschworen, um der Sehnsucht nach der Vergangenheit zu entfliehen, die es ihnen unmöglich machte, zu leben und sich weiterzuentwickeln. Apollinaire vergleicht diese kummervolle Sehnsucht, die eine unselige Form der Erinnerung ist, mit der Hölle: »Spring Himmel des Vergessens auf!«[19]

Die Erinnerung ist ambivalent. Sie schützt vor der Auflösung im »weißen Bett der Erinnerung bei zugezogenen Vorhängen«, doch diese »geteilte Erinnerung, die sich gegen das Vergessen strafft«, kann uns von unserer Gegenwart und unserer Zukunft trennen.

Haß auf das Gedächtnis

Daraus erklärt sich der Haß auf das Gedächtnis, den niemand besser zum Ausdruck gebracht hat als die Surrealisten. In *Mémoire, l'ennemi (Der Feind, das Gedächtnis)*[20] läßt

René Crevel seinem Zorn auf das Gedächtnis freien Lauf. Die Vergangenheit flößt ihm nichts als Abscheu ein, und das Gedächtnis verurteilt ihn zu Gewissensbissen: »Denn der schlechte Geruch der Erinnerungen zieht die Fliegen an.« Crevel strebt den Übergang vom Erinnern zum Vergessen an: »Doch nach dem Gedächtnis und vor dem Vergessen ist der Friede und sein heller Nebel, ein unzerreißbarer Vorhang.«[21]

Das Vergessen definiert uns ebenso wie die Erinnerung. »Es gibt also eine Gemeinsamkeit zwischen dem dichterischen Werk und dieser Form inneren Tastens, das durch die Gegenwart des Vergessens hervorgerufen wird. Gedächtnis und Vergessen sind unzertrennlich«, sagte Supervielle in einem Interview. »Laßt die Wege in die Zukunft über mich hinwegführen.«

Das Vergessen ist der schöpferischen Tätigkeit ebenso zuträglich wie die Erinnerung, so Valéry: »Das Vergessen ist die Anpassung des Menschen an die Gegenwart des Geistes.«[22] Die Behauptung, das Vergessen sei für unsere Anpassung an die Gegenwart ebenso unentbehrlich wie die Erinnerung, ist ein außerordentliches Paradox. Ohne Vergessen ist keine Zukunft möglich. Ein perfektes Gedächtnis würde für einen Menschen letztlich das Leben unmöglich machen: »Eine Nichtigkeit, ein Nichts würde uns alles ins Gedächtnis rufen. Stets würde man sich erinnern, statt gelegentlich an ein erstes Mal zu glauben.« Daraus schließt Valéry: »Der Geist ist nur durch die Unordnung des Gedächtnisses möglich. Dank dieser Unordnung, dem Zerreißen des chronologischen Bandes, sind beim Menschen neue Verteilungen möglich.« Das gegenwärtige Denken muß die Freiheit haben, alles umzuordnen. Daher ist die wesentliche Aufgabe des Gedächtnisses, zu reduzieren und zu vereinfachen. »Denken ist nur möglich, weil man den Ursprung seiner Elemente nicht mehr erkennt. Um mit diesen Elementen hantieren zu können, müssen wir ihre Geschichte vergessen.«

Das gilt auch für unser moralisches Leben. Die christliche Religion zeigt, welche Wohltaten die Sakramente der Buße und der Vergebung sind – man muß allerdings um sie bitten. Verjährung und Amnestie ermöglichen einem Menschen oder auch einer Nation, einen Schlußstrich zu ziehen und einen neuen Anfang zu machen.

Wille und Vergessen

Wie bei der Erinnerung kann auch beim Vergessen nur in sehr begrenztem Maße von einer Freiheit des Willens die Rede sein. Es ist sehr schwierig zu vergessen, woran wir uns nicht erinnern möchten. Wenn wir uns sagen, daß wir jemanden vergessen möchten, denken wir an ihn. »Nun mußt du still dich halten, o mein Schmerz, und folgsam sein«,[23] sagt Baudelaire. Dieser einfache Appell an den Schmerz genügt, um ihn wieder ins Gedächtnis zu rufen. Verläßt uns ein geliebter Mensch, widersetzt sich alles dem Vergessen. Affektive Besetzung der Erinnerung und deren Wiederholung tragen dafür Sorge, daß sie noch gründlicher in unserem Gedächtnis verankert wird. Vergeblich sei der Rat, so Montaigne, sich an die glücklichen Augenblicke zu erinnern – oder sich an die Augenblicke des Glücks zu halten und die weniger glücklichen auszuklammern, »als stünde die Kunst des Vergessens in unserer Macht … Das Gedächtnis führt uns nicht das vor Augen, was wir auswählen, sondern das, was ihm gefällt. Ja, nichts vermag unserer Erinnerung etwas so lebhaft einzuprägen wie der Wunsch, es zu vergessen.«[24]

Der Maxime CCLXII von *Handorakel und Kunst der Weltklugheit* gibt Gracián den Titel *Vergessen können*. Er versteht es mehr als Glück denn als Kunst. »Die Dinge, die man am ehesten vergessen sollte, sind diejenigen, deren man sich am besten erinnert. Das Gedächtnis zeichnet sich nicht nur durch die Unfehlbarkeit aus, mit der es niemals fehlt, wenn es erforderlich wäre, sondern auch durch die Unverfrorenheit, mit der es sich häufig zur Unzeit meldet. Von allem, was Schmerz verursachen muß, teilt es uns überreichlich zu. Und bei allem, was uns Freude machen könnte, erweist es sich als knauserig. Manchmal besteht das Heilmittel des Übels darin, das Übel zu vergessen, aber man vergißt das Heilmittel. Daher muß man das Gedächtnis daran gewöhnen, anders zu verfahren, denn in seiner Macht steht es, uns ein Paradies oder eine Hölle zu bereiten. Ich nehme die Menschen aus, die in Zufriedenheit leben, denn in ihrem Zustand der Unschuld genießen sie das Glück der Idioten.« – Das Pharmaunternehmen, das die Pille des selektiven und gezielten Vergessens erfände, sähe einer gesicherten finanziellen Zukunft entgegen. Drogen können Vergessen schenken, das war schon in der Antike bekannt. In der *Odyssee* gibt Helena ein Mittel in einen Trank, um den Überlebenden des trojanischen Krieges Schlaf zu schenken. Auch Odysseus kannte die Kräfte des Vergessens, als er seine Gefährten den Lotophagen entriß: »Wer von der honigsüßen Frucht des Lotos gegessen / Der bringt keine Kunde zurück und denkt nicht an Rückkehr.«[25] Der Name Lotos erinnert an Lethe, den Fluß des Vergessens, und die Lotosfrucht ist der Prototyp der Drogen, die tiefes und langes Vergessen schenken.

Die meisten Drogen, etwa der Alkohol, bewirken ein mehr oder minder tiefes und langes Vergessen. Bestimmte Wirkstoffe blockieren die Glutamatrezeptoren und unterbinden auf diese Weise die Aktivität bestimmter Neuronen. Nun sind aber die Neuronen, die am intensivsten mit der Gedächtnisspeicherung befaßt sind, glutaminerg, das heißt, sie sprechen vor allem auf Glutamat an. So erklärt sich die amnestische Wirkung dieser Stoffe.

Trauma und Vergessen

Ist es tatsächlich unmöglich, willkürlich zu vergessen? Es gibt Umstände, unter denen es uns gelingt, Handlungen zu vergessen, die uns unangenehm sind oder Schuldgefühle einflößen. Straftäter vergessen mitunter, was sie getan haben. Sie reden sich nicht bloß ein, sie hätten nicht getan, wessen man sie anklagt, sondern sie wissen es wirklich nicht mehr. Die traumatische Pathologie kennt solche Amnesieformen. Häufig beobachtet man sie bei bestimmten Schädelverletzungen, die Bewußtlosigkeit oder ein Koma nach sich ziehen. Wenn diese Patienten aufwachen, haben sie in der Regel vergessen, was einige Minuten oder einige Stunden vor dem Unfall geschehen ist.

Zweifellos wird bei solchen Traumen das Vergessen durch die Ausschüttung toxischer Stoffe bewirkt, ein Vorgang, den der Schock auslöst. Zu ihnen gehört auch das Glutamat, das kurz nach dem Trauma freigesetzt wird und dazu führt, daß viele Neuronen ihre Aktivität einstellen und absterben. Aus Experimenten wissen wir, daß im Gehirn Glutamat freigesetzt wird, wenn man einen

Schock auslöst. Daraus läßt sich der logische Schluß ziehen, daß die Freisetzung dieses Wirkstoffs die Neuronen angreift und die Gedächtnisspeicherungen von Ereignissen verhindert, die dem Unfall unmittelbar vorangegangen sind.

Auch nach einem heftigen affektiven Schock treten gelegentlich solche amnestischen Phänomene auf. Läßt das nicht vielleicht den Schluß zu, daß ein starker emotionaler Schock wie ein physisches Trauma zur Freisetzung exzitotoxischer Stoffe führt, die Zellsterben und, dadurch bedingt, Vergessen bewirken? Kann man eine Handlung, die extreme Schuldgefühle hervorruft, nicht mit einem heftigen emotionalen oder physischen Schock vergleichen, und wäre dann die Löschung dieser Erinnerung nicht mit der posttraumatischen Erinnerung identisch? Man weiß, daß bei Angst oder Streß im Magen Wirkstoffe ausgeschüttet werden, die die Magenschleimhaut angreifen und die Bildung von Magengeschwüren fördern. Im Gehirn könnte es durchaus ähnlich sein, zumal die Nervenzellen viel eher dazu neigen, chemische Substanzen freizusetzen, und obendrein sehr viel anfälliger für solche Einflüsse sind. Bereits Ribot hat eine ähnliche Hypothese aufgestellt. »Der Einfluß von affektiven Dispositionen auf das Gedächtnis ist stark und permanent. Nun sind aber die affektiven Zustände das seelische Äquivalent zu bestimmten organischen, viszeralen (die Eingeweide betreffenden), vasomotorischen, muskulären Reaktionen, daher läßt sich der affektive Einfluß letztlich auf diese Phänomene reduzieren.«[26]

Neuronentod und Vergessen

Ein weiteres neurobiologisches Ereignis erklärt das Vergessen – die *Apoptose*⃰. Bei dieser Form des zellulären Selbstmords programmiert ein Neuron, das nicht mehr sein tägliches Quantum an Wachstumsfaktoren erhält, automatisch seine Zerstörung. Die Wachstumsfaktoren werden nach jeder Reizung von den Neuronen oder Stützzellen in der unmittelbaren Umgebung freigesetzt. Kommen wir noch einmal auf unser Beispiel von der Stadt zurück, in der ein Viertel nicht mehr bewohnt wird. Die Straßen, die dorthin führen, werden unpassierbar, die vernachlässigten Häuser verkommen zu Ruinen und zerfallen im Inneren. Genauso ergeht es Neuronen, wenn sie Träger von Erinnerungen sind, die nicht mehr abgerufen werden. Sie verlieren ihre synaptischen Verbindungen, weil ihr Milieu mit Wachstumsfaktoren unterversorgt ist. Bei einigen kommt es zur Apoptose, die Vergessen nach sich zieht.

Diese Form der Apoptose kann auch nur bestimmte Synapsen betreffen, ohne deshalb das neuronale Substrat der Erinnerung selbst zu zerstören. In dem Falle bleibt sie in unserem Gedächtnis erhalten, nur die Wege zu ihr sind zerstört. Mit Hilfe dieser Hypothese können wir das Unbewußte unter einer ganz neuen Perspektive betrachten, einer organischen und neuroanatomischen. Eine verdrängte Erinnerung wäre demnach eine Erinnerung, deren synaptische Verbindungen nach der Gedächtnisspeicherung zerstört worden wären. Nur der Weg, der zu dieser Erinnerung führt, ist unauffindbar.

Wie läßt sich die Löschtätigkeit des Vergessens erklären? Die einfachsten und sichersten Erklärungen betreffen pathologische Zustände, in denen eine anatomische Struktur zerstört wird. Solche Ursachen liegen bei Gedächtnisstörungen vor, wie sie etwa bei Hirnverletzungen, Enzephalitis oder der Alzheimer-Krankheit beobachtet werden. Eine Hirnstruktur oder ein Schaltkreis wird unterbrochen, wodurch eine oder mehrere Gedächtnisfunktionen beeinträchtigt sind.

Vergessen und Interferenz

Weniger eindeutig sind die Verhältnisse, wenn es um das Vergessen einer Telefonnummer oder einer Aufgabe geht. Dann haben wir es mit Interferenzphänomenen zu tun. Ein anderer Name, eine andere Nummer, eine andere Aufgabe überlagert die anstehende und stiftet Verwirrung. Wie A. Baddeley[27] oder A. Lieury[28] eingehend beschrieben haben, müssen wir zwischen proaktiver und retroaktiver Interferenz unterscheiden. Bei retroaktiver Interferenz stören zuvor angelegte Gewohnheiten die beabsichtigte Handlung oder bringen sie in Vergessenheit. Bei der proaktiven Interferenz haben wir es mit dem umgekehrten Phänomen zu tun; das Gewicht der neuen Gewohnheiten löscht die Erinnerung an die alten. Je mehr man lernt, um so mehr vergißt man.

Ganz gewiß handelt es sich beim Interferenzphänomen nicht um die Überlagerung einer Gedächtnisspur durch eine andere, weil das Vergessen häufig nur zeitweilig oder vorübergehend ist. Sehr wahrscheinlich wird Interferenz durch eine schlechte Synapsenschaltung, durch falsche Weichenstellung verursacht. An diesem Irrtum sind mehrere Faktoren beteiligt: Aufmerksamkeit, Streß, aber auch psychologische Faktoren. Freud meint, »daß das zeit-

weilige Namensvergessen als die häufigste unserer Fehl-
leistungen zur Beobachtung kommt«. Es ergibt sich, »wenn
der Name selbst an Unangenehmes rührt, oder wenn er
mit anderem in Verbindung gebracht ist, dem solche
Wirkung zukäme, so daß Namen um ihrer selbst willen
oder wegen ihrer näheren oder entfernteren Assoziations-
beziehungen in der Reproduktion gestört werden können«.[29] Anschließend meint Freud, das Vergessen eines
Namens könne ansteckend wirken und auf den Gesprächspartner übergreifen, der sich dann auch nicht mehr an
den gesuchten Namen erinnern könne, oder einen Do-
minoeffekt auslösen, der bewirke, daß das Gedächtnis
den Zugriff auf eine ganze Reihe von Namen verliere.
Manchmal fallen auch Ereignisse dem Vergessen zum
Opfer. Das erklärt Freud durch die »Deckerinnerung«.
Danach weist »das Versagen und Irregehen der reprodu-
zierenden Funktion … auf die Einmengung eines par-
teiischen Faktors, einer Tendenz«[30] hin, mit dem Ergebnis, daß sich eine Erinnerung derjenigen, die wir abrufen
wollten, entgegenstellt oder sie maskiert.

Das Vergessen kann hervorgerufen werden durch das
Fehlen von Anhaltspunkten, von Schlüsseln, die die Übertragung des Nervenimpulses von einer Synapse zur andern,
von einem Neuronennetz zum anderen normalerweise
auslösen. So kann die Erinnerung nicht präsent werden.
Im allgemeinen ist ein solches Vergessen vorübergehend
und endet, wenn die erforderlichen Anhaltspunkte zur
Verfügung stehen. Die Anhaltspunkte brauchen wir, um
unsere Erinnerungen wieder dingfest zu machen, daher ist
das Wiedererkennen der Erinnerungen wirksamer als ihre
Rekonstruktion. Bleibt die Frage, ob es, von pathologi-
schen Umständen abgesehen, ein endgültiges Vergessen

gibt. Geht das Verschwinden der Erinnerung zurück auf das der neuronalen Spur selbst oder nur auf das Fehlen eines Reizes, der den Abruf der Erinnerung auslöst? Die Verringerung der Neuronenzahl, das Phänomen der Apoptose, die hemmende Wirkung, die bestimmte Neurotransmitter auf die Synapsen ausüben – all das führt zur Zerstörung der neuronalen Spur oder einer Unterbrechung von Synapsen und ruft so die Hemmung der Erinnerung hervor.

Falsche Erinnerungen

Auf halbem Weg zwischen Erinnerung und Vergessen sind die falschen Erinnerungen angesiedelt. Besonders deutlich manifestiert sich diese Gedächtnisverzerrung in unterschiedlichen Zeugenaussagen, die sich auf ein und dasselbe Ereignis beziehen. Auch die Literatur macht sich den Wechsel der Blickwinkel zunutze. Eine einfache Anwendung dieser Technik findet man in den Verhören englischer Kriminalromane. Betrachtet man alle Faktoren, die zwischen der ursprünglichen Wahrnehmung und späteren Beschreibungen zum Tragen kommen, stellt man fest, daß sich zwischen der Ausgangssituation und dem Ende eine Vielzahl von Veränderungen ergeben. An der Auslegung der ursprünglichen Wahrnehmung sind unter anderem Persönlichkeit, Augenblicksstimmung und aktueller physiologischer Zustand beteiligt. Die im Gedächtnis angelegte neuronale Spur wird im Laufe der Zeit durch unsere alten und neuen Erinnerungen verändert. Eine Rolle spielt auch die Länge des Intervalls zwischen Gedächtnisspeicherung und Abruf, denn die Deutlichkeit vieler Erinnerungen läßt mit der Zeit nach. Beim Abruf ist auch unser augenblicklicher Zustand von Bedeutung. Wie am Ende unsere Erzählung dieser Wahrnehmung aussieht, hängt außerdem von unseren Sprachfähigkeiten ab. Die Erinnerungsfähigkeit hingegen ist weitgehend vom Zufall abhängig. Unser Wille und unser Bewußtsein erwachsen aus dem Gehirn und sind doch unfähig, es zu erforschen. Wenn es nicht gelingt, Erinnerungen abzurufen, dann scheitert das Gehirn am eigenen Widerstand, weil es sich über sich selbst nur in sehr begrenztem Umfang Klarheit verschaffen kann.

Gedächtnis und Unbewußtes

Zu den Erinnerungen, die wiederkehren – wie Svevo schreibt, »mit der Exaktheit eines isolierten Bildes, so klar, so deutlich, als wäre ich dort«[31] –, gehören auch die falschen Erinnerungen, bei denen die psychoanalytische Therapie an ihre Grenzen stößt. Manche Patienten erfinden sogar Erinnerungen und Träume, um ihrem Arzt zu gefallen.[32] Der Patient von Svevo versucht schließlich, sich von der Therapie zu heilen: »Ich vermeide die Träume und die Erinnerungen. Wenn ich ihnen nachgebe, fühlt sich mein armer Kopf an, als trüge ich ihn nicht mehr auf den Schultern.«[33]

Wir sind versucht, das Unbewußte als die Summe all der Erinnerungen zu definieren, die in unserem Gehirn engrammiert sind und die wir nicht willkürlich abrufen können. Sicherlich würden die Verteidiger der Psychoanalyse gegen diese vereinfachende Definition vorbringen, daß Erinnerungen, die einfach durch den Anblick

eines Ereignisses oder Gegenstandes an der nächsten Stra-
ßenecke ins Gedächtnis zurückgerufen werden, nicht dem
Unbewußten angehören können. So unterscheidet Freud
zwischen Wegen, die frei zugänglich bleiben, und solchen, die durch Verdrängung blockiert sind. »Das Unbewußte wird von den erfahrenen Erlebnissen, die aus der
externen Wahrnehmung kommen, erreicht. Alle Wege,
die aus der Wahrnehmung ins Unbewußte führen, bleiben
normalerweise frei. Nur die Wege, die vom Unbewußten
kommen, führen weiter weg und sind einem Widerstand
der Verdrängung unterworfen.«[34]

Freud behauptet, die Vorstellung einer Wahrnehmung
sei in einem anderen Bereich lokalisiert als die Wahrnehmung selbst, und die unbewußte Vorstellung, die aus einer
funktionellen Abänderung resultiere, befinde sich wiederum an einem anderen Ort. Ferner führt Freud den Begriff des Vorbewußten ein: »Die Regungen im Vorraum
des Unbewußten sind dem Blick des Bewußtseins, das
sich ja im anderen Raum befindet, entzogen; sie müssen
zunächst unbewußt bleiben. Wenn sie sich bereits zur
Schwelle vorgedrängt haben und vom Wächter zurückge-
wiesen worden sind, dann sind sie bewußtseinsunfähig;
wir heißen sie verdrängt. Aber auch die Regungen, welche der Wächter über die Schwelle gelassen hat, sind
darum nicht norwendig auch bewußt geworden; sie können es bloß werden, wenn es ihnen gelingt, die Blicke des
Bewußtseins auf sich zu ziehen. Wir heißen darum diesen
zweiten Raum mit gutem Recht das System des Vorbewußten.«[35]

Um die Erinnerungen wiederzufinden, die im Unbewußten vergraben sind, muß man in die Tiefe gehen. Das
Unbewußte besteht aus einer Vielzahl von Erinnerungen.

Wir speichern sie entweder in einer Phase der Kindheit ein, in der wir sie wahrnehmen, ohne sie zu verstehen, oder in späteren Lebensabschnitten. Hemmende Faktoren haben die Spur verwischt, die von unserem Bewußtsein zu der Erinnerung führt. Die Arbeit des Psychoanalytikers besteht nun darin, seine Patienten zum Bau von Brücken zu bewegen, von neuronalen Verbindungen, die ihr gegenwärtiges Bewußtsein mit diesen Erinnerungen verbinden. Freud sagt, man müsse den Kranken »durch Mitteilung seines Wissens von seiner eigenen Unwissenheit befreien … Man kann sich [aber auch] bei den Angehörigen des Kranken nach dessen Erlebnissen erkundigen, und diese werden häufig in der Lage sein, die traumatisch wirksamen unter ihnen zu erkennnen, vielleicht sogar solche Erlebnisse mitzuteilen, von denen der Kranke nichts weiß, weil sie in sehr frühe Jahre seines Lebens gefallen sind.«

Bildung des Unbewußten

Das Unbewußte scheint aus einer Summe von Erinnerungen zu bestehen. Ob während der Kindheit oder später, die Wahrnehmungsinhalte, die das Unbewußte bilden, sind Handlungen, Personen, Dinge, Landschaften, die wir gespeichert und vergessen haben. Das Unbewußte ist also ein Teil unseres Gedächtnisses, wenn wir die Definition akzeptieren, daß alles, was wir von unserer Empfängnis bis zu unserem heutigen Tag erlebt haben, ein Teil unseres Gedächtnisses ist. Wie wird aber nun dieser Zusammenhang unterbrochen, der die Reproduktion, das Wiederauftauchen der Erinnerung, herbeiführen sollte?

Die erste Erklärung lautet, daß wir in unserer frühen Kindheit Wahrnehmungen machen, sie aber nicht zu deuten vermögen. Um sie im Gedächtnis zu speichern, muß man sie nicht verstehen. Werden wir mitten in der Nacht jäh durch einen Schrei aus dem Schlaf gerissen, dann wissen wir im Halbschlaf nicht, woher dieser Schrei kommt oder was er bedeutet. Trotzdem werden wir uns lange an die Angst erinnern, die uns erfaßte, als wir im Dunkeln diese durchdringende Stimme vernahmen und sie nicht zu deuten wußten. Hören wir dagegen den gleichen Schrei am Tage, sehen die Person, die ihn ausstößt, und begreifen seine Bedeutung, so wird er uns weit weniger beeindrucken und sich nicht so fest in unser Gedächtnis graben. Eine äußere Wahrnehmung, die man nicht versteht, kann zu einer erhöhten Affekt- und vor allem Angstbesetzung führen, wodurch sich diese Wahrnehmung unserem Gedächtnis auf Anhieb einprägt. Alles, was ein Kind aufnimmt, lagert sich in seinem Gehirn ein. Wenn es diese Ereignisse nicht interpretieren oder noch nicht einmal identifizieren kann, wie sollen sie ihm später bewußt werden? So liegen die ersten Abschnitte des Seelenlebens im Dunkel der infantilen Amnesie.

Nehmen wir als Beispiel einen kranken Säugling. Er sieht jemanden im weißen Kittel kommen, der seine Mutter fortschickt und ihm gelegentlich weh tut. Handelt es sich um einen einmaligen Vorfall, kann er sich möglicherweise lange Zeit nicht von der Angst vor weißen Kitteln befreien. Wenn er dagegen Tag für Tag feststellt, daß der »Weißkittel« seine Schmerzen lindert und ihn wieder behutsam in sein familiäres Umfeld eingliedert, behält er eine bewußte Erinnerung, die weniger traumatisch ist als im ersten Fall. Häufig wählt Freud als Beispiel den Fall eines Kindes, das seine Eltern beim Geschlechtsakt sieht. Sicherlich muß man nicht weiter ins Detail gehen, um eine Vorstellung davon zu vermitteln, was dieser Akt an Unverständlichem und Beängstigendem für ein Kind enthält. Es speichert die Wahrnehmung in seinem Gedächtnis, aber kann sie sich unter diesen Umständen weder erklären noch zurückrufen. Unsere These lautet, daß alle intensiven Wahrnehmungen, die das Kind erlebt, aber nicht versteht, weil es ihm an Sprache, Erfahrung und Wissen mangelt – das heißt, an strukturierten Netzen, die dem Wiederkennen dienen –, gespeichert werden und zur Bildung des Unbewußten beitragen.

Am 6. Juni 1647 berichtet Descartes in einem Brief an Chanut, er habe immer eine große Schwäche für Frauen mit Silberblick gehabt, was er sich erst habe erklären können, als ihm eingefallen sei, daß er als Kind einmal ein Mädchen geliebt habe, das »ein bißchen schiele«.[36] In der Schrift *Leidenschaften der Seele* spricht er von der Aversion mancher Menschen gegen Rosen oder Katzen, die daher rühre, daß sie in frühen Jahren »durch dergleichen Dinge verletzt worden sind … Und der Rosenduft kann so starke Kopfschmerzen bei einem Kind verursachen, als es noch in der Wiege lag, oder auch eine Katze kann es sehr erschreckt haben, ohne daß jemand darauf geachtet hätte oder daß es selbst noch irgendwie Erinnerung hätte. Dennoch bleibt die Idee der Aversion, die es dann für jede Rose hatte oder gegenüber jener Katze, in seinem Hirn bis zum Ende seines Lebens eingeprägt.«[37]

Die zweite Art der unbewußten Gedächtnisspeicherung kommt beim älteren Kind oder beim Erwachsenen vor. Manche Wahrnehmungen sind so beängstigend, so schrecklich, daß eine Ausschüttung von neurotoxischen

Stoffen oder von Neurotransmittern im Übermaß statt-findet, die die Erinnerung blockieren. Handelt es sich um einen hemmenden Wirkstoff, der die Gedächtnisspeiche-rung verhindert, oder um einen Fortfall von Synapsen, der es unmöglich macht, die Erinnerung wiederzufinden, obwohl sie ins Gedächtnis aufgenommen wurde? Zwei-fellos ist beides möglich, was erklärt, warum manche Menschen ihre Erinnerungen niemals wiederfinden, wäh-rend andere durch eine Psychoanalyse oder eine Therapie wieder in ihren Besitz gelangen.

Möglicherweise wird die traumatische Wahrnehmung auch in ein falsches Neuronennetz geleitet, in ein anderes als das, für das sie bestimmt wäre, wenn sie nicht diesen besonderen Charakter hätte. Dann wäre die Verdrängung eine falsche Weichenstellung, die Fehlleitung in einen Be-reich, in dem die Wahrnehmung nichts zu suchen hat und in dem sie ohne Hilfe nicht gefunden werden kann. Doch das hindert die fehlgeleitete Erinnerung nicht daran, sich zu organisieren, Verbindungen herzustellen und so auf be-nachbarte Netze einzuwirken. Folglich müßte man ihre Spur in dem Gedächtnismodul wiederfinden, wo die Ver-drängung sie fälschlicherweise untergebracht hat.

Wiederkehr der unbewußten Erinnerung ins Bewußtsein

Freud schreibt, »daß man die Aufgabe der psychoanalyti-schen Behandlung in die Formel fassen kann, alles patho-gene Unbewußte in Bewußtes umzusetzen, … alle Erin-nerungslücken des Kranken auszufüllen, seine Amnesien aufzuheben«.[38] Wenn man einem Patienten ein Ereignis schildert, das er verdrängt hat, ändert das zunächst nichts an seinem psychischen Zustand. Dadurch, daß die zuvor unbewußte Vorstellung nun bewußt geworden ist, sind die Verdrängung und ihre Auswirkungen noch nicht beseitigt, wie man vielleicht annehmen könnte. Ganz im Gegenteil erfolgt zunächst eine erneute Verweigerung. Doch jetzt hat der Patient die Vorstellung doppelt und an verschiedenen Stellen seines psychischen Apparates gespeichert. Über die bewußte Erinnerung verfügt er durch die akustische Spur der Vorstellung, die ihm mitgeteilt wurde. Neben dieser Erinnerung besitzt er an einem zweiten Ort, aber in der alten Form, die unbewußte Erinnerung an das Ereignis, das er erlebt hat. Tatsächlich erfolgt die Aufhebung der Verdrängung erst, wenn die bewußte Vorstellung mit den unbewußten Gedächtnisspuren in Verbindung getreten ist.

Einfluß des Unbewußten auf unser Leben

Wie können diese unbewußten Erinnerungen unsere aktuellen Verhaltensweisen beeinflussen? Wenn wir die Hypothese akzeptieren, nach der unser Unbewußtes aus Wahrnehmungen besteht, die starke, eindrückliche Konnotationen besitzen und nicht identifiziert worden sind, weil sie zu früh in der Kindheit stattgefunden haben oder mit negativen Gefühlen verbunden sind, dann müßte das Unbewußte mit Empfindungen angefüllt sein.

In manchen Fällen gelingt es uns durch eine Gedächtnisanstrengung, der Erinnerung an das Ereignis habhaft zu werden, das dieser Empfindung zugrunde lag, als das Ereignis gedeutet wurde. Doch wenn es vergessen oder nicht interpretiert worden ist, bleibt nur die Empfindung übrig. Dann wäre der Ausdruck des Unbewußten der Einbruch dieser nicht identifizierten Empfindungserinnerungen in unser Leben. Wenn wir bedenken, daß diese nicht interpretierten Ereignisse häufig beängstigend oder erschreckend sind, leuchtet es ein, daß sie Blockaden oder Neurosen hervorrufen können. Eine Erinnerung, die man nicht abrufen kann, ist eine Empfindungserinnerung, die man erlebt, ohne sie zu identifizieren und ohne die Vorstellung zu finden, die ihr zugrunde liegt. Das Unbehagen, das sie schafft, ist wie ein nicht diagnostizierter psychischer Tumor.

[KAPITEL 7] Gedächtnisstörungen

»Was würde aus uns ohne das Gedächtnis? Wir vergäßen unsere Freundschaften, unsere Lieben, unsere Lust, unsere Geschäfte. Das Genie könnte seine Einfälle nicht mehr sammeln, das liebevollste Herz verlöre seine Zärtlichkeit, wenn es sich nicht mehr erinnern könnte. Unser Dasein reduzierte sich auf die Abfolge von Augenblicken einer Gegenwart, die unaufhaltsam verstriche. Es gäbe keine Vergangenheit mehr für uns Unglückliche! Unser Leben ist so vergeblich, daß es nur ein Reflex unseres Gedächtnisses ist.«[1] Chateaubriand versteht das Erinnern als elementares Bedürfnis des Menschen.

Samuel Butler stimmt ihm zu: »Leben, das heißt, weiter zu denken und sich zu erinnern, daß man es getan hat.«[2] Ohne Denken kein Gedächtnis, ohne Gedächtnis kein Denken – weder bewußtes noch unbewußtes. Das Gedächtnis ist der Körper des Denkens, und über das Gedächtnis sind Körper und Geist verbunden.

Das Gedächtnis ist so unauflöslich mit der Persönlichkeit verknüpft, daß Gedächtnisstörungen häufig zu einer Demenz führen. »Dabei handelt es sich um eine Veränderung des Kurz- und Mittelzeitgedächtnisses, die zu Schwierigkeiten bei der Wiederherstellung gerade erhaltener Informationen führt, verbunden mit dem Vergessen älterer Erinnerungen, Veränderungen des abstrakten Denkens, des Urteils und höherer Funktionen. Demenz ohne Gedächtnisstörung gibt es nicht. Bei Patienten mit schweren Gedächtnisstörungen besteht das erhöhte Risiko eines dementiellen Syndroms.«[3]

Die Amnesie ist ein *literarisches Thema*, das vor allem im Kriminalroman eine wichtige Rolle spielt. In einem Vorläufer der Gattung macht Wilkie Collins in *Der Mondstein* die Lösung des Plots von der Gedächtnislücke eines Arztes abhängig, der einen heftigen Schlag auf den Kopf erhalten hat.

In dem Kriminalroman *Das Gesicht eines Fremden*[4] erzählt Anne Perry die Geschichte eines Detektivs, der nach einem gewalttätigen Angriff das Gedächtnis verloren hat und sich auf die Suche nach sich selbst begibt. In diesem Roman triumphiert am Ende die Amnesie. Zwar gelingt es dem Helden, von außen und durch Zeugen in Erfahrung zu bringen, wer er war, aber er vermag innerlich die verlorenen und zerstörten Jahre nicht wiederherzustellen. Die Bücher zeitgenössischer Autoren zeigen, welche Faszination von diesem großen Thema ausgeht: Das Gedächtnis zu verlieren bedeutet zu sterben.[5] Dieser Faszination können sich auch die Comics nicht entziehen. In dem Lucky-Luke-Band *Gedächtnisschwund* (Nr. 63) simulieren die Dalton-Brüder eine Amnesie, um freizukommen. Sie werden verschiedenen Tests unterzogen, die sie zunächst mit Glanz und Gloria bestehen; sie weigern sich, Banken, Postkutschen oder Züge zu überfallen. Einer von ihnen hat nach einem Schlag auf den Kopf tatsächlich das Gedächtnis verloren. Er verrät seine Brüder, indem er mechanisch einen Text aufsagt, den ihm Lucky Luke gegeben hat. Übrigens hat auch ihr Hund nach einem Schock das Gedächtnis ver-

loren und hält sich für eine Katze. Durch einen zweiten
Schock wird er geheilt.

In *Siegfried oder Die zwei Leben des Jacques Forrestier*
steht Giraudoux unter dem Einfluß verschiedener Faktoren – der eigenen Phantasien über Depersonalisierung
und Jungfräulichkeit, von Amnesien durch Kriegserleb-
nisse, kurzen amnestischen Episoden, die sein Bruder nach
Bombenangriffen erlebte.[6] Siegfried ist nackt und dem
Tode nah auf dem Schlachtfeld gefunden worden. Nach
zwei Monaten Bewußtlosigkeit erwachte er ohne Gedächtnis. Er mußte wieder lernen zu essen, zu trinken,
deutsch zu sprechen. Nachdem er als Franzose identifiziert wird, muß ihn sein Freund erst wieder in die eigene
Kultur einführen. In den literarischen Werken kommt
das große Problem der Amnesie deutlich zum Ausdruck:
die eigene Vergangenheit wiederlernen, nicht nur von außen,
durch Erklärungen und Informationen anderer, sondern
auch von innen. In einigen Romanen geschieht das
schubweise, in anderen mit einem Mal. Ganz offenkundig wird zwischen willkürlichem Gedächtnis in Form
von äußeren Fakten und unwillkürlichem Gedächtnis, der langsamen Wiederentdeckung von innen, unterschieden.

Die Amnesie läßt das Ich verschwinden. In *Die Gasse
der dunklen Läden* beschreibt Patrick Modiano einen Menschen, der von einer plötzlichen Amnesie befallen ist und
im Nebel herumirrt. Nachdem er im Personenstandsregi-
ster eine neue bürgerliche Existenz erhalten hat, versucht
er, seine Vergangenheit wiederzufinden. »Ich hatte den
unangenehmen Eindruck, mein Leben schon einmal gesehen zu haben, und war nur noch ein Gespenst, das in
der lauen Luft eines Samstagabends schwebte.« Schließlich

fallen ihm verschwommene Bruchstücke ein, die aber keine Gewißheit bringen, so daß er sich in bezug auf sein Leben fragt: »Ist es wirklich das meine? Oder das eines anderen, in das ich mich eingeschlichen habe?«

Es scheint paradox, von Gedächtnisstörungen zu sprechen, wie man von Funktionsstörungen der Leber oder der Niere spricht. Für letztere gibt es schließlich Normalitätskriterien. Durch biologische Tests läßt sich feststellen, ob die Funktionen dieser Organe normal oder krankhaft verändert sind. Doch beim Gedächtnis gibt es keine biologischen Kriterien, an die man sich halten kann. Zwar lassen sich die Gedächtnisleistungen durch psychometrische Tests beurteilen, aber die Ergebnisse sind doch nur Näherungswerte und erfassen nur bestimmte Aspekte der Funktionen, auf denen die Gesamtpersönlichkeit des Menschen beruht.

Die Krankheiten des Gedächtnisses lassen sich in zwei große Gruppen unterteilen. Zur ersten gehören die Störungen, deren organische Ursachen durch bildgebende Verfahren oder histopathologische Techniken nachgewiesen worden sind, zur zweiten diejenigen, bei denen wir bis heute nicht mehr als die Symptome kennen.

In den letzten Jahrzehnten gelang es, diese Gedächtniskrankheiten besser zu katalogisieren, weil sich neue Entwicklungen ergaben – Beobachtung mit Hilfe statischer und dynamischer bildgebender Verfahren. Wenn es die Aufgabe des Gedächtnisses ist, eine Wahrnehmung zu engrammieren, zu speichern und abzurufen, äußert sich die Beeinträchtigung einer dieser drei Funktionen als eine Störung, die man als *Amnesie* bezeichnet. Hier sollen die Beeinträchtigungen ausgeklammert bleiben, die den Ursprung aller Erinnerungen, die Wahrnehmung, betreffen.

Daher reden wir nicht über *Aphasien**, *Agnosie**, *Akalulie**, *Alexie** oder andere Störungen des Körperschemas wie die Verwechslung von rechts und links. Im letzteren Fall handelt es sich um Ausfälle, bei denen sich zu solchen des Wiedererkennens, also Gedächtnisausfällen, zusätzlich Beeinträchtigungen der Sinnesempfindung selbst gesellen. Wir beschäftigen uns nur mit den Erkrankungen, bei denen die Wahrnehmung intakt und nur das Gedächtnis beeinträchtigt ist.

Die wichtigste unter ihnen – betrachtet man die Forschung und den Kenntnisstand – ist die Alzheimer-Krankheit.

Eine Alzheimer-Patientin

D. T. wurde 1916 geboren, heiratete einen Handwerker und zog als Hausfrau drei Kinder auf. Als sie sechzig war, starb ihr Mann. Nach seinem Tod führte sie ihr Leben fort wie bisher, kümmerte sich um Haus und Garten und bekam fast täglich Besuch von ihren beiden Enkelkindern, die mit ihren Eltern in der Nachbarschaft lebten. Im September 1989, im Alter von 73 Jahren, befand sie sich auf einer Reise im Elsaß, als die Mitglieder ihrer Reisegesellschaft kleinere Auffälligkeiten in ihrem Verhalten bemerkten. Sie vergaß, wo sie ihre Sachen im Hotel verstaut hatte, verlor ungewöhnlich viele Dinge, vergaß Telefonnummern, die sie auswendig gekannt hatte. Seit Jahren führte sie fast täglich ein Tagebuch, eine Gewohnheit, die sie nach der Rückkehr von dieser Reise nie wieder aufnahm.

Im Jahr darauf zeigte sie Anzeichen von Niedergeschlagenheit und eine erhöhte Empfindlichkeit für Verhaltensweisen oder Äußerungen anderer, die sie emotional verletzten. Nichtige Anlässe stürzten sie in einen depressiven Zustand, der mehrere Tage anhielt, auch wenn sie die Äußerung oder das Ereignis schon längst vergessen hatte. Stets hatte sie ihr Haus sehr ordentlich gehalten, nun häufte sich die ungebügelte Wäsche in den Ecken. Schmutzige Wäsche hängte sie zum Trocknen auf oder bügelte sie. Ihr Zustand verschlechterte sich zusehends, ohne daß ihr der Ernst der Situation klar wurde. Wenn ihre Kinder sie in den Zug setzten und die Mitreisenden baten, ihr zu helfen, obwohl sie am Bestimmungsort abgeholt wurde, machte sie sich über diese Besorgnis lustig.

1991, etwa zwei Jahre nach dem Auftreten der ersten Krankheitsanzeichen, verwechselte sie die Dessertteller mit anderen Tellern, deckte Eßlöffel zum Kaffee auf und schien ganz allgemein das Gespür für Größenverhältnisse zu verlieren. Mehrmals am Tag rief sie dieselbe Person an, weil sie vergaß, daß sie kurz zuvor mit ihr telefoniert hatte, und dann wußte sie nicht mehr, was sie hatte sagen wollen. Zu dieser Zeit begann sie auch, sich in ihrem Viertel zu verlaufen, sie fand nicht mehr zurück zu dem Haus, in dem sie seit vierzig Jahren wohnte. Sprach man sie auf Orientierungsschwierigkeiten an, erwiderte sie, das habe »keine Bedeutung«, man solle sich »darum keine Sorgen machen«. In dieser Phase erinnerte sie sich noch gut an frühere Ereignisse, wobei sie manchmal auf Analogieschlüsse auswich – sie vergaß ihr Geburtsdatum, antwortete aber zutreffend: »Ich bin im selben Jahr wie François Mitterrand geboren.«

Auch im Haus fand sie sich nicht mehr zurecht. Wenn sie in ihr Zimmer zurückkehren wollte, verlief sie sich.

Eines Tages sagte sie zu ihrer Tochter: »Schau mal, wie merkwürdig, ich habe dieselbe Tischdecke zu Hause.« Woraufhin diese erwiderte: »Aber du bist bei dir zu Hause!« Das machte ihre Mutter zornig: »Aber nein, ich bin doch nicht zu Hause!« Daraufhin kam sie in eine Tagesklinik, wo sie an einem Gedächtnistraining teilnahm. Das führte ihr vor Augen, wie ernst ihr Zustand war und daß sich ihre Verfassung im Laufe der Wochen ständig verschlechterte. Daraufhin wurde sie noch depressiver.

Nachdem sie in ein Heim gekommen war, blieb ihr Zustand ein Jahr lang stabil. Noch immer konnte sie sich an Ereignisse aus der Vergangenheit erinnern, verfügte aber nicht mehr über ihren Kontext. Als sie eine Venenentzündung im Bein bekam, die sie zu einer dreiwöchigen Bettruhe zwang, glitt sie in eine vollkommene Demenz ab, als hätte dieses Ereignis ihre letzten Stützen, die letzte Verankerung in der Wirklichkeit beseitigt. Von nun an war sie außerstande, zusammenhängend zu sprechen und ihre nächsten Angehörigen zu erkennen. Ihre Äußerungen ergaben keinen Sinn mehr, obwohl sie noch Satzmelodien von Fragen, Bejahungen oder auch Nachahmungen zustande brachte. Gelegentlich äußerte sie einen wohlgeformten Satz, der eine völlig angemessene Antwort auf eine Frage darstellte. Als die Tocher sie bei einem Besuch fragte, ob sie gut geschlafen habe, antwortete sie in Anspielung auf ihre geschwätzigen Bettnachbarinnen: »Glaubst du, daß ich bei diesen Klatschbasen schlafen kann?« Ein Ausdruck, den sie in der Vergangenheit oft verwendet hatte und den sie hier richtig benutzte, obwohl sie während der übrigen Zeit nur zusammenhanglose Wörter äußerte. Zwei Jahre später erfuhr sie vom Tod ihres Sohnes, scheinbar ohne jede Gefühlsregung. Doch von diesem

Zeitpunkt an sprach und rührte sie sich nicht mehr bis zum Zeitpunkt ihres eigenen Todes, der kurz darauf eintrat.

Dieser Fall zeigt, wie unverzichtbar das Gedächtnis als Fundament einer normalen Persönlichkeit ist. Bei der Alzheimer-Demenz werden zwar auch die kognitiven Fähigkeiten beeinträchtigt, aber von der fortschreitenden Zerstörung betroffen sind vor allem die Gedächtnisfähigkeiten – ein Vorgang, der über kurz oder lang zu diesem Zustand der Demenz und zum Tode führt. Erstmals 1907 von Alois Alzheimer als eine Art präsenile Demenz beschrieben, ist die Erkrankung heute zur häufigsten Form der Demenz geworden. Da ihre Häufigkeit mit dem Lebensalter zunimmt und da die Lebenserwartung der Bevölkerung ständig anwächst, kann es nicht verwundern, daß die Krankheit immer häufiger diagnostiziert wird.

Zwar wird der Krankheitsverlauf inzwischen in verschiedene Stadien unterteilt, doch läßt er sich von der vorläufigen Diagnose bis zum tatsächlichen Ausbruch und bis zum letzten Stadium nur sehr schwer exakt beschreiben. Der Beginn ist häufig schleichend und wird nicht selten den altersüblichen Gedächtnisbeeinträchtigungen zugeschrieben. Tatsächlich ist es nicht ungewöhnlich, daß jemand zwei oder dreimal dieselbe Geschichte wiederholt oder mehrfach dieselbe Frage stellt, aber die Wiederholung und Häufigkeit solcher Ausfälle kann zu denken geben. Über kurz oder lang zeichnet sich die Grenze ab zwischen dem, was als normal anzusehen ist, und dem, was mit Gewißheit krankhaft ist. Seine Telefonnummer oder Kreditkartennummer zu vergessen, kann durchaus im Rahmen des »normalen« Vergessens liegen. Doch wer sich nicht mehr an den Namen der Straße erinnert, in der er wohnt, wer den Vornamen seiner Frau nicht mehr weiß, seinen Sohn oder seine Tochter nicht mehr erkennt, der ist mit Sicherheit erkrankt. Anfangs sind sich die Betroffenen der Krankheit mehr oder minder bewußt und versuchen, sie durch Umschreibungen oder reine Erfindungen zu kaschieren. Wenn sich die Kranken der Störungen und ihres Ausmaßes bewußt werden, erfaßt sie häufig heftige Angst und tiefe Depression. Mit fortschreitender Krankheit weiß der Patient nicht mehr, wozu die Dinge des täglichen Gebrauchs dienen, er vergißt, wer er ist und was er tut.

In einem ergreifenden Buch[7] hat Martin Suter das Fortschreiten dieser Krankheit beschrieben. Alles beginnt damit, daß sich sein Protagonist Konrad auf dem Rückweg vom Supermarkt verläuft, der 100 Meter vom Haus seiner Freundin entfernt liegt. Dann möchte er sie überraschen und kauft alles, was man für ein Fondue braucht. »Zu Hause sah er, daß Rosemarie dieselbe Idee gehabt hatte: Im Kühlschrank stand eine Tüte Fonduemischung vom selben Geschäft neben einer Flasche Weißwein vom selben Rebberg. Auf dem Küchenbüffet lag ein Halbweißbrot vom selben Bäcker.«[8] Aber sie hatte die Sachen nicht gekauft. Um seine Probleme zu verheimlichen, greift Konrad zu den gleichen Hilfsmitteln wie viele Alzheimer-Patienten: »Er skizzierte einen Lageplan des Hauses und der Geschäfte, in denen er normalerweise einkaufte.« Später erkennt er nicht einmal seine Freundin mehr. »Es war schön, daß ich mal mit jemandem so offen reden konnte. Mit Rosemarie kann ich das nie.« Sie erwidert: »Aber ich bin doch Rosemarie.« Mit der Geschicklichkeit, die viele seiner Leidensgenossen an den Tag legen, um ihre Krankheit, zumindest anfänglich, zu kaschieren, erwidert er: »Reingefallen!«

Bei dieser Krankheit bleiben die Wahrnehmungsfunktionen praktisch bis zuletzt unbeeinträchtigt, und auch wenn am Ende häufig Sprach- und Mobilitätsstörungen auftreten, so bleibt doch die Gedächtnisbeeinträchtigung das Hauptmerkmal der Krankheit.

Ohne im einzelnen auf die zerebralen Läsionen einzugehen, die die Gehirne verstorbener Alzheimer-Patienten unter dem Mikroskop zeigen, wollen wir uns auf die wesentlichen Befunde dieser Krankheit beschränken. Die Anomalien sind vorwiegend in den anatomischen Gebieten der Gedächtnisverbindungen gelegen, in Hippokampus, Mandelkern und Zwischenhirn. Diese Strukturen sind unabdingbar für die Funktionen des Langzeitgedächtnisses und haben auch große Bedeutung für das emotionale Leben des Menschen. Noch interessanter ist die Feststellung, daß sich die unter dem Mikroskop erkennbaren Narben dieser Krankheit entgegengesetzt zu der Richtung ausbreiten, in der die Myelinisierung dieser Region des Nervensystems während der Entwicklung des Individuums verläuft. Sehr vereinfachend läßt sich feststellen, das die *Myelinisierung** des Nervensystems seine Reifung und Funktionsfähigkeit belegt. Da die Funktionen des menschlichen Nervensystems äußerst komplex* sind, myelinisiert es im Vergleich zu dem einfacherer und primitiverer Tierarten länger und später. Die histopathologischen Spuren der Alzheimer-Krankheit breiten sich entlang den Assoziationsarealen des Riechhirns, des limbischen Systems und der Großhirnrinde aus, und zwar in umgekehrter Reihenfolge zur Reifung des Gehirns in der Kindheit des Individuums.

Neben den anatomischen Schäden, die sich unter dem Mikroskop zeigen, läßt sich bei der Alzheimer-Krankheit auch eine erhebliche Veränderungen in der Konzentration der Neurotransmitter feststellen. Durch die Alzheimer-Krankheit werden die Neuronen der an der Schädelbasis gelegenen Kerne, die am Gedächtnis und affektiven Leben beteiligt sind und deren Neurotransmitter das Acetylcholin ist, erheblich geschädigt.

Häufig ist behauptet worden, die Krankheit entspreche einer Atrophie, das heißt einem allgemeinen Schwund des Gehirns. In Wirklichkeit aber sind oft die Gehirne von Patienten, die an der Alzheimer-Krankheit verstorben sind, nach Gewicht und Volumen fast normal im Vergleich zu den Gehirnen von gleichaltrigen und gesunden Menschen. Die Läsionen sind oft auf die Assoziationsfasern beschränkt, die die Wahrnehmungsareale mit den Arealen der Gedächtnisspeicherung, der Affektivität und vor allem des Handelns verbinden. In einem platten und reichlich schiefen Bild könnte man sagen, daß der Transmissionsriemen beschädigt ist. Manchmal werden Regionen, die von dieser Krankheit befallen sind, durch andere Leiden oder durch Unfälle noch stärker in Mitleidenschaft gezogen, ohne daß so schwerwiegende Gedächtnisstörungen auftreten wie bei Alzheimer-Patienten. Bei dieser Krankheit wird stets das limbische System blockiert, was zweifellos die Reizung anderer Areale und ihre Kommunikation untereinander behindert; so erklären sich die beobachteten Krankheitszeichen. In einem Krieg bedeutet die Zerstörung einer Anzahl von Städten nicht unbedingt die Niederlage des betreffenden Landes, wohl aber den Zusammenbruch seines Nachrichtenwesens.

Alzheimer und ergänzende Untersuchungen

Da die Krankheit schleichend einsetzt und progressiv verläuft, läßt sich die Diagnose bei den ersten Symptomen nur schwer stellen. Welche Faktoren können im Zuge der Krankheitsentwicklung als Anhaltspunkte dienen?

Nur selten geht jemand, der an Alzheimer erkrankt, freiwillig zum Arzt. Im allgemeinen leiden Patienten, die von sich aus ärztliche Hilfe suchen, unter gutartigen, altersbedingten Beeinträchtigungen der Gedächtnisfähigkeit. Ein Mensch, der wirklich Alzheimer hat, wird meist von nahen Verwandten zum Arzt geschickt oder gebracht. Es ist, als ob sich der Kranke nicht über die Beeinträchtigung im klaren wäre oder als ob er, die Diagnose ahnend und fürchtend, die Realität seiner Störungen nicht wahrhaben wollte.

Die Diagnose wird mit Hilfe der Symptombeschreibung und einer psychologischen Testbatterie gestellt. Einige weitere Untersuchungen, die wir neuesten Entwicklungen der Forschung und Technik verdanken, können gleichfalls helfen, zwischen Menschen zu unterscheiden, die einfach unter altersbedingter Beeinträchtigung der Gedächtnisleistung leiden, und Patienten, die an Alzheimer erkrankt sind. Die Kernspintomographie zeigt im Krankheitsfall eine Volumenverringerung des Hippokampus oder der gesamten Region von Mandelkern und Hippokampus, verbunden mit einem Leistungsabfall in verbalen und nonverbalen Gedächtnistests.[9] Die Magnetresonanz-Spektroskopie belegt einen Konzentrationsrückgang des N-Acetylaspartats und der PET-Scan eine Unterfunktion verschiedener Regionen im Gehirn.[10] Mit der gleichen Technik läßt sich bei Alzheimer-Patienten eine Minderung des Blutflusses in anderen Regionen nachweisen, begleitet von schwachen Ergebnissen in Tests zum semantischen Gedächtnis.[11]

Wenn in den psychometrischen Tests eine Gedächtnisstörung, in der Kernspintomographie eine Volumenverminderung des Hippokampus und im PET-Scan ein reduzierter Blutfluß der am Gedächtnis beteiligten Gehirnregionen erkennbar werden, dann läßt sich eine ziemlich genaue Diagnose stellen.

Man kann diese Krankheit nicht heilen. Aber eine frühzeitige Behandlung auf der Grundlage eines Gedächtnistrainings und verschiedener anderer Aktivitäten bringt Verbesserungen und verzögert die Krankheitsentwicklung.[12]

Schädelverletzungen und Gedächtnis

Eine andere Form von Gedächtniskrankheiten tritt in der Folge von Schädelverletzungen auf. Ein Unfall, in dessen Verlauf der Schädel einen heftigen Schlag erhält, kann in höchst unterschiedlichen Abstufungen auftreten: von dem Reiter, der vom Pferd fällt, einige Minuten betäubt liegenbleibt und sich dann ohne erkennbare Folgen erhebt, bis zum Motorradfahrer, der mit 180 Stundenkilometer gegen eine Mauer prallt und wochenlang im Koma liegt, bevor er, wenn er Glück hat und richtig behandelt wird, wieder zu einem erträglichen Bewußtseinszustand erwacht. Im weiteren Verlauf dieser beiden Traumata können die Gedächtnisstörungen sehr unterschiedlich ausfallen. Nicht immer entsprechen sie der Heftigkeit des Aufpralls oder der Dauer der Bewußtlosigkeit oder des Komas.

Die Schädigungen, die in der Kernspintomographie sichtbar oder histopathologisch an den Gehirnen tödlich Verunglückter festzustellen sind, befinden sich vor allem in den Scheitellappen, wo Assoziationsfelder zwischen den Alltagserlebnissen und dem Gedächtnis liegen. Oft treten auch Schädigungen im vorderen Teil der Schläfenlappen, in Höhe des Hippokampus, auf, der wesentlich an der Umwandlung von Wahrnehmungen in Inhalte des Langzeitgedächtnisses beteiligt ist. Hinzu kommen häufig Schädigungen im Bereich der Schädelbasis, also in der Region der Emotionalität. Es ist kein Zufall, daß die Läsionen in diesem Bereich auftreten. Bei einem Schädeltrauma sind zwei Phänomene für die ursprünglichen Verletzungen verantwortlich, der direkte Aufprall und die Bremswirkung. Der direkte Aufprall geht auf die ursprüngliche Krafteinwirkung zurück, meist im vorderen Schädelbereich; besonders gefährdet sind dabei die Gehirnstrukturen, die den Vorderteil des Gehirns bilden. Die Bremswirkung bewirkt eine innere Erschütterung, die in die Tiefe wirkt und die mittleren Strukturen des Basalhirns verletzt.

Bei Schädelverletzungen treten Gedächtnisstörungen auf, die sich in drei große Gruppen unterteilen lassen: eine vollständige und endgültige Amnesie für den Augenblick des Unfalls selbst, erhebliche Probleme oder gar die Unmöglichkeit, nach dem Unfall Erinnerungen zu speichern, und mehr oder minder große Lücken im biographischen Gedächtnis, das heißt in den Erinnerungen an wichtige Ereignisse vor dem Unfall.

Die Amnesie für den Unfall selbst und die Augenblicke, die ihm vorausgegangen sind, tritt bei schweren Schädelverletzungen fast immer auf. Der zweiundzwanzigjährige Jacques verunglückt nach einem Diskothekenbesuch. Die drei Mitfahrer bleiben unverletzt, doch Jacques, der am Steuer saß, trägt eine Schädelverletzung und einen Beinbruch davon. Nach drei Wochen im Koma kommt er wieder zu Bewußtsein. Seit diesem Unfall erinnert er sich noch daran, daß er seinen Freunden die Tür geöffnet hat, als sie zum Essen eintrafen, anschließend ist seine Erinnerung, wie er sagt, ein schwarzes Loch bis zu dem Augenblick einen Monat später, da er in der Rehaklinik erwachte. Die Diskothekenbesuche, die Tatsache, daß er am Steuer saß, der Unfall selbst – all diese Ereignisse haben keine Spur in seinem Gedächtnis hinterlassen.

Diese Amnesie ist so häufig, daß man sie fast als den Normalfall bezeichnen kann, daher hat es es auch überhaupt keinen Zweck, den Leibwächter von Lady Diana zu fragen, was im Augenblick des Unfalls passiert ist – er wird sich nie daran erinnern. Verantwortlich für dieses Phänomen ist zweifellos ein Protein, das Glutamat, das bei diesen Verletzungen in solchem Übermaß ausgeschüttet wird, daß es in seiner Wirkung toxisch wird und den Tod von Neuronen verursacht. Dadurch wird die Gedächtnisspeicherung von Ereignissen verhindert, die kurz vor oder während des Unfalls stattgefunden haben und die sich im Kurzzeitgedächtnis befanden. Sicherlich verdankte Montaigne es eher seiner schriftstellerischen Phantasie als einer echten Erinnerung, daß er sich die Schädelverletzung und das Koma vergegenwärtigen konnte, die er erlitten hatte, als er vom Pferd gestürzt war. Die Erinnerung daran war ihm so deutlich geblieben, daß er »seinen Frieden« mit dem Tod gemacht hatte, als hätte er ihn wirklich erlebt. Er investierte viel Zeit, um sich an den Unfall selbst zu erinnern. Als er am folgenden Tag aus einer sanften Lethargie erwachte, hatte er den Eindruck, daß »ein Blitz meine Seele mit einer heftigen Erschütterung träfe und mich in die andere Welt zurückbrächte«.[13]

Ein zweites Symptom, das nach Schädelverletzungen mehr oder minder häufig beobachtet wird, ist die Unfähigkeit, neue Erinnerungen anzulegen.

Sophie, 27 Jahre alt, verheiratet und Mutter eines Kindes, arbeitet in einer Immobilienfirma. Auf einem Ausritt mit ihrem Mann scheut ihr Pferd und wirft seine Reiterin ab. Sie erleidet ein leichtes Schädeltrauma und kann nach einer kurzen Ohnmacht von einigen Minuten wieder aufstehen und nach Hause fahren. Von diesem Zeitpunkt an, so sagt sie, sei ihr Leben zerbrochen. Sie kann sich nicht erinnern, was sie vor wenigen Augenblicken getan hat, sie weiß nicht, ob sie das Kind gefüttert hat, und vernachlässigt die Besorgungen, die sie für den Haushalt machen muß. Unfähig, ihren Beruf weiterhin auszuüben, erklärt sie, »sie erkenne sich nicht mehr«. Wiederholt hat man ihr Gehirn mit bildgebenden Verfahren aufgenommen, doch keine Anomalien entdeckt. Ihre Erinnerung an die Ereignisse, die dem Unfall vorangingen, ist unbeeinträchtigt, aber sie ist außerstande, die Wahrnehmungen des alltäglichen Lebens in ihrem Langzeitgedächtnis zu speichern. Das beeinträchtigt sie sehr und ruft ein schweres depressives Syndrom hervor. Die Unfähigkeit, nach einem Schädel-Hirn-Trauma neue Erinnerungen zu engrammieren, geht sicherlich auf Schädigungen des Hippokampus zurück, der die Funktion hat, jüngere Wahrnehmungen zu fixieren. Im Normalfall nehmen diese Verletzten wahr, was um sie herum vorgeht, sind aber unfähig, sich eine Stunde später daran zu erinnern. Durch Rehabilitationstechniken versucht man, ihre Behinderung zu mildern.

[214]

Manchmal gelingt es, ihre Leistungsfähigkeit so weit zu verbessern, daß sie wieder ein aktives Berufsleben aufnehmen können.

Das Schädel-Hirn-Trauma kann aber auch empfindliche Lücken in der Erinnerung an die Zeit vor dem Unfall verursachen. J. ist ein junger Mann von fünfundzwanzig Jahren, der unter psychiatrischen Verhaltensstörungen leidet, die ihn in seinem beruflichen und privaten Leben außerordentlich destabilisieren. Eines Abends, als er erhebliche Mengen Barbiturat und Alkohol zu sich genommen hat, stürzt er sich aus einem Fenster in der dritten Etage. Mit einer schweren Schädelverletzung und in tiefem Koma kommt er ins Krankenhaus. Computertomographie und Kernspintomographie zeigen zunächst eine beidseitige Quetschung im Bereich der Stirnlappen, dann eine sekundäre *Nekrose** im Mittelteil des linken Schläfenlappens. Als J. aus dem Koma erwacht, ist sein Zustand ruhiger und stabiler als vor der Verletzung. Aber ihm fehlt die Willenskraft, die Verrichtungen des täglichen Lebens vorzunehmen. Wird er nach seiner Vergangenheit befragt, erinnert er sich an seine Kindheit und die Schulzeit, kann aber nicht angeben, was er zwischen dem Ende der Schulzeit und seinem Selbstmordversuch getan hat. Die verschiedenen Praktika und Versuche, einen Beruf zu erlernen, hat er vollkommen vergessen. Auch an seinen Fenstersturz hat er nicht mehr die geringste Erinnerung. Dieser Fall spricht für die Hypothese, daß einige Strukturen des Schläfenlappens Erinnerungen speichern, die jünger sind als Kindheitserinnerungen. Diese werden offenbar in anderen Regionen der Großhirnrinde engrammiert, in Regionen, die ältere Erinnerungen aufbewahren.

Computertomographie und Kernspintomographie sind

unentbehrlich für die Diagnose der traumatischen Schädigungen in der akuten Phase und für die Entscheidung über die Therapie und die Nachbeobachtung. Enttäuschend haben sich diese beiden Techniken allerdings bei dem Versuch erwiesen, einen Zusammenhang zwischen Gedächtnisstörungen und kognitiven Beeinträchtigungen in späteren Phasen herzustellen. Das liegt daran, daß die traumatischen Schäden diffuse Läsionen der *Axonen** sind, die zur Folge haben, daß wichtige Schaltkreise des Gedächtnisses unterbrochen werden. Diese Schädigungen sind zu klein, um von den üblichen bildgebenden Verfahren erfaßt zu werden. Nur schwerwiegende Schädigungen einer globalen oder lokalisierten Atrophie lassen sich mit neuropsychologischen Folgeerscheinungen korrelieren.

Die Hauptbeeinträchtigungen treten in den *frontotemporalen* Regionen und in der Tiefe des Gehirns auf, und zwar parallel zu Störungen in Gedächtnis-, Aufmerksamkeits- und Wahrnehmungstests.[14]

Noch schwerer lassen sich die Folgen der diffusen Axonenläsionen für die Schaltkreise des Gedächtnisses beurteilen. Allerdings zeigen die Studien einen Rückgang des Blutflusses in der Thalamusregion, die mit allen Hirngebieten vielfältig verbunden ist. Danach wären die Ergebnisse in den Gedächtnistests eher durch die Beeinträchtigungen der Schaltkreise als durch schwerwiegende lokalisierte Schädigungen zu erklären.[15]

Häufig ist die Diskrepanz zwischen der Geringfügigkeit der Schädelverletzung und den Problemen, von denen die Patienten berichten, frappierend. Das führt dazu, daß sie gelegentlich als Simulanten verdächtigt werden, die nur auf Schmerzensgeld aus sind, ein Vorwurf, der vor allem von Versicherungsfirmen erhoben wird. Trotzdem berichten sie ihren Ärzten häufig, sie könnten nicht mehr arbeiten, sie seien nicht mehr sie selbst, das Leben sei ihnen unerträglich geworden. Hier zeigt die Analyse des zerebralen Stoffwechsels eine Entsprechung zwischen den Problemen, von denen der Patient berichtet, seinem schlechten Abschneiden in den Tests und dem Rückgang des Glukoseverbrauchs in den präfrontalen Regionen und im Hippokampus, was ein klarer Beleg für die hirnorganischen Ursachen dieser Störungen ist.[16]

Andere organische Schädigungen im Bereich der Gedächtnisschaltkreise erfolgen nach Gehirnerweichung (Enzephalomalazie) oder viraler Gehirnentzündung (Enzephalitis), meist durch ein Herpesvirus. Augenscheinlich sind die Schläfenlappen und die Region des Hippokampus besonders anfällig, was zweifellos die Häufigkeit von Gedächtnisstörungen bei so vielen verschiedenen Verletzungen und Erkrankungen erklärt.

Korsakow-Syndrom

Das Korsakow-Syndrom ist eine besondere Erkrankung des Gehirns, die vor allem durch längeren Alkoholmißbrauch, verbunden mit Nährstoffmangel, hauptsächlich an Vitamin B1, hervorgerufen wird. In der Regel tritt das Syndrom nach einer Periode der Antriebslosigkeit auf, es folgen Bewußtseinsstörungen, die einen komaähnlichen Zustand hervorrufen. Taucht der Kranke aus diesen Phasen der Benommenheit auf, zeigt er sich extrem desorientiert. Nach einer hochdosierten Vitamintherapie verbessert sich der Zustand des Patienten oft so weit, daß er wieder zu Bewußtsein kommt, der Patient bleibt aber durch psychische Probleme beeinträchtigt, die Korsakow erstmals 1889 beschrieben hat.

J. M. ist ein Ingenieur von 44 Jahren, der um 3 Uhr morgens plötzlich von Kopfschmerzen geweckt wird, wie er sie in dieser Heftigkeit noch nie erlebt hat. Da sich die Schmerzen als äußerst hartnäckig erweisen, wird er ins Krankenhaus gefahren, wo die Computertomographie eine diffuse Blutung der Hirnhaut von erheblichem Umfang zeigt. Die Ärzte vermuten als Ursache ein geplatztes intrakranielles Aneurysma und führen eine zerebrale Arteriographie durch, die ihre Annahme bestätigt. J. M. wird sofort behandelt. In den folgenden Tagen schwinden die Kopfschmerzen, der Patient bekommt Besuch von seinen Angehörigen, spricht mit ihnen und antwortet vollkommen normal auf ihre Fragen.

Sieben Tage später wird eine neue Arteriographie vorgenommen, die einen erheblichen Gefäßkrampf aller Gehirnarterien erkennen läßt. Das ist eine häufige Komplikation bei Blutungen im Gehirn, deren Folgen manchmal fürchterlich sind. Es kann zu ischämischen, das heißt blutleeren Zonen und damit zu einer Gehirnerweichung kommen. Am nächsten Morgen erklärt der behandelnde Arzt dem Patienten die Ergebnisse der Untersuchung. Als der Arzt am Nachmittag desselben Tages J. M. einen erneuten Besuch abstattet, fragt dieser ihn, ob er neu auf der Station sei und warum man ihn nicht nach Hause lasse.

Obwohl J. M. immer noch bei Bewußtsein ist, sich absolut gesund fühlt, aufsteht und alleine ißt, zeigen sich jetzt bei ihm erhebliche Gedächtnisstörungen. Rasch hat er vergessen, warum er im Krankenhaus ist, obwohl er zuvor seine Symptome beschreiben konnte. Allerdings erinnert er sich an seinen Beruf, daran, daß er verheiratet ist und Kinder hat, hält sich aber für zehn Jahre jünger, als er tatsächlich ist. Zwar fragt er den Arzt nicht mehr, ob »er hier neu ist«, hält ihn jetzt aber für einen Arbeitskollegen. Da er sich seiner Gedächtnisstörung gelegentlich bewußt ist, schreibt die Krankenschwester auf seine Bitte jeden Tag das Datum auf eine Tafel an der Wand gegenüber seinem Bett, doch meistens nimmt er seine Probleme nicht zur Kenntnis oder leugnet sie. Sein Zimmernachbar ist für ihn der Wohnungsnachbar des Hauses, in dem er wohnt. Den Weg zum Badezimmer – wo er sich oft mehrfach am Tag rasiert, weil er vergißt, daß er es bereits getan hat – und zu seinem Schrank kennt er, findet aber nicht zu seinem Zimmer oder der Station zurück. Durchaus in der Lage, die Zeitung zu lesen, zu verstehen und zu kommentieren, vergißt er jedoch sofort wieder, was er gelesen hat. Er kann eine Zahl- oder Wortreihe wiederholen, weiß aber schon wenige Minuten danach nicht mehr, daß er diese Übung durchgeführt hat.

Um ihn zu beruhigen, erzählt man ihm seine Krankengeschichte. Er gibt zu, daß ihm das alles zugestoßen ist, aber »es ist lange her, und inzwischen bin ich geheilt und habe meine Arbeit wiederaufgenommen, also warum bringt man mich erneut ins Krankenhaus?« Der Krankenhausaufenthalt bedeutet offenbar eine große emotionale Belastung für ihn, weil er keinen Grund und keine logische Erklärung dafür findet, was ihn gelegentlich sehr aggressiv macht.

Es handelt sich um eine Form der anterograden Amnesie, einer Beeinträchtigung der Fähigkeit, neues Wissen zu erwerben und auch nur kurzzeitig zu behalten. Der Kranke vergißt die Wörter, die er eben gehört hat, die Zeichnung, die er unmittelbar zuvor angefertigt hat. Im

Gegensatz dazu behält er ältere Erinnerungen, allerdings oft, ohne sie zeitlich einordnen zu können. Zunächst manifestiert sich die Störung durch eine Gedächtnislücke, die der Kranke mit einer absolut schlüssigen Erfindung füllt. Solche Konfabulationen können sich, wie bei J. M., auch auf die aktuelle Situation erstrecken. Grundlage seiner Einbildungen sind Ereignisse, die er tatsächlich erlebt, aber zeitlich falsch einordnet. Ferner erkennt der Kranke Menschen nicht wieder, deren Bekanntschaft er erst vor kurzem gemacht hat, gibt aber vor, es zu tun – das Syndrom des falschen Wiedererkennens. Dabei bedient sich der Patient der Identität von Menschen, die er einst gekannt hat. So erkannte J. M. in seinem Bettnachbarn den Wohnungsnachbar aus seinem Haus wieder. Dagegen hatte er keine Schwierigkeiten mit seinen Angehörigen, denn dieses Syndrom tritt nie in Zusammenhang mit alten Erinnerungen auf. Zeigt man solchen Patienten Fotografien Unbekannter, kommt es praktisch nie zu falschem Wiedererkennen. Sie scheinen die Menschen zu erkennen, sagen aber, sie könnten sie nicht identifizieren.

Dieses Syndrom, das Korsakow auf eine Beeinträchtigung des kortikalen Assoziationsapparates zurückgeführt hat, wird hervorgerufen durch eine beidseitige Schädigung der Hippokampi, der *Corpora mamillaria**, der präfrontalen Regionen und des Zwischenhirns. Zwar zeigt es sich vor allem bei Alkoholikern infolge Vitaminmangels, tritt aber auch in anderen Fällen auf, vor allem – wie bei J. M. – nach einer meningealen Blutung. Verknüpft ist es mit einem vollständigen Versagen des anterograden Gedächtnisses, das neue Erinnerungen erwirbt, und partiellen Ausfällen des retrograden Gedächtnisses, das ältere Erinnerungen speichert.

Transiente globale Amnesie

Die Lieblingssportart von J. B., einem BWL-Studenten, ist Rugby. Er gehört zur ersten Mannschaft seines Klubs, die um die Meisterschaft spielt. Eines Sonntags stürzt er nach einem Gedränge und erhält einen Fußtritt in die rechte Schläfe. Etwas benommen steht er auf, kann aber das Spiel fortsetzen, das seine Mannschaft verliert. In der Kabine setzt er sich, blickt seine Mitspieler erstaunt an und fragt: »Was soll das? Das Spiel ist doch noch nicht vorbei. Warum zieht ihr euch aus?« Vergebens berichten ihm seine Kameraden von dem Spiel und der Niederlage, vergebens zeigen sie ihm den Schlamm, der seine Schuhe und sein Trikot bedeckt, aber er erinnert sich nur noch, daß er vor dem Spiel in der Umkleidekabine eingetroffen ist. Im Krankenhaus lassen die Untersuchungen, einschließlich einer Computertomographie, nichts Ungewöhnliches erkennen. Einige Stunden nach seiner Einlieferung findet J. B. nach und nach sein Gedächtnis wieder und kann von allen Ereignissen erzählen, auch von dem Fußtritt, den er abbekommen hat. Am folgenden Tag wird er aus dem Krankenhaus entlassen. Die amnestische Episode, die J. B. erlitten hat, bezeichnet man als *transiente globale Amnesie**. Manchmal tritt sie nach einem geringfügigen Schädeltrauma auf, etwa bei Sportlern, manchmal aber auch spontan, meist bei Menschen, die unter Bluthochdruck oder Migräne leiden. Beginn und Verlauf sind äußerst stereotyp. Die Episode setzt jäh ein und löscht alle Erinnerungen an einen unmittelbar zurückliegenden Zeitraum aus. Dem »Kranken« selbst wird sein Zustand häufig gar nicht bewußt. Nach einigen Stunden verschwinden alle Krankheitsanzeichen, und das normale Gedächtnis kehrt zurück wie im Fall von J. B. Da alle Untersuchungen normale Ergebnisse zeigen, läßt sich eine organische Ursache nicht mit Gewißheit angeben, so daß man über die Gründe nur spekulieren kann, obwohl der Krankheitsverlauf verdächtig an eine Migräne erinnert.

Amnestische Krisen

A. T. ist eine junge Ärztin im Praktikum von 26 Jahren und nimmt an ihrer ersten A.i.P.-Fete teil. Im allgemeinen eher zurückhaltend, trinkt sie mehrere Apéritifs hintereinander, dann Weiß- und Rotwein und schließlich noch zwei Verdauungsschnäpse. Sie ist fröhlich und beteiligt sich ausgelassen an den Gesängen und Sketchen. Gegen drei Uhr kehrt sie nach Hause zurück, geht ins Bett und schläft sofort ein. Beim Aufwachen sieht sie überrascht ein Esmeralda-Kostüm auf dem Stuhl am Fuße des Bettes. Sie erkennt es nicht, hat vergessen, daß sie es ausgeliehen hat, erinnert sich nicht an das Fest vom Vorabend und weiß nicht mehr, wie sie nach Hause gekommen ist. Auch in der Folgezeit kann sich A. T. nicht mehr an diese Stunden erinnern. Noch 20 Jahre später macht ihr dieses Loch von zwölf Stunden in ihrem Leben zu schaffen.

Es handelt sich um eine Gedächtnislücke, die mit einer Bewußtseinsstörung in Verbindung steht. Häufigster Grund ist Alkoholmißbrauch, aber auch ein seelischer Schock oder ein toxischer Verwirrungszustand kann die Ursache sein. Auch bei diesem amnestischen Syndrom bleiben die intellektuellen Fähigkeiten unbeeinträchtigt. Zwischen ihnen und den Gedächtnisstörungen gibt es keine Korrelation.

Gedächtnis und Depression

Patienten, die sich in einem depressiven Zustand befinden, klagen häufig über ihr schlechtes Gedächtnis. In erster Linie betrifft diese Störung den Erwerb neuer Erinnerungen und ihre Einspeicherung im Langzeitgedächtnis. Für die Beeinträchtigung kann es mehrere Erklärungen geben. Der depressive Patient leidet unter einer Apathie und Antriebsschwäche, die seine Fähigkeit zur Gedächtnisspeicherung und zum Abruf von Gedächtnisinhalten schwächt. Durch die Depression kommt es zu einer Verminderung oder sogar einem Fortfall aller emotionalen Reaktionen, die für den Erwerb von Erinnerungen von großer Bedeutung sind. Häufig ist das depressive Syndrom mit Angstgefühlen sowie mit Selbstmordabsichten verknüpft. Diese ängstliche Stimmung beherrscht das Denken des Kranken; die Gedanken an eine düstere Zukunft nehmen ihn so vollständig in Anspruch, daß für die Vergangenheit kein Raum bleibt. Aufmerksamkeitsstörungen, Antriebslosigkeit, Gefühlsarmut können also die wichtigsten Gründe für die beeinträchtigte Gedächtnisleistung depressiver Patienten sein.

Andererseits sei auch darauf hingewiesen, daß dieser Mangel an Affektivität eine organische Ursache haben kann, eine Anomalie der Neurotransmitter, die ebenfalls eine Gedächtnisstörung bewirken kann.

Psychogenes Vergessen

Neben den Gedächtnisstörungen, die eine organische Ursache haben, gibt es auch das psychogene Vergessen. So nennt man jenes Vergessen, das nach Streß oder einem seelischen Schock auftritt und bei dem bisher so gut wie kein Anhaltspunkt organischer oder psychologischer Art entdeckt wurde.

Ein Taxifahrer, der seinen Beruf seit einigen Jahren ohne Probleme und Unfälle ausübte, absolvierte die vierte Fahrt des Tages in einem Viertel, das er gut kannte. Zu dieser Vormittagsstunde standen mehrere Menschen in einer kleinen Gruppe an einer Haltestelle, die sich etwa in der Mitte der Buslinie befand. Als das Taxi in diese Straße einbog, fuhr es mit normaler Geschwindigkeit. Es war nicht mehr Verkehr als sonst, und es geschah nichts, was nach Aussagen der später befragten Zeugen gerechtfertigt hätte, daß das Fahrzeug kurz vor der Haltestelle plötzlich ausscherte, auf den Bürgersteig fuhr und sieben Personen erfaßte. Die Bilanz war schrecklich: zwei Tote und drei Schwerverletzte unter den Menschen, die auf den Bus warteten. Im Taxi herrschte Panik, aber keiner der Insassen war verletzt. Augenblicklich wurde der Fahrer ins Polizei-Kommissariat gebracht und verhört. Weder sofort nach dem Unglück noch in den Tagen darauf, noch in späteren Jahren vermochte er sich an die Tragödie zu erinnern, deren Urheber er war. Den Polizisten, die ihn verhörten, dem Richter, den Psychiatern, die als Gutachter hinzugezogen wurden, ihnen allen erzählte er das gleiche. Er habe die vertraute Strecke absolviert und sei vielleicht ein bißchen müder und nervöser gewesen als sonst. Die Straße, in die er eingebogen sei, sehe er noch vor sich, auch die Haltestelle, an der einige Leute standen, dann nichts mehr – eine Art Schwarzes Loch. Mit den Tatsachen konfrontiert, erklärte er, sich an nichts zu erinnern, das sei nicht möglich, das sei nicht er gewesen. Es wurden verschiedene Hypothesen vorgeschlagen, weil bei diesem ruhigen Mann mit untadeliger Vergangenheit ein derartiges Verhalten nicht zu erklären war. Man vermutete einen epileptischen Anfall. Doch es gab keinerlei Krankheitsanzeichen, und alle Untersuchungen, die anschließend vorgenommen wurden, erbrachten vollkommen normale Ergebnisse. War es eine vorsätzliche Tat gewesen, deren schreckliches Ergebnis eine totale Amnesie hervorgerufen hatte?

Die Amnesie seelischen Ursprungs, nach einem emotionalen Trauma im weiteren Sinne, wird in der Psychiatrie seit mehr als hundert Jahren beschrieben. Diese Form des Vergessens ist von besonderem Interesse, obwohl sie vollkommen paradox erscheint und dem widerspricht, was wir oben ausgeführt haben, nämlich daß die Ereignisse, die affektiv besonders stark besetzt sind, am besten erinnert werden.

Gibt es tatsächlich eine psychogene Amnesie? Durchaus, wie genügend Beispiele zeigen. Bei Soldaten, die während des Zweiten Weltkriegs ohne Schädelverletzungen ins Lazarett eingeliefert wurden, war diese Amnesieform sehr häufig zu beobachten. Diejenigen, die heftigen Bombenangriffen ausgesetzt waren, litten häufiger darunter als Sodaten, die nicht im Feuer gelegen hatten.

Der Fall »Lumberjack«, von dem Schacter[17] berichtet, ist ein Beispiel für diese psychogenen Amnesien. Lumberjack war ein junger Mann, der über heftige Rückenschmerzen geklagt hatte. Man brachte ihn ins Krankenhaus und stellte fest, daß er keine Angaben darüber machen konnte, welchen Beruf er ausübte, wo er wohnte oder was sonst seine Vergangenheit hätte erhellen können. Später stellte sich heraus, daß Lumberjack als Kleinkind von seinen Eltern im Stich gelassen worden war und daß sein ganzes Leben eine einzige Kette von Fehlschlägen und Zurückweisungen gewesen war. Der einzige Mensch, der sich um ihn gekümmert hatte, war sein Großvater. Einige Tage nach seiner Krankenhauseinweisung fand Lumberjack sein Gedächtnis wieder, als er im Fernsehen eine Beerdigung und Totenverbrennung sah. Da erinnerte er sich, eine Woche zuvor bei der Beerdigung seines Großvaters gewesen zu sein. Ihm fielen seine Identität und seine Vergangenheit ein, aber er konnte noch immer nicht angeben, was er in der Zeit zwischen der Beerdigung seines Großvaters und dem Augenblick getan hatte, als er einige Tage zuvor mit Rückenschmerzen in das Krankenhaus eingewiesen worden war. Der emotionale Schock beim Tod des einzigen Menschen, der ihm und dem er etwas bedeutete, hatte diese amnestische Störung ausgelöst.

In der Literatur finden sich zahlreiche ähnliche Amnesiefälle, in denen eine äußere Ursache den Kranken dazu bringt, sein Gedächtnis wiederzufinden, meist dadurch, daß er sich wieder in der gleichen Situation befindet.

Beispiele für psychogene Amnesien treffen wir auch bei Menschen an, die wegen Mordes oder anderer schwerer Straftaten vor Gericht stehen und behaupten, sie könnten sich nicht im entferntesten an die Tat erinnern. Sicherlich leugnen einige die Erinnerung, weil sie hoffen, dadurch die Strafe zu verringern, mit der sie zu rechnen haben, doch ebenso sicher gibt es andere, die tatsächlich vergessen, daß sie die Taten begangen haben. Allerdings ist es sehr schwierig, die Simulanten zu entlarven oder nachzuweisen, daß wirkliches Vergessen vorliegt. Dazu hat man sich verschiedener Techniken bedient. So wurde beispielsweise versucht, Beschuldigten ein Geständnis unter Hypnose zu entlocken. Einige Angeklagte haben so

[226]

tatsächlich Einzelheiten ihrer Taten offenbart, die sich überprüfen ließen, doch in zahlreichen anderen Fällen endeten diese Versuche mit Mißerfolgen. Allgemein sind Erinnerungen, die unter Hypnose wiederentdeckt werden, mit Vorsicht zu behandeln. Es kann sich auch um falsche implizite Erinnerungen handeln, die dann unter Hypnose geschildert werden. Die Versuchsperson, die sich ständig mit der Möglichkeit konfrontiert sieht, eine gewisse Tat begangen zu haben, glaubt am Ende wirklich, sich zu erinnern, sie ausgeführt zu haben, und bringt diese Überzeugung zum Ausdruck, während ihre Wachsamkeit ausgeschaltet ist.

Sexuelle Traumata

Die Frage nach der Amnesie für ungewöhnlich beängstigende oder erschreckende Ereignisse stellt sich mit besonderem Nachdruck auf dem Gebiet der sexuellen Traumata, vor allem wenn sie von Kindern oder Jugendlichen erlitten werden. Häufig sprechen sie gar nicht darüber, entweder weil sie so tief verletzt worden sind, daß sie den Mißbrauch vergessen, oder weil sich die Tat in einem sozialen Kontext ereignet hat, in dem sie die Folgen eines Geständnisses fürchten. Nicht selten finden sie erst einige Jahre später die Erinnerung an die schrecklichen Ereignisse wieder, manchmal spontan durch ein neues seelisches Trauma, manchmal im Laufe einer Psychoanalyse oder Psychotherapie. Daran, daß die psychische Belastung eines sexuellen Traumas eine sofortige oder verzögerte Amnesie beim Opfer auslösen kann, gibt es so gut wie keinen Zweifel. Doch welche Mechanismen fördern die

Erinnerung, sexuelle Gewalt erlitten zu haben, nach Jahren wieder zutage, und wie kann man sicher sein, daß diese Erinnerung zutrifft? Die Frage stellt sich oft in Gerichtsverhandlungen: Wie läßt sich feststellen, wo die Erinnerungen der Wahrheit entsprechen, erfunden sind oder auch einfach von dem Psychoanalytiker oder dem verhörenden Beamten suggeriert wurden?

Anfang der neunziger Jahre gab es in den Vereinigten Staaten eine spektakuläre und besorgniserregende Flut von Fällen, in denen die Betroffenen, meist Frauen, sich erinnerten, in ihrer Kindheit vom Vater vergewaltigt worden zu sein. In seiner Chronik beim Sender France-Inter berichtete Philippe Meyer am 5. Juli 1994 über den Fall von Holly, die als Studentin an einer Eßstörung litt. Sie wandte sich an einen Psychiater, der sich als »Gedächtnisspezialist« bezeichnete und dem es mit Hilfe der Hypnose nach und nach gelang, Holly von der Unwahrheit zu überzeugen, »daß ihr Vater sie nicht nur vergewaltigt hatte, sondern sie auch zwischen ihrem fünften und sechzehnten Lebensjahr fortlaufend mißbraucht hatte«, was Holly veranlaßte, ihren Vater zu verklagen. Man ist versucht, die Geschichte für eine Ausnahme zu halten. Aber auf dem amerikanischen Buchmarkt gibt es tatsächlich eine Fülle von Büchern, angeblich in bester Absicht geschrieben, die Frauen dazu auffordern, bei dem geringsten seelischen Problem einen Spezialisten aufzusuchen, weil sie in ihrer Kindheit zweifellos sexuell mißbraucht worden seien und die Erinnerung unterdrückt hätten.

Die ganze Bewegung, die auf den unterdrückten Erinnerungen an sexuellen Mißbrauch in der Kindheit beruht, geht von einigen Theorien aus, die Freud ganz am Anfang seiner Laufbahn aufstellte. Später distanzierte er sich aller-

dings wieder davon, weil er nicht mehr an wirkliche Traumata glaubte, sondern von Phantasien ausging: »Ehe ich
weiter auf die Würdigung der infantilen Sexualität ein-
gehe, muß ich eines Irrtums gedenken, dem ich eine
Weile verfallen war und der bald für meine ganze Arbeit
verhängnisvoll geworden wäre. Unter dem Drängen meines damaligen technischen Verfahrens reproduzierten die
meisten meiner Patienten Szenen aus ihrer Kindheit, deren Inhalt die sexuelle Verführung durch einen Erwachsenen war. Bei den weiblichen Personen war die Rolle des
Verführers fast immer dem Vater zugeteilt. Ich schenkte
diesen Mitteilungen Glauben und nahm also an, daß ich
in diesen Erlebnissen sexueller Verführung in der Kindheit die Quellen der späteren Neurosen gefunden hätte.«[18]
1897 sagte sich Freud von der Verführungshypothese
los: »Als ich dann noch erkennen mußte, diese Verführ-
ungsszenen seien niemals vorgefallen, seien nur Phantasien, die meine Patienten erdichtet, die ich ihnen vielleicht
selbst aufgedrängt hatte, war ich eine Zeitlang ratlos …
Als ich mich gefaßt hatte, zog ich aus meiner Erfahrung
die richtigen Schlüsse, daß die neurotischen Symptome
nicht direkt an wirkliche Erlebnisse anknüpften, sondern
an Wunschphantasien … Ich war da zum erstenmal mit
dem *Ödipuskomplex* zusammengetroffen.«[19] Heute fragt man
sich, ob er dadurch nicht vielleicht einige Fälle von tat-
sächlichem Mißbrauch übersehen hat. In den Vereinigten
Staaten ist man mittlerweile ins andere Extrem verfallen. –
Einst war alles Phantasie, heute ist alles Wirklichkeit. Die
Frage, ob die Erinnerungen wahr oder falsch sind, muß
also offenbleiben.

Die Kindheit ist allgemein ein sehr empfindliches Alter. Etwas zuviel Liebe oder Fürsorge der Mutter hinter-

läßt unter Umständen lebenslang seelische Narben. Umgekehrt bewirkt Gleichgültigkeit der Eltern oder sexueller Mißbrauch natürlich schwere Störungen. Doch in keinem Fall ist es die Aufgabe des Therapeuten, sich an die Stelle seines Patienten zu versetzen und ihn dazu zu bringen, die Dinge wiederzuerkennen, die er, der Therapeut, ihm suggeriert. Der Therapeut darf dem Patienten nur die Möglichkeit geben, Teile zu rekonstruieren, die Synapsen zwischen seinem Ich und den unterdrückten Erinnerungen wiederherzustellen, keinesfalls aber darf er ihn dahingehend beeinflussen, daß der Patient falsche Erinnerungen erfindet. Daß es in diesem Bereich nicht möglich ist, zwischen richtigen und falschen Erinnerungen zu unterscheiden, macht vielen Menschen sehr zu schaffen. So berichtete Marguerite Duras mit sechsundsechzig Jahren von einer Episode aus ihrer Kindheit, als sie im Alter von vier Jahren eine »sexuelle Aggression« durch ein Kind von elf Jahren erlitt. Ihre Biographin Laura Adler stellt die Frage, ob Duras eine »echte falsche Erinnerung« konstruiert habe.

Für diese echten falschen Erinnerungen gibt es drei mögliche Erklärungen. Die erste ist, daß der sexuelle Mißbrauch nie stattgefunden hat. Leider ist die Suggestibilität mancher Menschen, verbunden mit dem Wunsch, sich als Opfer zu fühlen, oft dafür verantwortlich, daß sich die feste Überzeugung, vergewaltigt worden zu sein, im Gedächtnis verankert. Die zweite Möglichkeit ist, daß jemand aus unterschiedlichen Motiven, etwa weil der gesellschaftliche Kontext es nahelegt, fiktive Erlebnisse erfindet und sich in der Folgezeit selbst davon überzeugt, daß sie wirklich geschehen sind. Die dritte Möglichkeit ist, daß das traumatische Geschehen tatsächlich passiert ist, aber so schrecklich war, daß es anschließend in Vergessenheit geriet.

Gibt es eine neurophysiologische Erklärung für die beschriebenen Phänomene? Wir müssen zwei Formen von seelischen Traumen unterscheiden, die Vergessen hervorrufen – das einmalige und das wiederholte Trauma.

Im Falle des *einmaligen Traumas* ist die emotionale Intensität des schrecklichen Aktes – unabhängig davon, ob es sich um den Urheber oder das Opfer handelt – so groß, daß die Tat augenblicklich vergessen wird. Es ist zwar nicht bewiesen, aber durchaus möglich, daß das psychische Trauma, das durch eine besonders entsetzliche Tat verursacht wird, zur Ausschüttung von Stoffen führt, die sich hemmend auf die synaptische Übertragung auswirken, sie blockieren und auf diese Weise die Gedächtnisspeicherung eines solchen Aktes verhindern. Ein Schädel-Hirn-Trauma ruft, augenscheinlich durch eine übermäßige Ausschüttung von Glutamat, häufig eine solche Amnesie hervor. Daher liegt die Vermutung nahe, daß ein seelisches Trauma von großer Intensität durch den gleichen Mechanismus Gedächtnisausfälle schafft.

Was die *wiederholten Taten* angeht, an die sich die Opfer nicht erinnern, so haben ergänzende Untersuchungen mit bildgebenden Verfahren gezeigt, daß es für dieses Vergessen eine organische Erklärung gibt. Bei Versuchspersonen, die häufigen psychologischen Traumen ausgesetzt waren, etwa bei Kriegsteilnehmern oder, sehr häufig, bei Menschen, die als Kinder wiederholt von ihren Eltern sexuell mißbraucht wurden, zeigt die Kernspintomographie eine Volumenverminderung der Hippokampusregion. Laut Schacter[20] führt längere seelische Belastung zu einer übermäßigen und wiederholten

Freisetzung bestimmter Steroidhormone, der Glukokortikoide. Eine längere, starke Einwirkung von Kortikoiden schädigt unsere Neuronen. Nun ist die Hippokampusregion reich an Rezeptoren für Steroidrezeptoren. Wenn also in einer Situation, die große Angst hervorruft, ein Übermaß an Glukokortikoiden freigesetzt wird und wenn sich diese Situation häufig wiederholt, dann ist die Umgebung der Hippokampusneuronen von diesen Kortikoiden extrem gesättigt, was vielfaches Neuronensterben bewirkt und die Gedächtnisspeicherung der belastenden Situationen verhindert oder ihr Vergessen herbeiführt.

Wir können davon ausgehen, daß ein seelisches Trauma durch die Aktivierung von Mandelkern und limbischem System die übermäßige Freisetzung von Glutamat und Glukokortikoiden bewirkt, Substanzen, die auf die Neuronen toxisch wirken, und daß dadurch für dieses Trauma – genau wie für ein Schädel-Hirn-Trauma – eine Amnesie hervorgerufen wird.

Die synaptische Übertragung, auf der die Ausbreitung des Nervenflusses und damit der Neuronenaktivität beruht, resultiert aus einer Depolarisationswelle, die dem unmittelbaren Einfluß von anregend und hemmend wirkenden Substanzen unterworfen ist. Ob bestimmte Ereignisse im Gedächtnis gespeichert werden, hängt weitgehend von ihrer affektiven Wirkung ab. Bestimmte Lebensereignisse führen zur Ausschüttung von anregenden Faktoren, die die Gedächtnisspeicherung begünstigen, während andere ein Übermaß an hemmenden Stoffen hervorrufen und eine Amnesie bewirken. Leider zeigt die Erfahrung, daß wir nicht nur die angenehmen Ereignisse unseres Lebens im Gedächtnis behalten und die unangenehmen vergessen. Allerdings spricht einiges für die Annahme, daß manche Erlebnisse soviel Schrecken und Angst auslösen, daß sie die Freisetzung von gedächtnishemmenden Stoffen fördern. Die Ausschüttung bestimmter Substanzen im Inneren unseres Gehirns geschieht größtenteils aus Reflexen, woraus sich erklärt, warum unser Wille bei der Gedächtnisspeicherung oder dem Vergessen eine so bescheidene Rolle spielt.

KAPITEL 8

Gedächtnis und
Persönlichkeit

Was wir in der Außenwelt wahrnehmen,
verwandelt sich in unserem Gehirn in Empfindungen und
Eindrücke, die unablässig zu Erinnerungen werden. Sie
bilden die Grundlage unserer Persönlichkeit, unserer Vorstellung und unseres schöpferischen Geistes. Das Gedächtnis ist abhängig von unserem Gehirn, das die Verbindung herstellt zwischen dem, was wir in der Außenwelt
wahrnehmen, und dem, was wir erschaffen. Es ist untrennbar mit dem Denken, mit der Persönlichkeit verbunden. Locke schreibt dazu: »Oft zu denken und dabei nie
auch nur einen Augenblick der Erinnerung daran zu bewahren, ist eine äußerst nutzlose Art des Denkens; bei solchem Verhalten ist die Seele wenig oder gar nicht besser
als ein Spiegel, der fortgesetzt eine Fülle verschiedener
Bilder oder Ideen empfängt, aber keine festhält.«[1]

Die Kontinuität zwischen dem, was wir gewesen sind,
und dem, was wir sind, zwischen unseren Erinnerungen
und unserer gegenwärtigen Wahrnehmung, zwischen unserem Gedächtnis und unserer Vorstellung konstituiert die
Realität unseres Ichs. Ohne Erinnerung, ohne »die Gegenwart der Nicht-Gegenwart«, so Valéry, »wäre das Bewußtsein ein Chaos, ein unerträglicher Schmerz – ein
ewiger Anfang«.[2] Für Valéry ist das Gedächtnis allgegen-
wärtig: »Ich bin in jedem Augenblick ein ungeheures Ge-

dächtnisereignis, das allgemeinste, das möglich ist. Ich entsinne mich, zu sein und Ich zu sein, ich verliere mich und finde mich als derselbe wieder, obwohl ich es nicht bin, sondern ein anderer.«[3] Das nennt Valéry sein »fundamentales« Gedächtnis: »Wir müssen uns an alles erinnern – an das, was wir sind.« Das Gedächtnis ist das »Dauerhafte, die Epochelosigkeit, anläßlich und unter dem Einfluß der Gegenwart«.

Die Zerstörung der Persönlichkeit, wie sie bei der Alzheimer-Krankheit zu beobachten ist, beweist, daß es ohne Gedächtnis kein Ich gibt. Wir können noch nicht einmal sagen, daß wir ohne Gedächtnis die Gegenwart, den aktuellen Augenblick empfinden könnten. Um eine Empfindung zu haben, muß sie wahrgenommen, verglichen, interpretiert, wiedererkannt werden. Sonst gibt es nur einen Augenblicksreflex.

Kindheit und Gedächtnis

Meist reichen unsere ältesten Erinnerungen nicht über das Alter von drei Jahren zurück. Dafür ist die infantile Amnesie verantwortlich. Laut Freud gleiten die ersten drei Lebensjahre keinesfalls spurlos am Menschen vorbei, sondern üben »einen für alle späteren Zeiten bestimmenden Einfluß« aus.[4] Freud erklärt das durch Verdrängung, was nicht ganz schlüssig ist, da Freud nicht erläutert, warum alle Erinnerungen und nicht nur die traumatischen verdrängt werden. Andere schreiben es dem Umstand zu, daß die frühkindliche Sprache nicht hinreichend entwickelt ist, um Ereignisse zu behalten, oder daß die Gehirnzentren des Langzeitgedächtnisses noch nicht entwickelt sind.

Niemand, der eine Autobiographie schreibt, läßt das Thema »Meine erste Erinnerung« aus. So behauptet Ingmar Bergman beispielsweise in seiner Autobiographie *Mein Leben*, er könne sich noch an seine ersten Lebensmonate erinnern. Ebenso Pasternak: »Unerklärlicherweise habe ich noch einige Erinnerungen an die Herbstspaziergänge mit meiner Amme im Garten des Seminars.«[5] Freud berichtet von einer Erinnerung, die in sein drittes Lebensjahr zurückreicht und deren Sinn er dann dank »analytischer Bemühung« zu erschließen vermochte.[6]

Warum setzen unsere Erinnerungen erst mit drei, vier oder fünf Jahren ein? Offenbar weil wir zunächst eine bestimmte Anzahl von Empfindungen einspeichern und wiedererkennen müssen, bevor wir bewußte Erinnerungen anlegen können. Vorher sind sie unbewußt, weil die Sprache fehlt, um sie zu erkennen und zu deuten. Sobald das Kind über die Sprache verfügt, kann es seine Empfindungen deuten und sich ihrer bewußt werden. Trotzdem dauert die infantile Amnesie noch über diesen Zeitraum an. Das Gedächtnis des Erwachsenen ist in Netzen organisiert, die er im Laufe seines Lebens angelegt hat und die die Gedächtnisspeicherung fördern, weil sie das Wiedererkennen erleichtern. Das Kleinkind hat noch nicht genügend Material für die Begriffsbildung und die Formung eigener Netze. Daher sind wahrscheinlich die ersten Dinge, deren wir uns entsinnen, die Erinnerungen, die wir durch Wiederholung gelernt haben.

Sicherlich ist das der Grund, warum die Kindheitserinnerungen so emotional besetzt sind. An das Kind, das wir waren, haben wir einige sehr exakte Erinnerungen, die aber alle affektiv eingefärbt sind. Die starke Affektbesetzung früher Erinnerungen zeigt, daß die Kindheit

wirklich der Lebensabschnitt ist, in dem wir am empfäng-
lichsten und verwundbarsten sind. »Die Elemente, aus
denen die Empfindungen meiner frühesten Kindheit bestanden«, schreibt Pasternak, »waren Schrecken und Be-
geisterung.«[7] Unsere Kindheitserinnerungen verändern sich
nicht mehr, sie bilden, wie Proust sagt, »die Tiefenschicht
unseres geistigen Bodens«. Für Nabokov sind sie idea-
les Erinnerungsmaterial: »Sie gehören zur harmonischen
Welt einer vollkommenen Kindheit« und lassen sich mühelos zu Papier bringen. Wir können uns die Erwachse-
nenerinnerungen vergegenwärtigen, sie uns zurechtlegen
und ihre Stimmung abhängig von unseren gegenwärtigen
Gefühlen verändern. Dagegen bleiben unsere Kindheitserinnerungen stets unverändert, sooft wir sie uns auch
ins Gedächtnis rufen – glücklich oder unglücklich, zuver-
sichtlich oder ängstlich, optimistisch oder verzweifelt.
Stets vergegenwärtigen wir uns diese Eindrücke mit der
gleichen Blickschärfe und Genauigkeit. Die Kindheitserinnerungen haben zur Bildung unserer Persönlichkeit beigetragen und sind unveränderlich.

In den ersten Jahren unserer Kindheit stehen uns keine
Wörter zur Verfügung, um zu deuten, was wir wahrnehmen, sagt Nathalie Sarraute in *Enfance*: »Bilder, Wörter,
die sich in diesem Alter sicherlich nicht im Kopf formen
konnten … Natürlich nicht, sie wurden wie immer außerhalb der Wörter empfunden, global.« Ein für allemal
graben sich die Kindheitsbilder ins Gedächtnis ein. »Nicht
ein Detail verändert sich von einem zum anderen Mal, ich
kann es drehen und wenden wie ein Fehlerbild, ich finde
nicht die geringste Veränderung.« Sehr anschaulich wird
es, wie Nathalie Sarraute die Lebendigkeit dieser Kind-
heitsempfindungen einfängt: »In diesem Augenblick war

es zu etwas Einzigartigem geworden, zu etwas, was sich in dieser Weise nie wieder ereignen sollte, zu einer Empfindung von solcher Heftigkeit, daß sie mich noch heute, nach so vielen Jahren, wenn sie wiederkehrt, abgeschwächt und teilweise verblaßt, mit einem Gefühl ergreift, wie soll ich es nennen? … ›Freude‹? Ja, vielleicht ist die Berührung mit diesem kleinen, bescheidenen Wort am bedenkenlosesten.« Umgekehrt beschreibt sie auch das Gefühl von einem Unglück, das ungeschmälert anhält: »Vom Tag darauf ist mir nur noch der graue, düstere Quai erinnerlich, schrille Pfiffe, und ich, die ich den Quai entlanglief, schreiend und schluchzend.« Sie schließt ihr Buch mit der Feststellung, daß der Übergang zum Erwachsenenalter mit einem Intensitätsverlust der Erinnerungen bezahlt wird. »Vielleicht habe ich deshalb den Eindruck, daß meine Kindheit dort endet. Wenn ich betrachte, was sich mir heute bietet, sehe ich einen riesigen, vollgestellten Raum, der gut ausgeleuchtet ist. Vergebens würde ich mich bemühen, mir einige Augenblicke, einige Bewegungen zu vergegenwärtigen, die mir noch intakt erscheinen, deutlich genug, um aus jenem Schlund hervorzutreten, der sie schützt und bewahrt, aus jenem milchigen, watteweichen Brei, der sich auflöst und verschwindet mit der Kindheit.«[8]

Auch die Erinnerungen, die wir an unsere Eltern haben, besitzen diesen unwandelbaren Charakter von Kindheitserinnerungen. Im Erwachsenenalter können wir eine Zeitlang für jemanden entflammt sein und einige Jahre später nicht mehr imstande sein, uns die gemeinsamen glücklichen Augenblicke vorzustellen. Entfernen wir uns dagegen in der Mitte unseres Lebens vom Vater oder der Mutter, ändert das nichts an der Erinnerung, die wir an das Glück und das Vertrauen der Kindheit haben. Auch das Gegenteil trifft zu. Malraux sagt, jeder Mensch sei charakterisiert durch seine Beziehungen zur Kindheit, und fügt hinzu: »Ich hasse die meine.«

Zur Erklärung dieses Phänomens läßt sich nach der neuroanatomischen Konzeption vorbringen, das Kind sei noch nicht fähig, die äußeren Wahrnehmungen zu deuten, zu filtern und sich gegen sie zu schützen. Es ist ihnen unmittelbar ausgeliefert, so daß sie sich seinem Langzeitgedächtnis mit all dem Nachdruck einprägen können, für den Emotion und Affekt sorgen. Wenn es eine zeitliche Klassifikation der Erinnerungen gibt, sind diejenigen aus unserer Kindheit am tiefsten lokalisiert und damit den sukzessiven und fortwährenden Modifikationen, die unser Denken im Laufe der Jahre vornimmt, am wenigsten unterworfen – sie sind unwandelbar.

Die Taten unserer Kindheit haben in unseren Augen ein gewisses Maß an Unverantwortlichkeit, damals wurden wir gegängelt, bevormundet, erzogen. Wenn wir unsere Kindheitheitserinnerungen abrufen, sind sie glücklich oder unglücklich, aber wir verspüren nicht den Wunsch, sie zu verändern wie die, für die wir uns verantwortlich fühlen. Diejenigen, die wir uns vergegenwärtigen können, sind unberührt, und so bewahren wir sie. Es gibt zwei Arten, seine Erinnerungen wiederzusehen – man kann sich selbst in die Szene einbeziehen oder sie von außen betrachten.

Alter und Gedächtnis

Lebhaft, tief, unwandelbar, so sind die Erinnerungen an unser Leben bis etwa zu unserem fünfzehnten Lebensjahr. Häufig heißt es, mit dem Alter würden die Möglichkeiten, neue Erinnerungen zu erwerben, geringer, und die Menschen seien paradoxerweise geneigt, Erinnerungen aus früherer Zeit zu erzählen, anstatt sich der Zukunft zuzuwenden. In *De senectute* bricht Cicero eine Lanze für das Alter und seine Aufgaben im sozialen Leben. Das Gedächtnis lasse nur nach, behauptet er, wenn man es nicht trainiere. Oder habe man schon einmal gehört, daß ein Alter vergessen hätte, wo er seinen Schatz versteckt hat? Alte Leute erinnern sich an alles, was ihnen nützlich ist. Es gab zahlreiche Künstler und Philosophen, die bis ins hohe Alter schrieben. Das Alter tastet unser geistiges Vermögen nicht an. Wenn der Körper keine Gymnastik mehr betreiben kann, so ist der Geist immer noch dazu fähig.

Welche Beziehung besteht zwischen Gedächtnis und Alter? Ist die Vergangenheit die Zukunft alter Menschen oder eher eine Zuflucht? – Wahrnehmung, Aufmerksamkeit, Wiederholung, Assoziation und Emotion sind notwendige Elemente der Gedächtnisspeicherung. Wahrnehmung und Aufmerksamkeit sind miteinander verbunden. Mit dem Alter lassen die Wahrnehmungsfähigkeiten, vor allem die des Hörens und Sehens, nach. Parallel dazu geht die Deutlichkeit der Empfindungen und damit auch die Gedächtnisspeicherung zurück.

Die Wiederholung ist eine zweckorientierte Art des Erinnerungserwerbs. Die meisten älteren Menschen haben keine zwingenden Gründe mehr, Dinge durch Wiederholung zu speichern – abgesehen von einigen Schauspielern, Künstlern oder Politikern, bei denen die Fähigkeit, eine Rede oder eine Rolle zu lernen, vollkommen unbeeinträchtigt ist. Auch hier ist es eher ein Mangel an Notwendigkeit als eine Beeinträchtigung der Gedächtnisfähigkeit, die ab einem gewissen Alter bei den meisten Menschen zu beobachten ist.

Mit fortschreitendem Alter richten sich die Assoziationen eher auf die Vergangenheit als auf die Gegenwart. Die Assoziationsfähigkeit, die ein wichtiges Element der Gedächtnisspeicherung ist, wird mit den Jahren zu einem Vergleich zwischen Vergangenheit und Gegenwart, bei dem letztere immer schlechter abschneidet. Der alte Mensch zieht die Vergangenheit zum Vergleich heran und fürchtet das Morgen, das an Sicherheit verliert, je älter er wird. Er flüchtet in die Erinnerung: »Mein Gedächtnis, das mir nur angenehme Dinge vor Augen führt, bildet ein glückliches Gegengewicht zu meiner furchtsamen Phantasie, die lediglich schreckliche Zukunftsvisionen beschwört«, schreibt Rousseau.[9] Auch Paul Valéry und seine schönsten Verse aus *Fragments du Narcisse* kommen einem in den Sinn:

> *Ihre traurigen Schritte folgen ihren Erinnerungen […]*
> *Vollkommen geblendet von einem Himmel,*
> *   dessen Schönheit sie verwundet,*
> *So sehr bewahrt er den Glanz ihrer schönsten Tage,*
> *werden sie aller verlorenen Schätze Gräber finden …*
> *Dieser Ort im Schatten war still und der unsere!*

Da die Vergangenheit besser als die Gegenwart erscheint, sind ältere Menschen weniger geneigt, neue Erinnerungen zu engrammieren, kommen sie ihnen doch weniger interessant vor als die alten. Auch die Fähigkeit zu Emotionen nimmt mit dem Alter erkennbar ab. Für viele ältere Menschen sind die Erinnerungen an früher die einzigen Gefühlserlebnisse: »Das ist eine der Entschädigungen, die das Alter bereithält, eine sehr angenehme – sich zu erinnern. Leider möchte man sich häufig nicht nur erinnern, sondern auch davon erzählen. Und das ist, man kann es sich nicht oft genug sagen, ermüdend für andere. Warum sollten sie sich auch für etwas interessieren, das unser Leben ist und nicht das ihre?«[10]

Läßt mit dem Alter die neuronale Kapazität zum Gedächtniserwerb nach? In der Kernspintomographie ist eine Atrophie der Stirnlappen zu erkennen, die begleitet ist von Problemen bei der Vergegenwärtigung von Informationsquellen und beim Gedächtnisabruf. Entscheidend ist aber wohl vor allem die Verringerung von äußeren Reizen und Wahrnehmungen. So läßt sich vermutlich erklären, daß einige sehr alte Menschen, die beruflich, sozial und emotional auch weiterhin ein aktives Leben führen, in ihren Gedächtnisfähigkeiten mit weit jüngeren Menschen durchaus zu vergleichen sind. Die Gedächtnisfähigkeit nutzt sich nur ab, wenn man sich ihrer nicht bedient.

Gewiß, die Zahl der Neuronen nimmt mit jedem Tag ab. Die Möglichkeit, neue Erinnerungen zu erwerben, schrumpft ab einem gewissen Alter unablässig. Trotzdem sei die Frage erlaubt: Ist nicht das Nachlassen der Gedächtnisfähigkeit bei älteren Menschen, das heute soviel Aufmerksamkeit findet, zum Teil unsere eigene Schuld – von der Alzheimer-Krankheit einmal abgesehen? Unsere Gesellschaft hat die Tendenz, Greise zu produzieren, indem sie

sie kurz nach Vollendung des fünfzigsten Lebensjahrs in den Ruhestand schickt und sie anschließend von jedem aktiven, familiären Leben ausschließt, von jedem Leben, das affektive oder kulturelle Reize bietet oder ihnen das Gefühl gibt, zu etwas nütze zu sein. Ist das nicht einer der Gründe für das Nachlassen ihrer Gedächtnisfähigkeit?

Was machen wir zwischen Kindheit und Alter mit dem Gedächtnis oder, besser, was macht es mit uns? Wie wir unsere Empfindungen erleben, ist untrennbar mit unserer Persönlichkeit verknüpft, die ihrerseits von der Erbanlage, vom affektiven, kulturellen und sozialen Kontext abhängt, in dem wir groß geworden sind. Was wir von diesem Kontext wahrgenommen und im Gedächtnis behalten haben, konstituiert und modifiziert unser gegenwärtiges Ich. Kann man also behaupten, daß nur die Empfindungen, die wir im Gedächtnis behalten haben, unsere Persönlichkeit ausmachen, weil sie unser Gehirn geprägt und geformt haben? Wir sind nichts mehr, wenn wir keine Erinnerungen mehr haben. Aber gilt auch der Umkehrschluß, bestehen wir nur aus Erinnerungen?

Konsolidierung und Entwicklung unserer Persönlichkeit sind mit der Einspeicherung unserer Erinnerungen verknüpft, und der Erwerb neuer Erinnerungen ist vollkommen von unserer Persönlichkeit abhängig. Bergson schreibt: »Unser gegenwärtiger Zustand ist durch unser ganzes vergangenes psychologisches Leben bedingt, das auch in unserem Charakter ans Licht tritt.«[11] Wie wir unsere Erinnerungen empfinden, hängt auch von unserer Persönlichkeit ab. Valéry hat nichts übrig für seine Erinnerungen: »Unsere teuersten Erinnerungen zehren unsere

Herzen im Schatten auf. […] Es fehlt in der Hölle ein Verdammter, dessen Marter darin gipfelt, daß er die glücklichsten Augenblicke seines Lebens wiedersehen muß.« Maupassants Held »weinte über den Briefen, wie man Tote beweint, weil sie nicht mehr da sind«.[12] Auch Apollinaire hat geschildert, wie traurig seine Erinnerungen sind: »Ich hatte den Mut zurückzublicken, die Kadaver meiner Tage säumen meine Straße, und ich beweine sie.« Muß er sich nicht umgekehrt, wie Montaigne, sagen: »… und werde mich an der Vergegenwärtigung meiner verflossenen Jugendtage erfreuen«?

Die Liebe zum Gedächtnis

Das Gedächtnis ist eng mit unseren Gefühlen verknüpft, es ruft sie hervor und sorgt für ihren Fortbestand. Kann man sein Gedächtnis lieben? Wird das Gedächtnis durch eine Krankheit beeinträchtigt, erkennt der Kranke noch nicht einmal mehr seine nächsten Angehörigen. In einem weniger fortgeschrittenen Stadium der Alzheimer-Krankheit verringert sich die Affektivität. Einem Mädchen fiel die Erkrankung der Mutter auf, als diese ihr abends vor dem Einschlafen keinen Kuß mehr auf die Stirn gab, wie sie es sonst zu tun pflegte. Jemanden zu lieben, das heißt, sich jeden Augenblick implizit an das zu erinnern, was er ist und was er uns bedeutet. In dem *Kleinen Prinzen* beschreibt Saint-Exupéry diese Verknüpfung von Liebe und Gedächtnis wie folgt: »Aber wenn du mich zähmst, wird mein Leben voller Sonne sein. Ich werde den Klang deines Schrittes kennen, der sich von allen anderen unterscheidet. Die anderen Schritte jagen mich unter die Erde.

Der deine wird mich wie Musik aus dem Bau locken … Die Weizenfelder erinnern mich an nichts. Und das ist traurig. Aber du hast weizenblondes Haar. Oh, es wird wunderbar sein, wenn du mich einmal gezähmt hast! Das Gold der Weizenfelder wird mich an dich erinnern. Und ich werde das Rauschen des Windes im Getreide liebgewinnen.«[13]

Das Gefühl der Liebe wird nicht von all den neuronalen Verknüpfungen getragen, die diese Liebe angelegt hat und die zum Epizentrum unseres Gehirns geworden sind – dem Ort, von wo alles ausgeht und wo alles eintrifft. Marcel Proust erklärt sogar, es sei die Vorherrschaft unserer Erinnerungen, die die Kontinuität unserer aufeinanderfolgenden Lieben erkläre, das heißt, daß »alle Liebeserlebnisse, die auf die ersten folgen, nach den früheren durchgepaust sind. Denn dem Wesen, das wir am meisten geliebt haben, sind wir doch nicht so treu wie uns selbst, wir vergessen es früher oder später, um – da das einer der uns eigenen Züge ist – von neuem lieben zu können.«[14]

Sehr enge Verbindungen gibt es auch zwischen der Liebe – oder vielmehr ihrem Nachlassen – und dem Vergessen. Wie die Liebe eine Triebkraft der Phantasie ist, so ist sie auch von großer Bedeutung für die Gedächtnisspeicherung und für die Konsolidierung der Erinnerung. Ohne Zutun unseres Willens kann sie für die deutliche und lebendige Gegenwart des geliebten Wesens in unserem Gedächtnis sorgen. Diese Hartnäckigkeit der Erinnerungen, die unabhängig von unserem Willen oder sogar gegen ihn fortbesteht, schildert Supervielle:

Im Vergessen meines Körpers
und all dessen, was er berührt
Erinnere ich mich an dich
Im Schutz einer Palme
An fremden Meeren
Trotz aller Entfernung
Dort entdecke ich
Alles, was dich ausmachte.
Und dann vergesse ich dich
So sehr ich es vermag
Ich zeige dir, wie du es anstellst
In mir zu sterben
Und schließe die Augen
Um dich wiederkehren zu sehen
von viel weiter als mir selbst
wo du um ein weniges
Einsame, zugrundegegangen wärst.[15]

Das Erkalten der Gefühle ist für das allmähliche Vergessen des anderen verantwortlich und nicht umgekehrt. Die Erinnerung verblaßt, weil man nicht mehr liebt.

Ohne das Gedächtnis könnten wir nichts empfinden. Nur dank der Erinnerungen können wir unsere Sinnesempfindungen deuten, sie miteinander verbinden, sie zu einem einzigen Sinn verschmelzen.

Eine Empfindung durchläuft verschiedene Stufen. In der ersten Phase, der Rohempfindung, trifft der Nervenimpuls in einem spezialisierten Hirnzentrum ein. Im Falle eines auditiven Reizes, etwa wenn wir eine Sonate hören, gelangen die Töne über unser Ohr ans Trommelfell und versetzen es in Schwingungen. Diese reizen die Dendriten, die Berührung mit dem Trommelfell haben, und lösen Depolarisationswellen aus, die die Nervenimpulse über die Neuronen der Hörbahnen bis in die Hörzentren schicken, wo sie als Töne wahrgenommen werden. Das Eintreffen dieser Impulse aktiviert durch Neurotransmitter Synapsen und Netze, die das Wiedererkennen der Töne als harmonisch und musikalisch ermöglichen. Die Netze brauchen unsere Erinnerungen, um zu erkennen, daß es sich um Musik handelt, um eine Sonate, und vielleicht sogar, um die Töne als eine bestimmte Sonate zu identifizieren – das ist die Wahrnehmung.

Bis hierhin bestand der Beitrag des Gedächtnisses nur darin, zu deuten und wiederzuerkennen, was wir wahrgenommen haben. Erst jetzt entfaltet der Gedächtnissinn sein ganzes Vermögen. Wenn die Harmonien dieser Sonate Erinnerungen mitführen, die uns betreffen, Augenblicke der Vergangenheit, die mit Glück oder Leidenschaft besetzt sind, dann wecken sie in dem Moment, da wir diese Sonate wahrnehmen und wiedererkennen, das Gefühl der Vergangenheit. Die Empfindung muß nicht unbedingt musikalischer oder ästhetischer Natur sein. Ist die Erinnerung verknüpft mit dem Anhören dieser Sonate unter freiem Himmel, an einem Abend, der von dem Duft des Sommers erfüllt war, dann kehrt in unser Hören, Spüren, Sehen der ganze dufterfüllte Eindruck dieses Sommers zurück – das ist der Gedächtnissinn.

Dieses alle Sinne einbeziehende Gedächtnis ist das einzige, das Marcel Proust als authentisch gelten läßt: »Denn ob es sich um Reminiszenzen wie bei dem Geräusch der Gabel oder dem Geschmack der Madeleine oder um Wahrheiten handelte, die in Gestalt von Figuren niedergeschrieben sind, deren Sinn ich in meinem Kopf suchte, in dem sie, Kirchtürmen oder wildwachsendem Gras gleichend, eine komplizierte und rankenreiche Zauberschrift ergaben, ihr erstes Charakteristikum bestand darin, daß ich nicht frei war zu wählen, daß sie mir nur so und nicht anders einfach gegeben wurden. Ich aber spürte, daß gerade dies das Zeichen ihrer Echtheit war. Ich hatte nicht die beiden ungleichen Pflastersteine, an die ich angestoßen war, in jenem Hofe gesucht. Aber gerade die Form eines unentrinnbaren Zufalls, unter der ich dieser Empfindung begegnet war, bedeutete gleichsam eine Gegenprobe auf die Wahrheit der Vergangenheit, die sie wiedererweckte, der Bilder, die sie auslöste, weil wir daran ihr Bemühen erkennen, wieder zum Lichte emporzusteigen, weil wir die Freude der wiedergefundenen Wirklichkeit verspüren.«[16]

Sicherlich sind es die Verbindungen mit der Vorstellungskraft, die das Gedächtnis zu der unentbehrlichsten Funktion unseres Denkens machen. Es gibt keine Erinnerung ohne Vorstellung, jedes Erinnern ist teilweise imaginativ, doch es kann auch keine Vorstellung ohne Erinnerung geben. Sich etwas vorzustellen, das heißt, sich etwas vor Augen zu führen, was noch nicht ist, ausgehend von dem, was gewesen ist, was wir wahrgenommen, was wir erlebt haben.

Imaginative Erinnerung

Erinnerungen sind immer lückenhaft – zum einen, weil nicht jeder Augenblick gespeichert wird, und zum anderen, weil das Vergessen immer wieder Teile des Gedächtnisses löscht. Wollen wir die Kontinuität wiederherstellen, müssen wir die Lücken füllen, die Vorstellungen miteinander verbinden, Erinnerungsbruchstücke imaginieren. Valéry schreibt: »In der Vorstellung fällt jeder Augenblick mit jedem zusammen.«

Dafür liefert uns die Neuroanatomie eine plausible Erklärung. Die Erinnerungen werden in Neuronennetzen engrammiert und nach Karten oder Kategorien klassifiziert. Die Aktivierung eines Netzes, die eine Erinnerung hervorruft, greift durch synaptische Übertragung auf die benachbarten Netze über – ein Vorgang, der erklärt, warum eine Erinnerung andere aufruft, die alle untereinander durch Assoziation verknüpft sind. Gelegentlich erschließt sich der Zusammenhang nicht spontan. Wenn wir das fehlende Bindeglied finden möchten, bilden wir durch Willensanstrengung neue Neuronenfortsätze aus, die sich mit dem folgenden Erinnerungsbruchstück verbinden. Das Vorstellungsvermögen schafft also dort Verbindungen, wo neue Fortsätze entstanden sind und die Arbeit des Vergessens rückgängig gemacht haben. Das ist der Beitrag des Vorstellungsvermögens: Es legt Wege an, die von einer Gedächtnisinsel zur nächsten führen, wird aber durch die Start- und Zielpunkte in Schranken gehalten.

Die zweite Aufgabe der Vorstellung ist es, sich auf das Wirkliche in den Erinnerungen zu stützen und sich gleichzeitig dem Neuen, Unbekannten in die Arme zu werfen: »Zur Tiefe des Unbekannten, etwas *Neues* zu erfahren!«[17] Damit sind wir beim künstlerischen, wissenschaftlichen, literarischen Schaffen angelangt. Es bedeutet, um mit Proust zu sprechen, »die Empfindungen … aus dem Halbdunkel hervortreten zu lassen und in ein spirituales Äquivalent umzusetzen«.[18]

Der Schriftsteller, der sich anschickt zu schreiben, der

Bildhauer, der zu Hammer und Meißel greift, der Maler, der vor seiner Leinwand steht, der Forscher, der sich einem Problem gegenübersieht – verfahren sie nicht alle gleich? Sie lenken ihre volle Aufmerksamkeit und Konzentration auf das, was sie in sich fühlen, auf die Summe ihrer Erinnerungen, von denen sie manchmal nur Einzelheiten erfassen, die sie aber als dunkle Anwesenheit in sich spüren. Es handelt sich um »jenes Leben, das in gewissem Sinne bei allen Menschen so gut wie bei dem Künstler in jedem Augenblick wohnt. Sie sehen es nicht, weil sie es nicht dem Licht auszusetzen versuchen, infolgedessen aber ist ihre Vergangenheit von unzähligen Photonegativen angefüllt, die ganz ungenutzt bleiben, da ihr Verstand sie nicht ›entwickelt‹ hat.«[19] Die Kunst ist der Weg, »der zu den Tiefen zurückführt, in denen das, was wirklich existiert hat, von uns ungekannt ruht«[20], so Proust. Ausgangspunkt für den künstlerischen Schaffensprozeß, der auch ein Vorstellungsprozeß ist, sind demnach die Erinnerungen. Für den Maler sind es Farben, Eindrücke, Landschaften, und wie »der Maler es nötig [hat], viele Kirchen zu sehen, um auch nur eine zu malen«[21], so muß der Schriftsteller viele Charaktere beobachtet haben. Der Forscher stützt sich auf erworbene Konzepte und existierende Untersuchungsmethoden, um neue Experimente zur Überprüfung seiner Hypothesen zu entwickeln.

Insofern trifft auch zu, daß man, um Philosoph zu sein, die Geschichte der Philosophie kennen muß. Bergson sagt in *L'Énergie spirituelle*: »Die Rolle des Gehirns bei der Ausübung der Gedächtnisfähigkeit besteht nicht darin, die Vergangenheit zu bewahren, sondern sie zunächst einmal zu verschleiern und dann durchscheinen zu lassen, was nützlich ist.« Wie ein Filter wirkt das Gedächtnis, der im Geist des Künstlers nur duldet, was seinem Schaffensprozeß zuträglich ist. Auch Janet hat sich zu dieser Reinigungsfunktion des Gedächtnisses geäußert: »Die Erinnerungen verändern sich mit der Zeit. Zwar verlieren sie an Genauigkeit, dafür gewinnen sie an Kraft, Klarheit, Organisation.«[22] So wird die Erinnerung zum Sprungbrett für die schöpferische Phantasie, die dabei die Erinnerung in ein Kunstwerk verwandelt.

Sind nicht, so gesehen, abstrakte Kunst, automatisches Schreiben, Science-fiction als verzweifelte Versuche zu verstehen, dem Gewicht des Gedächtnisses zu entkommen? Und dennoch, selbst die abstraktesten Formen existierten bereits, wie das Dutzend Töne der Zwölftonreihe, und die verrücktesten Assoziationen werden uns von unserem Unbewußten vorgegeben. Seinen Begriff von Malerei hat André Breton wie folgt formuliert: »Ein sehr eng gefaßter Nachahmungsbegriff als Aufgabe der Kunst ist der Ursprung jenes fatalen Mißverständnisses, das wir bis in unsere Tage andauern sehen. In dem Glauben, der Mensch könne nur mit mehr oder weniger Erfolg reproduzieren, was ihn berühre, sind die Maler allzu gefällig in der Wahl ihrer Modelle gewesen. Denn sie meinten fälschlicherweise, sie könnten ihr Modell nur in der Außenwelt suchen. Die magische Kraft, derer sich einige erfreuen, wird kläglich verwendet, wenn sie ihnen nur dazu dient, das, was bereits ohne sie vorhanden ist, zu erhalten oder zu verstärken. Um der Notwendigkeit zur absoluten Revision der realen Werte zu genügen, muß sich also das plastische Werk auf ein rein innerliches Modell beziehen oder kann nicht sein.«[23]

Wie uns die Gesetze der Schwerkraft am Erdboden festhalten, so bleibt die Vorstellung an die Erinnerung gebunden. Vielleicht ähnelt der Traum einer interplanetarischen Reise, auf der sich der Geist einige Stunden lang, wie ein Astronaut, in einem Zustand imaginierter Schwerelosigkeit befindet.

Man könnte eine Theorie der imaginierten Erinnerung und der Beziehung zwischen Gedächtnis und Vorstellung entwickeln. Um unsere Erinnerungslücken zu füllen oder um schöpferisch tätig zu werden, reizen wir durch Fragen die vorhandenen neuronalen Schaltkreise. Das führt zur Ausschüttung von Neurotransmittern und Wachstumsfaktoren, in der Folge zu neuen Synapsen und neuen *Reentry*-Schleifen, die der Verwirklichung unseres schöpferischen Vorhabens dienen. Kann das schöpferische Werk dem Künstler entgleiten, kann die Verwirklichung die Grenzen seines Denkens überschreiten, kann er im Zuge des schöpferischen Prozesses ein Werk schaffen, das zunächst nicht in seine Neuronennetze eingeschrieben war? Gewiß. Jeder Schaffensprozeß kommt durch einen willkürlichen motorischen Akt zustande. Die Form, die Kraft, die Koordination, die Zusammenfügung werden durch motorische Impulse hervorgebracht, die in unserem Gehirn entstehen. Der erste Schritt zur konkreten Verwirklichung einer vorgestellten Handlung ist notwendigerweise die Einrichtung dieser neuen neuronalen Schaltkreise in unserem Gehirn. Von ihnen aber gehen unabhängig von unserem Willen neue Neuronenverbindungen aus, die dem schöpferischen Werk ermöglichen, die ursprünglichen Absichten des Urhebers zu überschreiten.

Daher kann es geschehen, daß wir den Ausdruck dieser neuen Schaltkreise wie einen Ausbruch erleben. Flaubert beschreibt ihn, als handle es sich um Halluzinationen: »Plötzlich, wie ein Blitz aus heiterem Himmel, Überwäl-

tigung oder vielmehr unvermittelter Einbruch des Gedächtnisses, denn eine Halluzination in der eigentlichen
Bedeutung ist, für mich zumindest, nichts anderes. Das ist
eine Krankheit des Gedächtnisses, eine Freisetzung dessen, was es sonst verbirgt. Bilder stürzen hervor wie Blut
aus einer Wunde. Man hat den Eindruck, alles, was man
im Kopf habe, entzünde sich auf einmal wie ein Feuer-
werk, so daß einem nicht die Zeit bleibt, die intensiven
Bilder zu betrachten, die rasend vorbeifliegen.«[24]

Auch dieses Phänomen kann für den künstlerischen, literarischen oder poetischen Schaffensprozeß genutzt werden. Leider sind unsere Ausdrucksmittel so beschränkt,
daß sie den Höhenflug dessen, was man Geist nennt, verhindern oder einschränken. Die Vielfalt, Raschheit, die
Macht und die Möglichkeiten dieser Bilder bleiben unserem Zugriff großenteils entzogen, selbst wenn wir sie an-
satzweise erahnen.

Gedächtnis und Persönlichkeit

Der Geist ist untrennbar mit dem Gedächtnis verbunden
und dieses mit der Persönlichkeit – ein Aspekt, der beim
Gedanken an Gehirntransplantationen zu berücksichtigen ist, wie Curt Siodmak in *Hauser's Memory* sehr ein-
drücklich vor Augen führt.[25] Dort wird der ostdeutsche
Kernphysiker Hauser von den Russen liquidiert, als er
versucht, in den Westen zu flüchten. Um das Gedächtnis des Toten zu retten, raubt der amerikanische Ge-
heimdienst den Körper des Ermordeten und beschließt,
die Gehirnzellen des Gedächtnisses in ein menschliches
Versuchskaninchen zu verpflanzen. Nach und nach ent-

deckt man, daß die Versuchsperson eine doppelte Persönlichkeit besitzt, daß die amerikanische Persönlichkeit der des Deutschen erliegt. Das Gedächtnis läßt sich nicht übertragen, ohne die gesamte Persönlichkeit zu verändern. Unter der äußeren Schicht des Amerikaners Mondoro kommt der Deutsche Hauser zum Vorschein. Die Bedeutung des Romans liegt nicht darin, daß er das romantische Thema des Doppelgängers wiederaufnimmt. Interessant ist vielmehr die Fiktion von einer Übertragung der Gedächtniszentren von einem Gehirn auf das andere und vor allem der Versuch, die logischen Konsequenzen einer solchen Transplantation durchzuspielen. Herz, Lunge, Haut oder Gesicht auszuwechseln verändert die Persönlichkeit nicht, der Austausch des Gedächtnisses sehr wohl.

Dieses philosophische Problem wird seit Locke diskutiert. In der Ausgabe von 1794 des *Versuchs über den menschlichen Verstand* definiert Locke den Menschen als »ein denkendes und vernunftbegabtes Wesen, zu Einsicht und Reflexion fähig, das sich selbst als sich selbst betrachten und das gleiche zu verschiedenen Zeit und an verschiedenen Orten denken kann«. Es ist das Gedächtnis, das die Identität der Person konstituiert. »Soweit das Bewußtsein zu einer Handlung oder einem Gedanken in der Vergangenheit zurückreicht, soweit erstreckt sich die Identität dieser Person. Das Ich ist dasselbe wie einst, und diese Handlung wurde von eben dem Ich ausgeführt, das jetzt an sie zurückdenkt.«[26] Für Locke besteht die persönliche Identität weniger im körperlichen Sein als im Bewußtsein. Bei einem zweiten Argument beruft sich Locke auf die Amnesie: »Doch es bleibt ein möglicher Einwand: Nehmen wir an, ich büßte die Erinnerung an bestimmte

Teile meines Lebens vollständig ein, ohne sie jemals wiederzugewinnen, so daß ich mir ihrer möglicherweise nie wieder bewußt würde. Bin ich dann nicht mehr der Mensch, der diese Handlungen ausgeführt, der diese Gedanken gehabt hat, deren ich mir eines Tages sehr wohl bewußt war, obschon ich sie heute vergessen habe?«[27] Gegen diese Argumente hat man eingewandt, daß Locke nur über seine Identität reflektieren könne, weil er mit sich selbst identisch sei. »Nehmen wir einmal an, irgendein Privatmann sollte plötzlich König von China werden, aber unter der Bedingung, zu vergessen, was er gewesen ist, so, als würde er von neuem geboren; bedeutete das nicht beinahe praktisch oder in bezug auf die Auswirkungen, deren man sich bewußt werden kann, soviel als ob er vernichtet und als ob in demselben Augenblicke ein König von China statt seiner erschaffen werden sollte? Dies zu wünschen hat der Privatmann gar keinen Grund.«[28]

Stellen wir uns also das Gehirn von Sokrates im Körper von Platon vor: Wer ist wer? Nach dem »zerebralen Kriterium« von Ferret »ist eine Person P mit einer Person P identisch, wenn und nur wenn P und P mit ein und demselben funktionsfähigen Gehirn ausgestattet sind«.[29] Je mehr bei Siodmaks Protagonisten das Gehirn des Deutschen dasjenige des Amerikaners wird, desto weniger existiert der Amerikaner neben dem Deutschen. Das Gedächtnis des Toten bemächtigt sich des Lebenden und läßt den Toten auferstehen. Ferret sagt in diesem Zusammenhang: »Ihr Gehirn *ist* Ihre somatische Grenze, das heißt dasjenige, ohne welches Sie, im Gegensatz zum Rest ihres Körpers, nicht sein könnten, was Sie sind.«[30]

Schluß

Der Ausdruck »Gedächtnissinn« hat doppelte Bedeutung. Einerseits ist das Gedächtnis unser sechster Sinn, der alle anderen umfaßt und vielleicht auch phänomenologisch bestimmt, denn das Gedächtnis verleiht unserem Leben Bedeutung. Zum anderen liegt das Leitmotiv, der Zusammenhang, die Einheit des Gedächtnisses in der Intentionalität des Erwerbs, der Verwandlung, der Wiedererlangung und dem Vergessen unserer Erinnerungen. Diese Intentionalität (die etwas anderes ist als der Wille, denn der Wille ist ein Werkzeug zur Verwirklichung unserer Intentionen) ist der primäre Mechanismus, der entscheidet über die Auswahl unserer Sinnesempfindungen, unserer Wahrnehmungen, über ihre Interpretation. Das Gedächtnis, das die Vergangenheit erforscht, bereitet die Zukunft vor, indem es die Gegenwart identifiziert.

Vor der Geburt befindet sich das Gehirn des Fötus in der Entwicklung – eine Phase, über die wir nur in Ansätzen Kenntnisse besitzen. Nimmt der Fötus wahr? Vielleicht. Sicher ist jedoch, daß die chemischen Bestandteile im Blut der Mutter, die in sein Gehirn gelangen, auf dessen Neuronen einwirken. So übertragen sich die Sinnesempfindungen der Mutter indirekt auf den Fötus, der sie, wenn er sie auch nicht unmittelbar wahrnimmt, doch spürt. Wir können ihn mit einem Tiefseetaucher vergleichen oder mit jemandem, der sich in einer Menschenmenge befindet und von einer Explosion in der Ferne nur die Schockwelle wahrnimmt. Die äußeren Sinnesempfindungen der Mutter formen also in gewisser Weise das Gehirn des Fötus. Auf die genetische Ausstattung der Neuronen wirkt schon eine Art Erinnerung ein, die Erinnerung, die sich im Laufe der Jahrhunderte gebildet hat, die der Art, der Ethnie, der Sitten, der Sprache, aber auch die aller familiären Merkmale. Von Anfang an legen diese genetischen Faktoren eine bestimmte Form der Persönlichkeit fest und damit auch eine bestimmte Art, Erinnerungen zu erwerben. Mit ein und demselben Griffel und identischem Druck wird man höchst unterschiedliche Spuren hinterlassen, je nachdem, ob man Wachs, Ton, Sand, Kupfer, Blei oder Beton bearbeitet. Diese unterschiedlichen Materialien sind mit den genetischen Karten zu vergleichen, über die wir schon bei der Geburt verfügen und die dazu bestimmt sind, unsere Erinnerungen zu empfangen.

In der Kindheit ist der Mensch einer Flut von Empfindungen ausgesetzt, die er erst allmählich identifiziert und versteht. Nach und nach bilden sie die Bausteine des Gedächtnisses, immer unter dem Einfluß der Erbanlage.

Gegen Ende der Kindheit und zu Anfang der Adoleszenz sind die meisten Gedächtnismodule installiert und empfangen unaufhörlich neue Wahrnehmungen, die zu Erinnerungen werden können. Von stark emotional belegten Szenen abgesehen, die sich unserem Gedächtnis auf Anhieb einprägen, wählen wir einige Aspekte der Wahrnehmung intentional aus, um sie unserem Gedächtnis einzuverleiben.

Ein Meteorologe, ein Maler, eine mehrfache Mutter

und ein Ausländer, der die Gegend nicht kennt, befinden sich auf einer Steilküste, die das Meer hoch überragt, und beobachten einen Sonnenuntergang. Im Wasser verstreut liegen einige Inseln mit Häusern. Befragt man diese Personen einige Zeit später, erinnert sich der Meteorologe an den Sonnenuntergang, indem er die Form der Wolken beschreibt, die Windrichtung, den Vogelflug, die Höhe der Wellen und die Schlußfolgerungen, die er aus allen diesen Beobachtungen für das Wetter des folgenden Tages zieht. Der Maler erinnert sich an die Palette von Farben, welche die Sonne umgab, die Brechung einiger Strahlen auf dem Meer und den außergewöhnlichen Orangeton auf den Mauern einiger Häuser. Die Aufmerksamkeit der gestreßten Mutter war vor allem von den Häusern auf den Inseln in Anspruch genommen, weil sie sich überlegte, welche Vorteile eine solche Sommerfrische für ihre Kinder und sie bedeuten würde. Dem Ausländer sind vor allem die Gemeinsamkeiten im Gedächtnis geblieben, die zwischen der Landschaft, die er vor Augen hatte, und seiner irischen Heimat bestanden. Jeder hatte also intentional andere Aspekte identifiziert. Nur selten drängt sich uns eine Erinnerung auf, in der Regel wählen wir aus, was wir in eine Erinnerung umwandeln wollen.

Dazu schreibt Merleau-Ponty: »Wahrnehmen heißt nicht, eine Vielzahl von Eindrücken zu empfangen, die uns durch die Erinnerungen, die sie mit sich führen, ermöglichen, sie zu betrachten, sondern es heißt, aus einer gegebenen Konstellation einen unmittelbaren Sinn hervortreten zu sehen, ohne den keine Anrufung des Gedächtnisses möglich ist.«[1]

Alle unsere vergangenen Handlungen, Emotionen, Empfindungen haben unsere Persönlichkeit geformt, aber auch als Erwachsene sind wir noch das Kind, das so gerne Räuber und Gendarme spielte. Infolge dieser Kontinuität lastet unsere Vergangenheit mit ihrem ganzen Gewicht auf der Art und Weise, wie wir die Gegenwart wahrnehmen. Unsere Vergangenheit bestimmt die Merkmale unserer künftigen Erinnerungen. Dabei ist es nicht so, daß die Vergangenheit die Gegenwart überlagerte, damit wir sie besser identifizieren können; sie bleibt hinter uns und ermöglicht es uns, in der Gegenwart das auszusuchen, was wir identifizieren und in unser Gedächtnis einspeichern wollen: »Das, was wir erworben haben und was uns zur Verfügung steht, bringt in jedem Augenblick die Energie unseres gegenwärtigen Bewußtseins zum Ausdruck. Das bewußte Leben ist mit einem intentionalen Lichtbogen unterlegt, der uns mit den Projektionen unserer Vergangenheit, unserer Zukunft, unseres menschlichen Kontextes, unserer körperlichen Situation, unserer ideologischen Situation, unserer moralischen Situation umgibt. Dieser intentionale Bogen sorgt für die Einheit der Sinne.«[2] Wenn wir etwas im Gedächtnis speichern, ist das etwa so, als beleuchteten wir dank eines inneren Scheinwerfers bestimmte Aspekte einer Wahrnehmung, um sie im Gedächtnis festzuhalten. Sogar beim Gewohnheitsgedächtnis zeigt sich die Intentionalität. Wir wollen die Gewohnheit erwerben, etwas zu tun, damit es zu einer Reflexhandlung wird, die uns gute Dienste leistet.

In unserem Gedächtnis verändern sich unsere Erinnerungen unter dem Einfluß der Gegenwart, des Kontextes. Die Intentionalität spielt dabei eine wichtige Rolle. Im Laufe unseres Lebens bilden wir uns allmählich eine bestimmte Vorstellung von uns selbst. Wie Historiker dazu neigen, in der Vergangenheit eines Landes die Umstände auszuwählen, die in das Bild passen, das sie vermitteln wollen, und ausklammern oder abmildern, was diesen Eindruck stören könnte, so haben wir die Tendenz, die Erinnerungen, die unser Selbst-Bild verstärken können, zu behalten und zu idealisieren und die anderen unter den Tisch fallen zu lassen. Unsere Erinnerungen müssen sich mit dem Entwurf decken, den wir von uns selbst in der Gegenwart und für die Zukunft machen. Das meint Merleau-Ponty, wenn er schreibt: »Das Gedächtnis ist nicht das konstituierende Bewußtsein der Vergangenheit, sondern das Bemühen, unter Berücksichtigung der Dinge, die sich aus der Gegenwart ergeben, die Zeit noch einmal zu öffnen.«[3] Unsere Vergangenheit bestimmt unsere Gegenwart, aber wir sind es, die sie abhängig von unserem gegenwärtigen Ich akzeptieren, modifizieren oder ablehnen.

Diese Intentionalität der Wahrnehmung hat eine anatomische Grundlage, wie J. Decety 1998 gezeigt hat. Mittels PET-Scan untersuchte er, welche Gehirnregionen bei Versuchspersonen aktiviert wurden, denen man Videofilme vorführte, wobei die Filme einmal einfach angeschaut und ein andermal so betrachtet werden sollten, daß die in dem Film erkennbaren Gesten nachgeahmt werden konnten. Wenn Imitationsabsicht vorliegt, werden bestimmte Gehirngebiete beidseitig aktiviert. Nach diesen Ergebnissen ist eine ziemlich genau lokalisierte Region im mittleren Bereich der linken Hemisphäre von besonderer Bedeutung. Dank der funktionellen Bildgebung kommt man also allmählich den Gehirnarealen auf die Spur, die für die Intentionalität zuständig sind.[4]

Wenn das Gedächtnis auf allen seinen Funktionsebenen weitgehend intentional ist, so gibt uns das auch einen gewissen Freiraum. Verstehen wir unter Freiheit die Möglichkeit, unter verschiedenen Optionen zu wählen, dann spielt das Gedächtnis eine wichtige Rolle bei dieser Auswahl. Das Gewicht der Erinnerungen kann uns zu einer bestimmten Handlungsweise zwingen oder, wenn wir diese verwerfen, veranlassen, das Gegenteil dessen zu tun, was uns das Gedächtnis empfiehlt. In diesem Zusammenhang schreibt Merleau-Ponty: »Alle Erklärungen meines Verhaltens anhand meiner Vergangenheit, meines Temperamentes, meines Milieus sind also wahr, sofern man sie nicht separat betrachtet, sondern als Momente meines Gesamtwesens, denen ich verschiedene Deutungen geben kann, ohne daß sich jemals sagen ließe, ob ich es bin, der ihnen einen Sinn verleiht, oder ob ich ihn von ihnen beziehe.«[5]

Die Intentionalität manifestiert sich auch in der Art und Weise, wie wir Erinnerungen im Gedächtnis anderer verankern und verewigen möchten. Die Welt wird von uns wahrgenommen, und wir werden ununterbrochen von der Welt wahrgenommen, die uns umgibt. Egal, ob uns gleichgültig ist, was wir für ein Bild von uns selbst vermitteln, oder ob wir dem übertriebene Bedeutung beimessen – andere nehmen uns wahr, und wir werden ihnen zu Erinnerungen. Geschenke für Menschen, die uns lieb und teuer sind, die Schaffung von Kunstwerken oder gar Taten von historischer Bedeutung – liegt ihnen nicht allen der Wunsch zugrunde, fortzuleben in der Erinnerung der Nachwelt? Wenn wir Geschenke für den Menschen aussuchen, den wir lieben, wenn wir ihn veranlassen, bestimmte Landschaften zu bewundern oder sich bestimmte Musikstücke anzuhören, dann geht es uns sicherlich zunächst um die Intensität des augenblicklichen Gefühls, aber auch darum, daß diese Dinge zu Trägern von Erinnerungen werden. Denn Erinnerungen schließen Menschen enger zusammen als jede andere Bindung.

Ähnlich verhält es sich mit den Künstlern, den Dichtern, den Malern, den Schriftstellern; zwar schaffen sie ihre Werke vor allem, weil sie das Bedürfnis dazu verspüren, aber auch weil sie sich wünschen, daß ihre Werke geschätzt, bewundert, anerkannt werden und daß sie auf diese Weise über ihre Zeit hinaus im Gedächtnis der Menschen bleiben.

Im Bewußtsein seiner Vergänglichkeit ist das Bedürfnis des Menschen, noch einige Zeit nach seinem Tode zumindest im Gedächtnis derer zu verweilen, die ihn lieben, besser noch im allgemeinen Gedächtnis, universell verbreitet. Unser wahres Grabmal ist das Gedächtnis der Lebenden. Wirklich tot sind wir erst, wenn sie uns vergessen haben.

Am Ende unseres Lebens ziehen wir uns in den Freiraum zurück, den uns unsere Erinnerungen bieten. Jeder hat sich in seinem Leben von Zeit zu Zeit gesagt: Diesen Augenblick möchte ich gerne noch einmal vor meinem Tode wiedererleben, diese Landschaft noch einmal wiedersehen, dieses Kunstwerk noch einmal bewundern, dieses Stück noch einmal hören. Wir hoffen, vor unserem Tode noch einmal bestimmte Empfindungen unserer Existenz verspüren zu können, noch ein letztes Mal an die Orte zurückzukehren, an denen wir sie erlebt haben, und auf diese Weise eine um die andere Erinnerung auszulöschen, wie die Musiker in Haydns Abschiedssymphonie, die bei einer Aufführung nacheinander die Kerzen ausbliesen, bevor sie die Bühne verließen. Frei zu sterben, das heißt, so zu sterben, wie Jacques Brel es am Ende seines Chansons *À mon dernier repas* besingt:

In meiner Pfeife werde ich meine Kindheitserinnerungen
verbrennen
Meine unerfüllten Träume, die Reste meiner Träume
Und ich werde nichts behalten, um meine Seele zu kleiden
Als das Bild eines Rosenstocks und einen Frauennamen.

Anhang

Das Neuron

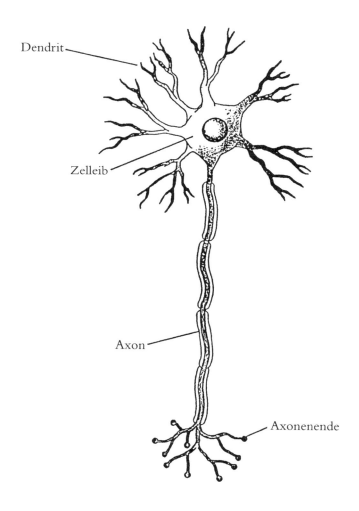

Dendrit

Zelleib

Axon

Axonenende

Die Entwicklung der Neuronennetze

Kindheit

Erwachsenenalter

Das menschliche Gehirn

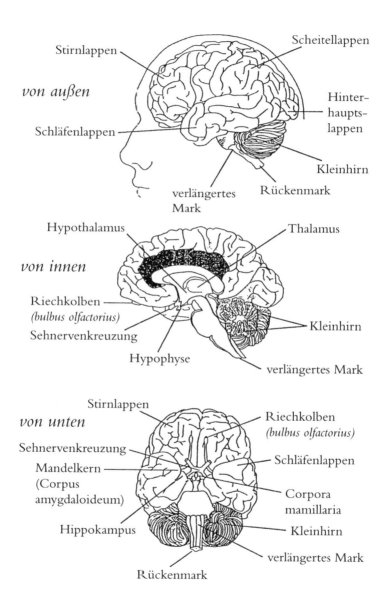

von außen

Stirnlappen

Scheitellappen

Hinter-haupts-lappen

Schläfenlappen

Kleinhirn

verlängertes Mark

Rückenmark

von innen

Hypothalamus

Thalamus

Riechkolben (bulbus olfactorius)

Sehnervenkreuzung

Hypophyse

Kleinhirn

verlängertes Mark

von unten

Stirnlappen

Riechkolben (bulbus olfactorius)

Sehnervenkreuzung

Mandelkern (Corpus amygdaloideum)

Schläfenlappen

Corpora mamillaria

Hippokampus

Kleinhirn

verlängertes Mark

Rückenmark

[268]

Anmerkungen

Motto

C. Baudelaire, *Sämtliche Werke/Briefe,* Frankfurt/M., Zweitausendeins, 1975, Bd. 3, übers. v. F. Kemp, S. 135.

Einleitung

1 V. Nabokov, *Andere Ufer. Ein Buch der Erinnerung,* Reinbek, Rowohlt, 1964, S. 125.
2 P. Janet, *Évolution de la mémoire et de la notion de temps,* Paris, Chahine,
1928, S. 195.
3 R. Crevel, »Mémoire, l'ennemie«, in: *Mon corps et moi,* Paris, Le Livre de Poche (»Biblio«), 1991, S. 51.

Ideengeschichte des Gedächtnisses

1 W. Capelle, *Die Vorsokratiker,* Stuttgart, Kröner, 1968, S. 110 f.
2 Um sich an Chrysipp zu erinnern, ruft man sich Krusos und Hippos
ins Gedächtnis. Die »Doubles dits« der Sophisten, ebd., S. 1178.
3 Platon, *Menon,* 81d–86b.
4 Es handelt sich hier um die mathematische Figur des Vierecks, des
Flächeninhalts im *Menon* oder der mathematischen Gleichheit im
Phaidon. Vgl. dazu auch die sogenannten platonischen Formen. –
Heute würde man die angeborenen Kategorien als Gene bezeichnen,
die durch Einwirkung der Umwelt verändert und ergänzt werden.
Das »Ingenium« nützt ohne zehn Jahre harte Arbeit jedoch nichts.
5 Dem Thema werden wir auch in der Psychologie wiederbegegnen –
in Form des Déjà-vu, des falschen Wiedererkennens und eines früheren Lebens.
6 Platon, *Phaidon,* 75c–76b: »Und eben das auch … nach jenem Satz,
o Sokrates, wenn er richtig ist, den du oft vorzutragen pflegtest, daß
unser Lernen nichts anders ist als Wiedererinnerung, und daß wir
deshalb notwendig in einer früheren Zeit gelernt haben müßten,
wessen wir uns wiedererinnern.«
7 »… wer etwas wahrnimmt, es sei nun durch Gesicht und Gehör
oder irgendeinen anderen Sinn, dabei etwas anderes vorstellen
könne, was er vergessen hatte und was diesem nahe kam als unähn-
lich oder als ähnlich.« Platon, *Phaidon,* 75c–76c.

8   Ebd., 73d.

9   Platon, *Phaidros,* 250a.

10 G. de Nerval, »Fantaisie«: »Das in einer anderen Existenz ich/Vielleicht schon erblick: – und nun erinnere!«, in: *Œuevres complètes,* Paris, Gallimard (»Bibl. de la Pléiade«), 1984. C. Baudelaire, »La vie antérieure« (»Das vorige Leben«), *Sämtliche Werke/Briefe,* Frankfurt/M., Zweitausendeins, 1975, Bd. 3, S. 82 f.

11 Platon, *Theaitetos,* 194c.

12 Platon, *Sämtliche Werke 4,* Hamburg, Rowohlt, 1958, *Theaitetos,* 191e.

13 Ebd., 193c, 194b. Vgl. auch *Theaitetos,* 197c und d: »Das Gedächtnis ist wie ein Taubenschlag voller Vögel, die kommen und gehen«. Vgl. ferner N. de Malebranche, *Recherche de la vérité,* Buch II, Erster Teil, Kapitel V, III. »De la mémoire«, in: *Œuvres,* Paris, Gallimard (»Bibl. de la Pléiade«), 1979, S. 167–168.

14 Eine Hormontheorie in einer sehr primitiven Vorform, wo der schwarze Körpersaft beispielsweise für Melatonin steht. – Vgl. A. J. Hobson, *Le Cerveau rêvant,* Paris, Gallimard, 1992, S. 112 f. Die vier Körpersäfte waren das »Phlegma«, die »schwarze Galle«, die »gelbe Galle« und das Blut. Jedes stand für verschiedene Temperamente. Das Serotonin ist ein Neurotransmitter, der als Antidepressivum eingesetzt wird, weil er unseren Wahrnehmungen ihren emotionalen Charakter verleiht. Das Melatonin ist ein Hormon, das zur Regulierung von Energie und Stimmung dient.

15 Aristoteles, *Kleine naturwissenschaftliche Schriften (Parva Naturalia),* übers. u. hg. v. E. Rolfes, Leipzig, Meiner, 1924, S. 37.

16 Ebd., S. 38.

17 Freud vervollständigte diese Charakterologie des Gedächtnisses.

18 Die mit * gekennzeichneten Fachbegriffe werden im Glossar ab S. 287 erklärt.

19 Aristoteles, Kleine naturwissenschaftliche Schriften, S. 39.

20 Ebd., S. 40.

21 Ebd., S. 42.

22 Ebd., S. 43. Vgl. Augustinus, *De trinitate,* Kapitel XIV, 13.

23 Aristoteles, Kleine naturwissenschaftliche Schriften, S. 44.

24 Augustinus, *De musica,* VI, 8: »Non venisse sed redisse in cogitationem«.

25 Aristoteles, a. a. O., S. 47.

26 In den Enneaden (III, 25ff) bedient sich Plotin bei Platon, dessen Erinnerungstheorie ihm zusagt, und bei Aristoteles gleichermaßen. Die Erinnerung ist eine Idee oder ein Vorstellungsbild. Sie setzt eine zeitliche Distanz voraus. Wiederholung hilft beim Speichern. Man erinnert sich an das, was nützlich ist, aber es gibt auch unbewußte

Erinnerungen. Dagegen ist die körperliche Wahrnehmung nicht notwendig für die Speicherung der Erinnerung, die keinen physischen Eindruck hinterläßt. Gedächtnis und Erinnerung (»Mneme« und »Anamnesis«) sind »der Akt, durch den die Seele an die Dinge denkt, die sie besitzt«.

27 Merkwürdig ist, daß Aristoteles sich in *De memoria* keine Gedanken über die organischen Funktionen des Gedächtnisses gemacht hat, während er sich in der *Geschichte der Tiere* mit dem menschlichen Körper beschäftigt. Dort beschreibt er die beiden Hälften des Großhirns, des Kleinhirns und das Herz, in dem er den Sitz der Seele vermutet. Aristoteles, *Geschichte der Tiere*, I, 16. Platon nennt als Sitz des Geistes übrigens das Gehirn. – Im 3. Jahrhundert n. Chr. ergänzt Galen das Bild durch sehr interessante Einzelheiten. In Experimenten an Affen stellt er fest, daß sie bewußtlos werden, wenn man ihnen das Gehirn zusammenpreßt. Er erkennt, daß das Gehirn der Sitz des Bewußtseins und der Ort ist, in dem alle Nerven, die sensorischen wie die motorischen, zusammenlaufen. Damit korrigiert er Aristoteles, der behauptete, das Gehirn und die Sinnesorgane seien nicht miteinander verbunden. »Eines Tages sollte ich einem Menschen das Gedächtnis wiederbeschaffen, das er verloren hatte. Meiner Meinung nach war der Ort betroffen, der auch die sogenannte herrschende Seele beherbergt. Ich hörte, Archigenes habe ein Buch geschrieben, in dem er darlege, wie man Beeinträchtigungen des Gedächtnisses heilen könne. Archigenes: ›Ich denke, man sollte Spülungen vornehmen, den ganzen Körper reizen, den Kopf rasieren, Schröpfköpfe setzen.‹ – ›Was gäbe es für einen vernünftigen Grund, o Archigenes, unsere Bemühungen allein auf den Kopf zu richten und dabei das Herz zu vernachlässigen, wo doch das Gedächtnis eine dieser angeborenen Funktionen ist und der Verlust des Gedächtnisses eine Erkrankung dieser Funktion selbst? Kann denn die Anwendung von Schröpfköpfen am Kopf das Gedächtnis wiederherstellen?‹ Archigenes erwärmte den ganzen Kopf mit Hilfe eines Heilmittels, das er Senfpflaster nannte: erst Senf, dann Rohsoda, dann eine Spülung mit heißem Wasser. Beim Gedächtnisverlust verrät kein äußerliches Anzeichen, welcher Ort betroffen ist: weder eine widernatürliche Geschwulst noch ein Ausfluß noch irgend etwas sonst. Die allgemeine Annahme, die vernunftbegabte Seele befinde sich im Gehirn, die männliche und reizbare Seele im Herzen, die wollüstige Seele in der Leber, wird täglich bestätigt, wenn die Rede davon ist, daß ein Narr hirnlos sei oder daß ein verzagter und ängstlicher Mensch ein Hasenherz habe. Häufig geht die Beeinträchtigung des Gedächtnisses Hand in Hand mit einer Beein-

trächtigung der Vernunft. Wenn die Vernunft mit dem Gedächtnis verlorengeht, spricht man von Irrsinn. Alle Krankheiten der herrschenden Funktionen entstehen im Gehirn.« Nach einer gewissen Unschlüssigkeit, ob das Gedächtnis im Herzen oder im Gehirn zu lokalisieren sei, scheint Galen, entsprechend seinen Erkenntnissen über den Irrsinn, für das Gehirn zu votieren. Offenbar hat er auch die Lehre von den Lebensgeistern ersonnen, der wir bei R. Descartes und dem englischen Anatomen T. Willis in seiner *Anatomie des Gehirns* (1664) wiederbegegnen werden.

28   Cicero, *De oratore,* II, LXXXVI; Quintilian, *Institutio oratoria,* XI, II, 17–22; F. Yates, *Gedächtnis und Erinnern,* Berlin, Akademie Verlag, 1999.

29   J. Lacouture, *Les Jésuites,* Paris, Le Seuil, 1991, Bd. I, S. 289. J. Spence, *The Memory Palaces of Matteo Ricci,* New York, Viking, 1984.

30   Augustinus, *Confessiones/Bekenntnisse,* Darmstadt, Wissenschaftliche Buchgesellschaft, 1984/Buch 10, Kapitel 8, S. 505. Die berühmten Seiten des Augustinus zum Problem des Gedächtnisses und der Erinnerung finden sich in den Kapiteln 8–21.

31   Ebd., S. 505.

32   Ebd., S. 509.

33   Augustinus, *De Quant. an.,* Kap. 5; *Contr. Epist. Manich.,* Kap. 17.

34   J.-P. Changeux, *Der neuronale Mensch,* Reinbek, Rowohlt, 1984, S. 19. Augustinus, *De Gen. ad litt.,* 18. Nemesius, im 5. Jahrhundert Bischof von Emesa in Syrien, hat eine Abhandlung mit dem Titel *De la nature de l'homme (Von der Natur des Menschen)* geschrieben, die erst vom Griechischen ins Lateinische und im 16. Jahrhundert ins Französische übersetzt wurde. – In einer Gehirnkammer wird auch Rabelais später das Gedächtnis orten: »… und in der süßen Erinnerung an Eure hohe Majestät, wie sie im innersten Kämmerlein meines Hirns geschrieben, ja fest eingeprägt steht, gern verharret; mir öfters selbige in ihrer wahren und wirklichen Gestalt leibhaft fürbildend.« Vgl. dazu F. Rabelais, *Gargantua und Pantagruel,* übers. v. G. Regis, Frankfurt/M., Zweitausendeins, o. J., Bd. II, S. 42. Vgl. ferner J.-P. Changeux, *Der neuronale Mensch,* S. 20: Auf dem Stich aus dem Jahr 1520 ist der Sitz des Gedächtnisses im dritten Hirnventrikel lokalisiert (G. de Rusconibus, *Congestiorum artificosae memoriae,* Venedig, 1520).

35   Augustinus, *De musica,* VI, 4. – »So wird die Zeit vom Gedächtnis und nicht der Wahrnehmung erfahren und erkannt, denn ich kann jede Silbe einer Strophe mit kurzen oder langen Versen erst erfassen, wenn die Silbe ausgesprochen ist. Ich habe also das Bild von ihr bewahrt.«

36 »Cum imprimitur rei cujusque imago in memoria, prius necesse est ut adsit res ipsa unde illa imago possit imprimi« (Kap. 10 der *Bekenntnisse*).

37 Augustinus, *Bekenntnisse,* Kap. 10, S. 511. Das Gedächtnis fördert Vorstellungen zutage, die latent in uns vorhanden sind.

38 Ebd., S. 513.

39 Ebd., S. 517. – Trotzdem erinnern wir uns, wie wir unser Wissen erworben haben, sogar an das, was dagegen »fälschlich eingewandt« wurde. Wenn wir unser Wissen vor unserem geistigen Auge Revue passieren lassen und uns diesen Augenblick vergegenwärtigen, erinnern wir uns, daß wir uns erinnert haben. Forscher, die sich mit dem impliziten oder prozeduralen Gedächtnis beschäftigen, behaupten hingegen, daß wir vergessen, wie wir gelernt haben (ganz gleich, ob es sich um Laufen, Lesen oder Klavierspielen handelt).

40 Augustinus, *Bekenntnisse,* Buch 10, Kapitel 15, S. 523.

41 »Wenn ich der Vergessenheit gedenke, so ist beides, Gedächtnis und Vergessenheit, gegenwärtig: das Gedächtnis, durch das ich gedenke, die Vergessenheit, deren ich gedenke.«

42 Die folgenden Zitate ebd., Buch 10, Kap. 16, S. 525–533.

43 Gott bleibt in unserem Gedächtnis von dem Augenblick an, da wir ihn kennengelernt haben. Aber Gott erinnert sich so wenig, wie er voraussieht, was geschieht. Denn Gott sieht alles, wie schon Plotin gesagt hat, in einer unteilbaren und unbewegten Gegenwart. – Vgl. M. Ferraz, *De la psychologie de Saint Augustin,* Paris, Durand, 1862, S. 154. Plotin, *Enneaden,* IV, Kapitel 25: »Wie könnte sich das, was immer gleich und unwandelbar ist, des Gedächtnisses bedienen, da es doch nicht wüßte, … daß es aufeinanderfolgende Gedanken hätte, von denen der eine gegenwärtig und der andere vergangen im Zustand der Erinnerung wäre?«

44 Augustinus, *De musica*, I, 4; *Contr. Epist. Man.*, Kap. 17.

45 Augustinus, *De gen. ad litt.*, III, 8.

46 Davon ganz auszunehmen sind die Gedächtniskünste. – Thomas von Aquin zum Beispiel folgt Cicero und behandelt das Gedächtnis nur als einen Aspekt der »Prudentia«. Der kluge Mensch muß die Vergangenheit kennen.

47 »Durch die Bewegungen dieser Teilchen des Gehirns entsteht eine Spur, auf der das Wiedererinnern beruht.« R. Descartes, *Œuvres complètes*, hrsg. von V. Cousin, Paris, 1824, Bd. VIII, S. 271.

48 Ebd., Bd. IX, S. 167. – Diese Unterscheidung zwischen materiellem und geistigem Gedächtnis ist nicht zu verwechseln mit derjenigen, die Aristoteles zwischen Bildern und Ideen macht, wie übrigens in

seiner Nachfolge auch Augustinus. Vgl. A. J. Hobson, *Le Cerveau rêvant*, S. 112 ff.

49 R. Descartes, *Œuvres et lettres*, Paris, Gallimard (»Bibl. de la Pléiade«), 1987, S. 1306 f.

50 R. Descartes, *Die Leidenschaften der Seele*, Hamburg, Felix Meiner, 1984, S. 69.

51 R. Descartes, *Über den Menschen*, Heidelberg, Lambert Schneider, 1969, S. 110. Vgl. auf S. 104/105 die Abbildungen, die das Gehirn und die Drüse (H) wiedergeben, den Sitz des Vorstellungsvermögens und des gesunden Menschenverstands, den Ort, wo die Lebensgeister die Formen bilden, die für Ideen oder Vorstellungen gehalten werden, »die Formen und Bilder, die die vernunftbegabte Seele unmittelbar wahrnimmt« (S. 109).

52 Einen ähnlichen Fehler begeht noch T. Ribot 1881 in den abschließenden Bemerkungen seines Essay *Les Maladies de la mémoire*, Paris, Baillière, 2. Aufl. 1883.

53 Im Vergleich zu Descartes räumt sein Schüler Malebranche dem Gedächtnis wenig Raum ein: eine Seite in der Schrift *Recherche de la vérité*. Danach hat die Seele ihren Sitz vor allem im Hauptteil des Gehirns. Alle unsere Wahrnehmungen treffen in den Fasern ein, die dieses Organ enthält, und rufen dort Veränderungen hervor. »Wenn die Fasern des Gehirns einmal bestimmte Eindrücke durch die Bewegung der animalischen Geister und durch die Wirkung der Objekte empfangen haben, bewahren sie längere Zeit die Bereitschaft, gleiche Konstellationen aufzunehmen. Das Gedächtnis ist nichts anderes als diese Bereitschaft. Denn wir denken an die gleichen Sachen, wenn das Gehirn die gleichen Eindrücke empfängt.« Die Kraft, mit der die Lebensgeister auf die Substanz des Gehirns einwirken, bestimmt die Intensität der Erinnerung. An das, was wir gesehen haben, erinnern wir uns deutlicher als an das, was wir uns vorgestellt haben, und an das, was wir mehrfach erblickt haben, besser als an das, was uns nur einmal vor Augen gekommen ist. Die Annahme, unser Gehirn sei zu klein, um diese »Spuren« und Eindrücke »in gewaltiger Zahl« zu beherbergen, ist, wie Malebranche zutreffend feststellt, ein Vorurteil. Mit allen anderen Fragen läßt er den Leser allein: »Alle anderen Fragen sollen hier nicht in aller Breite erörtert werden, weil wir es für angebrachter halten, daß sie sich ein jeder mit etwas geistiger Anstrengung selbst erkläre.« N. de Malebranche, *De la Recherche de la vérité*, Buch II, Erster Teil, Kap. V, III, R. Descartes, *Œuvres et lettres*, Paris, Gallimard (»Bibl. de la Pléiade«), 1987, S. 168–169.

54 Spinoza, *Abhandlung über die Verbesserung des Verstandes*, Hamburg, Felix Meiner, 1993, § 81, S. 75.

[274]

55 Ebd., § 82, S. 75.

56 Ebd., § 83, S. 75–77.

57 Spinoza, *Éthique*, *Œuvres complètes*, Paris, Gallimard (»Bibl. de la Pléiade«), 1954, S. 498–499. Im Gegensatz zu Aristoteles macht Spinoza keinen Unterschied zwischen Gedächtnis und Erinnerung.

58 J. Locke, *Über den menschlichen Verstand*, Hamburg, Felix Meiner, 1976, Buch II, Kap. X, »Über die Erinnerung«, S. 167 ff.

59 Hier vertritt er die gleiche Auffassung wie Aristoteles (*De memoria*, II, 5). – Ähnlich ergeht es den Vorstellungen kleiner Kinder, wenn sie nicht wiederholt werden, oder jungen Blinden.

60 Voltaire, »Die Geschichte mit dem Gedächtnis«, in: *Sämtliche Romane und Erzählungen*, München, Winkler, 1969, S. 590–594.

61 D. Diderot, *Œuvres*, Bd. I, *Philosophie*, hrsg. v. L. Versini, Laffont (»Bouquins«), 1994, 3. Teil, »Phénomènes du cerveau«, Kap. III, »Mémoire«, S. 1288–1292. Neben vielen anderen Autoren beruft sich Diderot auf Le Camus, den Verfasser von *Médecine de l'esprit* (1753), und auf C. Bonnet, *Essai analytique sur les facultés de l'âme*. Bordeu, Verfasser der Schrift *Recherches sur l'histoire de la médecine* (1764), ist einer der drei Gesprächspartner im *Rêve de d'Alembert*. Ferner verwendet Diderot die Anatomie von Haller (*Elementa physiologiae corporis*, 1757–1766). In dem Artikel »Âme« aus der *Encyclopédie* nennt und verwirft er die verschiedenen Theorien über den Sitz der Seele, Descartes' Zirbeldrüse, das »Corpus callosum« von La Peyrnie, das »ovale Zentrum« von Vieussens. So sehr der Mensch sich auch bemüht, »die Erfahrung läßt keinen Zweifel an der Verbindung zwischen den seelischen Funktionen und dem Zustand und der Organisation des Körpers« (S. 247).

62 So Diderots Herausgeber Laurent Versini. Diderot stimmt darin mit La Mettrie überein, der erklärt: »Das, was in uns denkt, ist ein Teil dieses Eingeweides und damit des ganzen Körpers.« (*L'homme machine*, 1748; Bossard, 1921, S. 120).

63 D. Diderot ebd., Bd. I, S. 470. Er führt weiter aus, daß sich alle Operationen des Verstandes zurückführen lassen »auf die Erinnerung von Zeichen, von Lauten oder auf die Vorstellung oder das Gedächtnis von Formen oder Figuren« (S. 473). Vgl. die Artikel »Âme« und »Animal«.

64 Ebd., S. 1257.

65 Ebd., S. 1290.

66 Ebd., S. 1291. Vgl. *Lettre sur les aveugles*: »Die Kindheit ist die Zeit der Erinnerung.« Das Genie »erinnert sich nicht, es sieht; es begnügt sich nicht damit zu sehen, es ist ergriffen; in der Stille und Dämmerung des Arbeitszimmers ergötzt es sich an heiteren, blühenden Landschaf-

ten, erschauert unter dem eisigen Anhauch des Nordwinds, wird von der Sonne verbrannt und vom Orkan erschreckt«. (Zitiert in: G. Poulet, *Études sur le temps humain*, Paris, Plon, 4 Bde., neu aufgelegt in der Édition Pocket, Bd. I, S. 213.) Das ist das affektive Gedächtnis. Wenn die Erinnerung zu eindringlich ist, läßt sie sich nicht beschreiben (vgl. auch Diderots Schrift *Paradoxe sur le comédien*).

67 Diderot, ebd., Bd. I, S. 1292. Vgl. *Lettre sur les aveugles.*

68 A. Destutt de Tracy, »Éléments d'idéologie«, Erster Teil, Kap. III, in: L. Clauzade, *L'Idéologie ou la Révolution de l'analyse*, Paris, Gallimard (»Édition Tel«), 1998, S. 165–166.

69 P.-J.-G. Cabanis, *Rapports du physique et du moral de l'homme*, 1802.

70 Dieser meint, die natürlichen Fähigkeiten seien mit einem entsprechenden Organ verknüpft.

71 F. J. Gall, *La Découverte du cerveau*, S. 152. Die erste Abhandlung von Gall zu diesem Thema erschien 1798 im *Neuen Deutschen Merkur*. Dem französischen Institut überreichte er 1808 ein Memorandum mit dem Titel »*Recherches sur le système nerveux en général et sur celui du cerveau en particulier*« (*Untersuchungen über die Anatomie des Nervensystems überhaupt, und des Gehirns insbesondere*) in: *Anatomie et physiologie du système nerveux en géneral, et du cerveau en particulier*, Paris, Schoelle, 1810–1819, sowie F.-J.-V Broussais, *Cours de phrénologie*, Bruxelles, 1836.

72 F. J. Gall, *Fonction du cerveau*, Paris, 1822, Bd. I, zitiert bei T. Ribot, a. a. O., S. 107–108.

73 F. P. Maine de Biran, *Œuvres*, hrsg. v. Azouvi, Paris, Vrin, 1984, Bd. V, S. 56.

74 Ebd., S. 63.

75 Deshalb halten wir uns lieber an die Beschreibungen von Schriftstellern, deren Figuren sich, wie sie selbst, in einem Zustand befinden, der weder Intelligenz noch Denken ausschließt.

76 F. P. Maine de Biran, *Œuvres*, a. a. O., S. 151

77 Ebd., Bd. II, S. 82–83.

78 F. P. Maine de Biran, *Œuvres*, hrsg. v. P. Tisserand, Paris, 1812, Bd. VIII–IX, »Essai sur les fondements de la psychologie«, S. 322.

79 É. Bonnot de Condillac, *Essai sur l'origine des connaissances humaines* Paris, Colin, 1924, Kap. III.

80 F. P. Maine de Biran, *Œuvres*, hrsg. v. P. Tisserand, S. 329.

81 F. P. Maine de Biran, *Œuvres*, hrsg. v. Azouvi, Paris, Vrin, 1984, Bd. II, S. 34 (»Premier mémoire sur l'influence de l'habitude«).

82 Ebd., S. 60.

83 Ebd., S. 225.

84 Ebd., »Conclusion«, S. 283.

85   H. Taine, *De l'intelligence,* Paris, Hachette, 1870, Bd. I, S. 315.

86   Ebd., S. 270.

87   Mit der Schrift *La Psychologie anglaise contemporaine,* 1870, in der er die Psychologie als eine von der Philosophie unabhängige Wissenschaft etablieren möchte. Für Ribot »drücken vasomotorische, respiratorische, sekretorische Störungen objektiv aus, was die entsprechenden Bewußtseinszustände, von der Selbstbeobachtung nach ihren Eigenschaften klassifiziert, subjektiv zum Ausdruck bringen ... ein und dasselbe Ereignis in zwei Sprachen formuliert« (*La Psychologie des sentiments,* Paris, Alcan, 1899, S. 113).

88   T. Ribot, *Les Maladies de la mémoire,* 1883, 2. Aufl., S. 49–50.

89   Ebd., S. 45 f.

90   Ribot, La psychologie anglaise contemporaine, S. 94–99.

91   Ebd., S. 25.

92   H. Ebbinghaus, *Über das Gedächtnis, Untersuchungen zu experimentellen Psychologie,* 1. Aufl.: Leipzig; Duncker & Humblot, 1885, Nachdruck: Darmstadt, Wiss. Buchges., 1992.

93   Vgl. A. Weil-Barais, *L'Homme cognitif,* Paris, PUF, 1994, S. 309–310, und seine Analyse der Kritik von Bartlett an Ebbinghaus aufgrund von kulturellen Kriterien, etwa wenn Europäer eine Eskimogeschichte erinnern sollen.

94   H. Bergson, *Materie und Gedächtnis. Eine Abhandlung über die Beziehung zwischen Körper und Geist,* Hamburg, Felix Meiner, 1991, S. 53.

95   Die folgenden Zitate ebd., S. 67, 70, 71, 78, 85, 95, 120.

96   R. Semon, *Die Mneme als erhaltendes Prinzip im Wechsel des organischen Geschehens,* Leipzig, Engelmann, 1904.

97   F. C. Bartlett, *Remembering,* Cambridge University Press, 1932.

98   J. de La Bruyère, *Die Charaktere oder die Sitten im Zeitalter Ludwigs XIV.,* Leipzig, Verlag des Bibliographischen Instituts, o. J., S. 37.

99   G. M. Edelman, *Göttliche Luft, vernichtendes Feuer,* München, Piper, 1995.

[KAPITEl 2]
Funktionsweise Neuroanatomie

1   J. Supervielle, *Œuvres poétiques complètes,* Paris, Gallimard (»Bibl. de la Pléiade«), »Les Nerfs«, 1996, S. 498–500

2   Marcel Proust, *Auf der Suche nach der verlorenen Zeit,* Ausgabe in 10 Bänden, Frankfurt/M., Suhrkamp, 1979, Bd.1, S. 247.

3   R. Antelme, *L'Espèce humaine,* Paris, Gallimard, 1957, S. 275.

4   D. Diderot, *Œuvres,* Paris, Laffont, 1994, Bd. I; vgl. insbesondere S. 646, 652, 659. Vgl. ferner G. M. Edelman, *Göttliche Luft, vernich-*

tendes Feuer, München, Piper, 1995, der zeigt, daß Diderot der Wissenschaft seiner Zeit voraus war, was das Wissen um das Zentralnervensystem anbelangte; außerdem G. Poulet, *Études sur le temps humain,* Paris, Plon, 1997, Bd. I, S. 211–217 (»La mémoire immense«).

5 D. Diderot, *Œuvres,* Paris, Laffont, 1994 Bd. I, S. 646.
6 Ebd.
7 H. Bergson, *Materie und Gedächtnis. Eine Abhandlung über die Beziehung zwischen Körper und Geist,* Hamburg, Felix Meiner, 1991, S. 85.

[KAPITEL 3]
Erinnerungserwerb

1 H. Bergson, *Materie und Gedächtnis,* ebd., S. 175 f.
2 Ebd. S. 147.
3 Ebd., S. 1230.
4 C. Baudelaire, *Sämtliche Werke/Briefe,* Frankfurt/M., Zweitausendeins, 1975, Bd. 3, S. 69.
5 P. Valéry, *Œuvres,* Paris, Gallimard (»Bibl. de la Pléiade«), 1987, Bd. II, S. 1506.
6 R. Descartes, *Œuvres et lettres,* Paris, Gallimard (»Bibl. de la Pléiade«)1987, S. 925; vgl. »Traité des passions«, Art. 136.
7 Plinius der Ältere, *Histoire naturelle,* Paris, Gallimard, »Folio classique«, VII, 1999, S. 88–90.
8 M. Proust, *Auf der Suche nach der verlorenen Zeit,* Frankfurt/M., Suhrkamp, 1979, Bd. 1, S. 35.
9 H. de Balzac, *Le Lys dans la vallée,* Paris, Gallimard (»Bibl. de la Pléiade«), Bd. IX, S. 1207.
10 M. Proust, *Auf der Suche nach der verlorenen Zeit,* Frankfurt/M., Suhrkamp, 1979, Bd. 1, S. 244.
11 Stendhal, *Souvenirs d'égotisme,* Paris, Gallimard (»Folio classique«), 1983, S. 154.
12 Ebd., S. 45, vgl. auch S. 90: »Ich habe wenig Erinnerungen an diese Tage, die sich alle glichen.«
13 J. Conrad, *Der goldene Pfeil. Eine Geschichte zwischen zwei Bemerkungen,* Frankfurt/M., Fischer, 1984, S. 79.
14 H. Taine, *De l'Intélligence,* a. a. O. S. 130.
15 W. James, *The Principles of Psychology,* New York, Holt, 1890.
16 H. James, *Notebooks,* The University of Chicago Press, 1947, S. 34 f.
17 M. Proust, *Auf der Suche nach der verlorenen Zeit,* a. a. O., Bd. 1, S. 278–279.

18 É.-P. de Senancour, *Oberman,* Paris, Gallimard (»Folio classique«), 1984, S. 241.

19 H. Bergson, *Materie und Gedächtnis,* Hamburg, Meiner, 1991, S. 149.

20 Rousseau zit. nach Bergson, S. 226.

21 Ebd., S. 114.

22 V. Hugo, *Les Contemplations,* »À Viellequier«, Paris, Flammarion, 1999 (u. a.).

23 Byron, *Poetical Works,* Oxford University Press, 1970, Canto I, XIX, S. 116.

24 G. Apollinaire, *Œuvres poétiques complètes,* Paris, Gallimard (»Bibl. de la Pléiade«), 1990, S. 453.

25 M. Proust, *Auf der Suche nach der verlorenen Zeit,* a. a. O., Bd. 1, S. 212; Bd. 7, S. 2734.

26 V. Nabokov, *Andere Ufer. Ein Buch der Erinnerung,* Reinbek, Rowohlt, 1964, S. 47.

27 S. Butler, *Notebooks,* zitiert nach der französischen Übersetzung: *Carnets,* Gallimard, 1936, S. 58, 61.

28 F. R. Chateaubriand, *Mémoires d'outre-tombe,* Paris, Garnier-Flammarion, 1982, Bd. II, S. 136–137.

29 D. L. Schacter, *Wir sind Erinnerung,* Reinbek, Rowohlt, 1999, S. 87–88.

30 In diesem Roman liefert Benny eine Fallstudie für das Gedächtnis eines Schwachsinnigen.

31 M. de Montaigne, Essais, Buch II, Kapitel 17, Paris, Gallimard.

[KAPITEL 4]
Das Gedächtnis im fortwährenden Wandel

1 F. R. Chateaubriand, *Mémoires,* d' outre-touche XVIII, 5.

2 Ebd., XII, 5.

3 Ebd., XIII, 1.

4 Ebd., XXXV, 13.

5 Ebd., XXIV, 11.

6 S. Freud, *Briefe an Wilhelm Fließ, 1887–1904,* Frankfurt/M., Fischer, 1986, Brief vom 21. Dezember 1899, S. 430.

7 Ebd., S. 53.

8 I. Rosenfield, *Une anatomie de la conscience,* Paris, Flammarion, 1996, S. 99.

9 P. Janet, *Évolution de la mémoire de la notion de temps,* Paris, Chahine, 1928, S. 229. Die folgenden Zitate sind demselben Kapitel entnommen.

10 Ebd., S. 240.

11 Ebd., S. 255.

12 P. Valéry, *Cahiers,* Paris, 2. Bde., 1974–1976; hier Bd. 1, *Mémoire.* Auch das zweite Zitat betrifft das spezialisierte Gedächtnis, das implizit geworden ist.

13 I. Rosenfield, *Une anatomie de la conscience,* a. a. O., S. 101.

14 P. Valéry , *Cahiers,* a. a. O., Bd. I, S. 1220, 1221.

15 I. Rosenfield, *Une anatomie de la conscience,* S. 106.

16 J. Supervielle, *Œuvres poétiques complètes,* Paris, Gallimard (»Bibl. de la Pléiade«), 1996.

17 M. Proust, *Auf der Suche nach der verlorenen Zeit,* Frankfurt/M., Suhrkamp, 1979, Bd. 1, S. 503.

18 Homer, *Odyssee,* Stuttgart, Reclam, 1979, Siebzehnter Gesang, S. 326 f. Homer glaubt also, daß Tiere ein Gedächtnis haben.

19 M. Proust, *À la recherche du temps perdu,* Paris, Gallimard (»Bibl. de la Pléiade«), 1992, Band III, S. 939.

20 F. R. Chateaubriand, *Mémoires,* Bd. III, S. 389.

21 A. de Musset, *Souvenir et d'autres textes.* Paris 1910, S. 118.

22 G. de Maupassant, *Fort comme la mort,* Paris, Gallimard, 1993, S. 148.

23 M. Proust, *Auf der Suche nach der verlorenen Zeit,* a. a. O., Bd. 10, S. 3997–3998.

24 G. Nerval, *Œuvres complètes,* Paris, Gallimard, Band III, 1984, S. 553 ff.

25 Zitiert in: P. Janet, *Évolution de la mémoire et de la notion de temps,* Paris, Chahine, 1928, Kap. XIV.

26 Ebd.

27 G. de Nerval, »Fantaisie«, in: *Œuevres complètes,* Paris, Gallimard (»Bibl. de la Pléiade«), 1984, vgl. die Frau, die seit ältesten Zeiten geliebt wird, Bd. III, S. 613: »Mir schien, ich würde sie wiedererkennen, weil ich sie bereits am Anfang aller Zeiten gesehen hatte.«

28 P. Valéry, *Œuvres complètes,* Bd. II, S. 770.

[KAPITEL 5]
Ausdruck des Gedächtnisses in der Erinnerung

1 S. Butler, *Notebooks,* S. 53.

2 P. Valéry, *Cahiers,* Bd. I, S. 1219.

3 Ebd.

4 M. Proust, *Auf der Suche nach der verlorenen Zeit,* Frankfurt/M., Suhrkamp, 1979, Bd. 1, S. 245.

5 Ebd., Bd. 2, S. 701.

6 K. Heckel (Hg.), *Briefe Richard Wagners an Emil Heckel,* Berlin, Fischer, 1899, S. 26 f. Bei der nächsten Probe »schlug [er] aber nur die eine Stelle nach, ohne der Partitur weiter zu bedürfen«.

7 Ebd. S. 26.

8 H. Bergson, Œuvres, Paris, PUF, 1991, S. 886.

9 M. Proust, À la Recherche du temps perdu, Paris, Gallimard (»Bibl. de la Pléiade«), 1992, Bd. II, S. 653.

10 C. Baudelaire, Sämtliche Werke, 1975, Bd. I, S. 200.

11 L. R. Forêts, La Chambre des enfants, Paris, Gallimard, S. 98, 103.

12 V. Hugo, Les Contemplations, »À celle qui est restée en France«, Paris, Flammarion, 1999

13 A. de Vigny, Journal d'un poète, hrsg. v. Ratisbonne, Paris, Édition d'Aujourd'hui, S. 226. Vgl. ferner G. Poulet, Études sur le temps humain, Paris, Plon, 1997, S. 246 f.

14 V. Nabokov, Sprich, Erinnerung, sprich, Wiedersehen mit einer Biographie, Reinbek, Rowohlt, 1984, S. 12.

15 Ebd., S. 31.

16 H. de Balzac, Œuvres Complètes, Paris, Conard, Louis Lambert, Bd. XXII, 1914–1920, S. 402.

17 Brief an Madame Hanska, 5. August 1847.

18 In: Édition Conard, Bd. VII, S. 122.

19 Ebd., Bd. XXXI, S. 94.

20 A. Christie, An Autobiography, London, Collins, 1977, S. 11.

21 M. Proust, Auf der Suche nach der verlorenen Zeit, Frankfurt/M., Suhrkamp, 1979, Bd. 9, S. 3392.

22 S. Zweig, Die Welt von gestern. Erinnerungen eines Europäers, Berlin, Aufbau, 1985, S. 12 f.

23 S. Mallarmé, »Gedenken an belgische Freunde«, in: Gedichte, Gerlingen, Lambert Schneider, 1993, S. 111.

24 H. Bergson, Materie und Gedächtnis. Eine Abhandlung über die Beziehung zwischen Körper und Geist, Hamburg, Felix Meiner, 1991, S. 223.

25 G. de Maupassant, Ein Leben. Stark wie der Tod, München, Goldmann, 1987, S. 253.

26 A. Dumas, Le Comte de Monte-Cristo, Paris, Gallimard, 1993, S. 1346, 1353.

27 M. Proust, Auf der Suche nach der verlorenen Zeit, a. a. O., Bd. I, S. 114–115.

28 S. Shônagon, Notes de chevet, Paris, Gallimard, 1997.

29 H. James, Notebooks, The University of Chicago Press, 1947, S. 35.

30 Zunächst in der Revue philosophique vom Oktober 1894 veröffentlicht; dann: T. Ribot, Psychologie des sentiments, Paris, Alcan, 1899.

31 Ebd., S. 169.

32 T. Ribot, Psychologie des sentiments, a. a. O., S. 176–177. Das Beispiel des zweiten Typs stammt aus: H. Spencer, The Principles of Psychology, II, § 519.

33 F. Paulhan, *La Fonction de la mémoire et le souvenir affectif,* Paris, Alcan, 1904, S. 91.

34 F. R. Chateaubriand, *Mémoires,* Bd. I, S. 76.

35 A. de Lamartine, *La Vigne et la Maison.*

36 Vgl. J. J. Rousseau, *Œuvres complètes* (5 Bde.), Paris, Gallimard, 1995, Bd. I, S. 85.

37 Ebd., S. 21.

38 Ebd., S. 226.

39 So verketten sich die Erinnerungen an glückliche Momente: »Diese Erinnerung und die Unschuld, die mit ihr einherging, stimmten mich noch zärtlicher und riefen mir andere von gleicher Art ins Gedächtnis. Bald sah ich alle Objekte um mich versammelt, die mir in meiner Jugend solche Gefühle eingeflößt hatten … Ich sah mich umgeben von einem ganzen Serail, den Huris meiner einstigen Bekanntschaften, und der lebhafte Gefallen, den ich an ihnen fand, war kein neues Gefühl für mich. Mein Blut fängt Feuer, schießt schneller durch die Adern, und trotz seiner bereits ergrauenden Haare wird mir der Kopf verdreht.« *Œuvres complètes,* Bd. I, *Confessions,* Buch IX, S. 427.

40 Ebd., S. 11. Rousseau gibt eine dieser Melodien wieder, unvollständig, mit den Lücken, die das Vergessen bewirkt hat.

41 Ebd., S. 431.

42 Ebd. Vgl. S. 137: »Welch bezaubernde Erinnerung!« und S. 138: »Die Erinnerung an einen so schönen Tag berührt mich mehr, bezaubert mich mehr, geht mir mehr zu Herzen …« Tatsächlich ist die Erinnerung komplex: »Jedes Mal, wenn ich mich dem Waadtland nähere, empfange ich einen Eindruck, der sich zusammensetzt aus der Erinnerung an Madame de Warens, die dort geboren ist, an meinen Vater, der dort lebte, an Mademoiselle de Vulson, der dort die ersten Regungen meines Herzens gehörten, an verschiedene Vergnügungsreisen, die mich in meiner Kindheit dorthin führten, und dieser Eindruck erscheint mir, noch aus einem weiteren Grund, heimlicher und stärker als all das.« (S. 152)

43 Die folgenden Zitate ebd., S. 135, 270, 278.

44 M. Proust, *Auf der Suche nach der verlorenen Zeit,* Frankfurt/M., Suhrkamp, 1979, Bd. I, S. 43.

45 F. R. Chateaubriand, *Mémoires,* XLI, 3.

46 Ebd., I, 7, S. 166 f.

47 G. de Maupassant, *Stark wie der Tod,* a. a. O., S. 501.

48 H. Taine, *De l'intélligence,* a. a. O., Bd. I, S. 70.

49 E. Vuillard, *Journal,* 11. November 1888 und 31. August 1890. Zitiert in: *Vuillard,* Paris, Flammarion, 1990, S. 62.

50 D. Diderot, *Œuvres,* Bd. I, *Lettre sur les aveugles,* S. 144.

51 C. Baudelaire, *Sämtliche Werke/Briefe*, Frankfurt/M., Zweitausendeins, 1975, Bd. 1, »Le Flacon«, Nr. XLVIII, S. 147.

52 Ebd., *La Chevelure*, S. 103.

53 G. Flaubert, *Œuvres*, Paris, Gallimard (»Bibl. de la Pléiade«), 1997, Bd. I, *Madame Bovary*, S. 459.

54 Ebd.

55 D. Diderot, *Œuvres*, Paris, Laffont, 1994, Bd. I, S. 150.

56 G. Apollinaire, »Gedichte an Lou«, in: *Poetische Werke*, Neuwied, Berlin, Luchterhand, 1969, S. 341.

57 M. Proust, *Auf der Suche nach der verlorenen Zeit*, Frankfurt/M., Suhrkamp, 1979, Bd. I, S. 63 ff.

58 Ebd., S. 66–67.

59 C. Baudelaire, *Sämtliche Werke/Briefe*, Frankfurt/M., Zweitausendeins, 1975, Bd. 6, S. 131.

60 P. Valéry, *Cahiers*, Bd. I, S. 1230.

61 Proust, *À la recherche du temps perdu*, Paris, Gallimard, 1992, Bd. IV, S. 3934 ff.

62 Ebd.

63 M. Proust, *Auf der Suche nach der verlorenen Zeit*, a. a. O., Bd. 10, S. 3943–3944.

64 G. de Maupassant, *Romane*, Bd. I, *Ein Leben*, a. a. O., S. 172.

65 P. Valéry, *Cahiers*, Bd. I, S. 1214–1216.

66 Die folgenden Zitate ebd., S. 1218, 1223, 1225, 1226.

67 T. Ribot, *Psychologie des sentiments*, Paris, Alcan, 1899.

68 A. Dumas, *Vingt ans après*, in: *Les trois mousquetaires*, Paris, Gallimard (»Bibl. de la Pléiade«), 1982, Kap. 21, S. 1000.

69 C. Baudelaire, *Les Paradis artificiels. Un mangeur d'opium*, Kap. VIII.

[KAPITEL 6]
Vergessen und Unbewußtes

1 J. Supervielle, *Œuvres poétiques complètes*, Paris, Gallimard (»Bibl. de la Pléiade«), 1996.

2 M. Proust, *Auf der Suche nach der verlorenen Zeit*, Frankfurt/M., Suhrkamp, 1979, Bd. 9, S. 3552.

3 Stendhal, *Souvenirs d'égotisme*, Paris, Gallimard (»Folio classique«), 1983, S. 108.

4 Ebd.

5 A. de Musset, *Souvenir et d'autres textes*, Paris, 1910, S. 118.

6 M. de Montaigne, *Essais*, II, S. 17.

7 M. Proust, *Auf der Suche nach der verlorenen Zeit*, a. a. O., Bd. 6, S. 2107 ff.

8 H. Bergson, *Œuvres* Paris, PUF, 1991, S. 853 ff.

9 Vgl. R. Jakobson zu den beiden Aphasiearten, der semantischen und der syntaktischen, in *Essais de linguistique générale,* Paris, Éditions de Minuit, 1966.

10 P. Valéry, *Cahiers,* Bd. I, S. 1259.

11 Ebd., S. 1241.

12 S. Freud, »Zur Psychopathologie des Alltagslebens«, in: *Gesammelte Werke,* Frankfurt/M., Fischer, 1972, Bd. IV, S. 13–50.

13 Ebd., S. 12.

14 C. Baudelaire, *Sämtliche Werke/Briefe,* Frankfurt/M., Zweitausendeins, 1975, Bd. 6, S. 174 ff.

15 D. Diderot, *Œuvres complètes,* hrsg. v. Assezat, Paris, Garnier, 1875–1877, Bd. IX, S. 366 f.

16 P. Valéry, *Cahiers,* Bd I, S. 1236.

17 Ebd., S. 1239.

18 J. L. Borges, »Das unerbittliche Gedächtnis«, in: *Sämtliche Erzählungen,* München, Hanser, 1970, S. 220.

19 G. Apollinaire, *Alkohol. Das Lied des Ungeliebten,* in: *Poetische Werke,* a. a. O., S. 69.

20 *Revue nouvelle,* Nr. 10–11, 15. September–15. Oktober 1925, Abdruck in *Mon corps et moi,* Paris, Le Livre de poche (»Biblio«), 1991.

21 P. Valéry, *Mon corps et moi,* ebd, S. 51, 56, 57.

22 Die folgenden Zitate ebd., S. 1234, 398, 1239, 1249.

23 C. Baudelaire, *Sämtliche Werke/Briefe,* a. a. O., Bd. 4, S. 285.

24 M. de Montaigne, *Essais,* Buch II, S. 12.

25 Homer, *Odyssee,* Stuttgart, Reclam, 1979, 9. Gesang, S. 94–95.

26 T. Ribot, *Psychologie des sentiments,* Paris, Alcan, 1899, S. 181.

27 A. Baddeley, *La Mémoire humaine,* Grenoble, 1993, S. 280.

28 A. Lieury, *La Mémoire,* Liège, Margada, 1992, S. 146.

29 S. Freud, »Zur Psychopathologie des Altagslebens«, in: *Gesammelte Werke,* Frankfurt/M., Fischer, 1972, Bd. IV, S. 53 f.

30 Ebd.

31 I. Svevo, *La Conscience de Zeno,* Paris, Gallimard (»Folio«), 1984, S. 21.

32 Ebd., S. 499 ff.

33 Ebd., S. 514.

34 S. Freud, »Vorlesungen zur Einführung in die Psychoanalyse«, in: Gesammelte Werke, Bd. XI, Franfurt/M., Fischer, 1972.

35 Die folgenden Zitate ebd., S. 305 f., 290, 293, 338.

36 R. Descartes, *Œuvres,* Paris, Gallimard (»Bibl. de la Pléiade«), S. 1277.

37 R. Descartes, *Die Leidenschaften der Seele,* Hamburg, Felix Meiner, 1984, S. 207.

38 S. Freud, »Vorlesungen zur Einführung in die Psychoanalyse«, S. 292.

[KAPITEL 7]
Gedächtnisstörungen

1 F. R. Chateaubriand, *Mémoires d'outre-tombe,* Paris, Garnier-Flammarion, 1982, Bd. II, S. 174.
2 S. Butler, *Notebooks,* S. 58 f.
3 J. Bowen, 1997.
4 A. Perry, *Das Gesicht eines Fremden,* München, Goldmann, 2000.
5 Siehe z. B. die Romane von W. Irish, J. Hadley Chase, David Goodis und den Film »Botschafter der Angst« (1962).
6 J. Giraudoux, *Œuvres romanesques complètes,* Paris, Gallimard, »Bibl. de la Pléiade«, 1990, Bd. I, Anm. zu *Siegfried et le Limousin,* S. 1626. Vgl. *Théâtre complet,* S. 1154.
7 M. Suter, *Small World,* Zürich, Diogenes, 1997.
8 Die folgenden Zitate ebd., S. 99, 100, 106.
9 E. Mori, »Mediate Temporal Structure Relate zu Memory Impairment …«, in: *Journal of Neurology, Neurosurgery and Psychiatry,* 1997.
10 L. Parnetti, »IH MRS-MRI Based Hippocampal Volumetry«, in: *Journal of American Geriatric Society,* 1996.
11 M. Grossman, »Constraints on the Cerebral Basis …«, in: *Journal of Neurology …,* 1997.
12 O. Zanetti, »Procedural Memory Stimulation …«, in: *Acta Neurol. scand.,* 1997.
13 M. de Montaigne, *Essais,* Buch II, 6, S. 63.
14 M. Ichise, »SPECT, CT und MRI in Traumatic Brain Injury«, in: *The Journal of Nuclear Medicine,* 1994.
15 G. Goldenberg, »Cerebral Correlates of Disturbed …«, in: *Journal of Neurology, Neurosurgery and Psychiatry,* 1992.
16 R. T. Lim, »Metabolic Correlates to Neurobehavioral Changes …«, in: *Journal of Cerebral Blood Flow,* 1997.
17 D. L. Schacter, *Wir sind Erinnerung,* Reinbek, Rowohlt, 1999, S. 356 ff.
18 S. Freud, »Selbstdarstellung«, in: *Gesammelte Werke,* Frankfurt/M., Fischer, 1972, Bd. XIV, S. 59.
19 Ebd., S. 59 f.
20 Daniel L. Schacter, *Wir sind Erinnerung,* S. 394 ff.

[KAPITEL 8]
Gedächtnis und Persönlichkeit

1 J. Locke, *Versuch über den menschlichen Verstand* (4. Bde.), Hamburg, Felix Meiner, 1988, Buch II, Kap. 1, § 15, S. 117.
2 P. Valéry, *Cahiers,* Bd. I, S. 1222.

3 Die folgenden Zitate ebd., S. 1230, 1238, 1244.

4 S. Freud, »Zur Psychopathologie des Alltagslebens«, in: *Gesammelte Werke,* Frankfurt/M., Fischer, 1972, Bd. IV, S. 55.

5 B. Pasternak, *Essai d'autobiographie,* Paris, Gallimard, 1958, S. 10.

6 S. Freud, »Zur Psychopathologie des Alltagslebens«, a. a. O., S. 59.

7 B. Pasternak, *Essai d'autobiographie,* S. 10.

8 N. Sarraute, *Enfance,* Paris, Gallimard (»Folio«), 1985.

9 J. J. Rousseau, *Confessions,* in: *Œuvres complètes,* S. 243.

10 A. Christie, *An Autobiography,* a. a. O., S. 10.

11 H. Bergson, *Materie und Gedächtnis. Eine Abhandlung über die Beziehung zwischen Körper und Geist,* Hamburg, Felix Meiner, 1991.

12 G. de Maupassant, *Stark wie der Tod,* a. a. O., S. 501.

13 A. de Saint-Exupéry, *Der kleine Prinz,* Düsseldorf, Karl Rauch, 1998, S. 70–71.

14 Proust, *Auf der Suche nach der verloreren Zeit,* Frankfurt/M., Suhrkamp, 1979, Bd. 10, S. 3992.

15 J. Supervielle, *Œuvres poétiques complètes*, Paris, Gallimard 1996, (»Dans l'oubli de mon corps«), S. 391.

16 M. Proust, *Auf der Suche nach der verlorenen Zeit,* a. a. O., Bd. 10, S. 3952.

17 C. Baudelaire, *Die Reise,* in: *Sämtliche Werke/Briefe,* Frankfurt/M., Zweitausendeins, 1975, Bd. 3, S. 339.

18 M. Proust, *Auf der Suche nach der verlorenen Zeit,* a. a. O., Bd. 10, S. 3952.

19 Ebd., S. 3975.

20 Ebd., S. 3976.

21 Ebd., S. 3991.

22 P. Janet, *Évolution de la mémoire et de la notion de temps,* Paris, Chahine, 1928, S. 390.

23 A. Breton, *Le Surréalisme et la Peinture,* Paris, Gallimard, 1965, S. 4.

24 G. Flaubert, *Correspondance,* Paris, Gallimard (»Bibl. de la Pléiade«), 1991, Bd. III.

25 C. Siodmak, *Hauser's Memory,* franz. Übers. *La Mémoire du mort,* Paris, Gallimard, (»Serie noire«), 1969, Nr. 1296, 1969, S. 91: »Die Gedächtnisübertragung ist genauso wie bei einigen Tierexperimenten vorgenommen worden.«

26 Zitiert in: S. Ferret, *Le Philosophe et son scalpel,* Paris, Édition de Minuit, 1993, S. 56.

27 Ebd., S. 73.

28 G. W Leibniz, *Metaphysische Abhandlung,* Hamburg, Felix Meiner, 1975, § 34, S. 87–89.

29   S. Ferret, a. a. O., S. 79.
30   Ebd., S. 99.

Schluß

1   M. Merleau-Ponty, *Phénoménologie de la perception,* Paris, Gallimard, 1981, S. 30.
2   Ebd., S. 158.
3   Ebd., S. 211.
4   J. Decety, »The Perception of Action: Its Putative Effect on Neural Plasticity«, in: *Neuronal Plasticity,* Heidelberg, Springer, 1999, S. 109–130.
5   M. Merleau-Ponty, *Phénoménologie de la perception,* a. a. O., S. 519.

Glossar

Acetylcholin: ein *Neurotransmitter*, der an der synaptischen Übertragung beteiligt ist.

Adrenalin: Stoff, der ebenfalls die Funktion eines *Neurotransmitters* hat.

Afferenzen (oder afferente Bahnen): zum Gehirn oder im Gehirn zum Integrationszentrum führende Bahnen des Zentralnervensystems.

Agnosie: Störung des Erkennens trotz ungestörter oder weitgehend normaler Funktion der entsprechenden Sinnesorgane.

Akalkulie: Rechenschwäche.

Alexie: Leseunfähigkeit.

Alzheimer-Krankheit: führt zu fortschreitendem Gedächtnisverlust und schließlich zu einem dementiellen Zustand.

Amnesie: erheblicher und meist dauerhafter, mehr oder minder vollständiger Gedächtnisverlust.

Amnesie, anterograde: Unfähigkeit, neue Erinnerungen zu erwerben. Auch: Gedächtnislücke für eine bestimmte Zeit nach dem Erwachen aus der Bewußtlosigkeit.

Amnesie, postenzephalitische: Dabei handelt es sich um Störungen des Gedächtnisses, die als Folgeerscheinungen von Gehirnentzündungen auftreten, das heißt von Infektionen, die meist auf den Herpesvirus zurückgehen. In der Regel leiden die Patienten unter *anterograden Amnesien*, verknüpft mit *retrograden* Gedächtnisstörungen.

Amnesie, proaktive: Unfähigkeit, die eigenen Vorhaben zu behalten.

Amnesie, retroaktive: Vergessen der Ereignisse, die unmittelbar vor dem Eintritt der A. lagen.

Amnesie, retrograde: Erinnerungsstörung für den Zeitraum vor dem Eintreten eines traumatischen Ereignisses.

Aneurysma, intrakranielles: Ausweitung der Wand eines arteriellen (Hirn-)Blutgefäßes.

Aphasie: Sprachstörung, die entweder das Verstehen, das Sprechen oder beides beeinträchtigt.

Apolipoprotein E (ApoE): Gen, das eine wichtige Rolle bei der *Myelin*isierung der *Neuronen* und der Ausbildung der *Axonen* spielt.

Apoptose: programmierter Zelltod; eine Zelle, die vom äußeren Milieu nicht mehr mit den lebensnotwendigen Stoffen versorgt wird, löst dieses Selbstmordprogramm aus.

Apraxie: Störung von Bewegungsabläufen ohne Lähmungserscheinungen.

Arbeitsgedächtnis: Gedächtnisfunktion, die es ermöglicht, Informationen so lange zu behalten, wie es für das Lernen, Argumentieren oder Verstehen erforderlich ist.

Aura: verschiedene Wahrnehmungen, die einem zentralen Phänomen vorausgehen oder es umgeben.

Axon: meist vereinzelter Fortsatz des Zelleibs eines *Neurons*. Mittels des *Nervenimpulses* übermittelt er Befehle oder Informationen vom Zelleib an anderen Zellen. Ein A. kann bis zu mehrere Dezimeter lang werden.

Bahn: Bündel von *Axonen* mit identischer Funktion, beispielsweise motorische oder sensorische Bahn.

Computertomographie: Verfahren, das mit Hilfe von Röntgenstrahlen schichtweise Bilder vom Gehirn liefert.

Corpora mamillaria: Kerne, die an der Hirnbasis sitzen und zum *limbischen System* gehören.

Demenz: Beeinträchtigung der kognitiven Funktionen und Gedächtnisfähigkeiten oder der Orientierung in Zeit und Raum.

Dendriten: Fortsätze des *Neurons*, die dem Zelleib Informationen aus anderen Zellen zutragen. Meist besitzt ein *Neuron* mehrere D., die den Dendritenbaum bilden.

Depolarisation: Veränderung des Gleichgewichts zwischen den positiven und negativen Ladungen zu beiden Seiten der Zellmembran; entspricht dem *Nervenimpuls*.

Dopamin: ein *Neurotransmitter*.

Effektor: Gesamtheit der Zellen, die eine vom Nervensystem befohlene Handlung ermöglichen, zum Beispiel die Kontraktion eines Muskels.

Efferenzen (oder efferente Bahnen): leiten die Erregungen vom Integrationszentrum zur Peripherie, insbesondere zu den Muskeln.

Elektroenzephalographie: Untersuchung zur Analyse der elektrischen Gehirnaktivität im Wach- wie im Schlafzustand.

Engramm: manifestiert die neuronale Spur, die der Gedächtnisspeicherung einer Wahrnehmung entspricht. Anscheinend ist eine der neurobiologischen Grundlagen des E. die fortdauernde Erhöhung der *Synapsen*tätigkeit infolge einer Reizung der prä- und postsynaptischen Aktivität. Das theoretische Modell dieses Vorgangs ist die *Langzeitpotenzierung* bestimmter *Neuronen*gruppen.

Epilepsie: Funktionsstörung des Gehirns, tritt anfallsweise auf und ruft eine Hyperaktivität hervor, die sich meist durch unkoordinierte Bewegungen äußert, gefolgt von Bewußtlosigkeit und vollständiger *Amnesie* für den Anfall. Wie sich die E. manifestiert, hängt davon ab, wo die Schädigung im Gehirn lokalisiert ist. Die Folgen sind Episoden automatischer Aktivität, an die der Patient keinerlei Erinnerung behält, Traumzustände oder Déjà-vu-Erlebnisse.

Faser, afferente: Neuronenfortsatz, der die Information eines sensorischen Rezeptororgans oder eines anderen *Neurons* an ein Integrationszentrum überträgt.

Faser, efferente: *Axon*, das die Information von einem Zentrum an die Peripherie weiterleitet.

Gamma-amino-Buttersäure (GABA): ein *Neurotransmitter*, der vor allem hemmend wirkt.

Gedächtnis, deklaratives: Gedächtnisaspekt, der die Beschreibung der Erinnerungen ermöglicht.

Gedächtnis, episodisches: Gedächtnisaspekt, der aus der Erinnerung an ein bestimmtes Ereignis besteht.

Gedächtnis, ikonisches: Gedächtnisform, die die sensorische Wahrnehmung einer Szene speichert.

Gedächtnis, implizites: Gedächtnisform, bei der die Erinnerungen durch Gewohnheit erworben wurden oder sich gebildet haben, ohne daß es der Person wirklich bewußt wurde.

Gedächtnis, prozedurales: Gedächtnisform, die sich durch die Ausführung erlernter Aufgaben manifestiert.

Gedächtnis, semantisches: Gedächtnisform, die es uns ermöglicht, die Bedeutung von Symbolen zu erinnern und zu erkennen.

Gedächtnisspur: dauerhafte und kodierte Veränderung eines *neuronalen* Substrats, durch die eine Wahrnehmung im Gedächtnis gespeichert wird (auch als *Engramm* bezeichnet).

Gehirn-Rückenmarksflüssigkeit: Flüssigkeit, die in den Hohlräumen des Gehirns zum mechanischen Schutz sowie Druck- und Temperaturausgleich abgesondert wird.

Gentechnologie: Gesamtheit aller Verfahren zur Beeinflussung und Manipulation der Gene.

Gliazellen: Zellen, die die Umgebung der *Neuronen* bilden, sie stützen und auf ihre Funktionen einwirken.

Glutamat: einer der häufigsten *Neurotransmitter* des Nervensystems.

Hinterhauptslappen: am weitesten hinten gelegener Teil des Gehirns, Sitz der Sehzentren.

Hippokampus: Hirnregion, die im Inneren des *Schläfenlappens* liegt und eine entscheidende Rolle für die Speicherung im *Langzeitgedächtnis* spielt.

Hyperpolarisation: Erhöhung des *Membranpotentials* eines *Neurons* durch Einwirkung von hemmenden *Neurotransmittern*. Die H. sorgt dafür, daß das *Neuron* eine Zeitlang nicht erregt werden kann.

Input: der Prozeß, durch den eine Wahrnehmung Eingang ins Gedächtnis findet.

Interferenz: der Einfluß von neuen Informationen auf alte oder umgekehrt die Wirkung von alten Informationen auf neu erworbene.

Interneuronen: *Neuronen*, die motorische oder sensible *Neuronen* miteinander verbinden und Rückkopplungseffekte ermöglichen, das heißt die Rückkehr der Information an ihren Ausgangspunkt und ihre Abänderung.

Ion: Atom mit einer positiven oder negativen elektrischen Ladung.

Ionenkanal: Durchlaß in der Zellmembran des *Neurons*, durch den *Ionen* ein- und austreten. Die Öffnung dieser Kanäle hängt weitgehend von dem Konzentrationsgefälle zwischen den *Ionen* und biochemischen Faktoren wie dem *Glutamat* ab.

Kernspintomographie: Bildgebendes Verfahren, bei dem die Ausrichtung von Atomen in einem Magnetfeld erfaßt wird. Mit dieser Technik lassen sich dreidimensionale Aufnahmen vom Inneren des Gehirns machen.

Kernspintomographie, funktionelle: Verfahren, das auf dem gleichen Prinzip beruht wie die K., bei dem die Versuchsperson oder der Patient aber eine Aufgabe ausführen muß, zum Beispiel eine Hand bewegen. Damit lassen sich durch eine meßbare Änderung von Blutfluß und Sauerstoffsättigung die Funktionen verschiedener Hirnareale bestimmen.

Kleinhirn: unter dem Großhirn und hinter dem Hirnstamm gelegen; ist wesentlich an Gleichgewichtsfunktionen und willkürlichen Bewegungen beteiligt. Auch für das Gedächtnis von Bedeutung, besonders für motorische und schnelle Wahrnehmungsanalysen. Das K. koordiniert auch die Empfindungen, weil hier eine Vielzahl von sensiblen und sensorischen Fasern geschaltet ist. Kleinhirnschädigungen beeinträchtigen das Erlernen oder die Ausführung von Gedächtnisaufgaben, die ein gewisses Maß an Koordination verlangen.

Kodierung: Eine Wahrnehmung, die die sensorischen *Neuronen* liefert, wird in Form einer kodierten Information als neuronale Spur angelegt.

Kontiguität: Eine Entzündung kann sich durch Kontiguität

fortpflanzen und auf andere Organe oder Organteile übergreifen.

Kontusion (des Gehirns): Quetschung, Verletzung, meist durch
stumpfe Gewalteinwirkung verursacht.

Kortex: Rindenschicht von Groß- und *Kleinhirn*, wird durch
die Zelleiber der *Neuronen* gebildet.

Kortex, präfrontaler: vorderer Teil des *Stirnlappens*.

Kortikosteroide (Kortikoide): von der Nebennierenrinde ausge-
schüttete Hormone, die vor allem bei Streß auf das Gehirn
einwirken.

Kurzzeitgedächtnis: Gedächtnisform, die nur eine Dauer von
wenigen Augenblicken hat. Es befindet sich im vorderen
Teil der *Stirnlappen* (*präfrontaler Kortex*).

Langzeitdepression: Zustand bestimmter *Neuronen*typen, die auf
einen schwachen Reiz mit niederfrequenten Impulsen
reagieren.

Langzeitgedächtnis: eine Gedächtnisform, die Erinnerungen
unter Umständen ein Leben lang aufbewahrt. Um Wahrnehmungen im L. zu speichern, müssen sie über den *Hippokampus* in die Areale der Großhirnrinde gelangen, welche für die verschiedenen Wahrnehmungsarten zuständig
sind.

Langzeitpotenzierung: Gedächtnisspeicherung eines *Nervenimpulses* durch eine Gruppe von *Neuronen* nach einem sehr
starken Reiz. Erfolgt einige Zeit später ein Reiz von geringerer Intensität, ruft er die Ausbreitung eines identi-
schen Impulses hervor. Dieses Phänomen bezeichnet man
als synaptische L., weil sie sich noch mehrere Wochen
nach der ersten Reizung beobachten läßt. In bestimmten
Synapsen, deren exzitatorischer *Neurotransmitter* das *Glutamat* ist, bewirkt eine sehr häufige Reizung in Verbindung
mit einer postsynaptischen Depolarisation eine L. – das
heißt eine Erhöhung der Übertragungsaktivität, die mehrere Wochen andauern kann. Offenbar beruht die L. auf
einer erhöhten *Glutamat*freisetzung infolge starker präsyn-
aptischer Reizung; dadurch kommt es zu einer postsynap-

tischen Depolarisation, weil im *Synapsenspalt* eine erhöhte *Glutamat*konzentration erhalten bleibt. Das *Glutamat* aktiviert die Rezeptoren, die auf diesen *Neurotransmitter* ansprechen – sogenannte NMDA-Rezeptoren (N-Methyl-D-Aspartat-Rezeptoren). Offenbar erfolgt die Stabilisierung der L. entweder durch Zusammenschluß oder durch neue Verbindungen mit der Umgebung der *Neuronen*. Unter der Einwirkung bestimmter Faktoren können *Synapsen* verändert, destabilisiert und durch neue Verbindungen abermals stabilisiert werden. Aus diesem Grund sind unsere Erinnerungen nicht unbedingt erstarrt, sondern sind entwicklungsfähig, veränderbar und empfindlich. Die Fähigkeit bestimmter *Neuronen*, die Erinnerung an einen Reiz zu behalten, ist vor allem im *Hippokampus* nachgewiesen worden.

Limbisches System: Netz aus einer Gruppe von Kernen und Nervenverbindungen, die wesentlichen Anteil an den emotionalen Funktionen haben. Evolutionsgeschichtlich altes funktionelles System des Gehirns, Sitz der angeborenen Trieb- und Instinkthandlungen, die der Erhaltung der Art und des Individuums dienen. Wesentlich verantwortlich für affektive, emotionelle Reaktionen (bspw. Wut, Furcht, Zuneigung).

Magnetresonanz-Spektroskopie: Verfahren, das auf dem gleichen Prinzip beruht wie die *Kernspintomographie*, mit dem sich aber die biochemische Zusammensetzung bestimmter Zonen oder Läsionen des Gehirns untersuchen läßt.

Mandelkern (Corpus amygdaloideum): Struktur im *Schläfenlappen* des Gehirns, die für die emotionalen und affektiven Aspekte des Daseins zuständig ist. Wie aus experimentellen Studien hervorgeht, spielen diese Strukturen eine entscheidende Rolle für die affektiven Reaktionen im Verhalten des Individuums. Der M. unterhält zahlreiche Verbindungen zur *Hippokampus*formation. Wenn ein Reiz eine stärkere emotionale Reaktion auslöst, werden die afferenten Signale von diesem Kern ausgesandt. Sie gelangen zum *Hippokampus* und mischen sich dort mit den Signalen, die die Wahrnehmung selbst übermittelt. Die Intensität des Ausgangsreizes wird verstärkt und seine Gedächtnissteigerung begünstigt. Vom *Hippokampus* führen *Afferenzen* zu verschiedenen Gehirnlappen, vor allem zum *präfrontalen Kortex* und zum mittleren temporalen Kortex – zwei Gehirnregionen, die wesentlich am Verhalten und am Gedächtnis beteiligt sind.

Markierungsverfahren: eine Reihe von Techniken, mit deren Hilfe sich die Verzweigung von *Neuronen* verfolgen läßt.

Membranpotential: Gleichgewicht zwischen den elektrischen Ladungen des extrazellulären und intrazellulären Milieus. Eine Veränderung dieses Gleichgewichtes ermöglicht die Ausbreitung des *Nervenimpulses.*

Mikrodialyse: Technik, mit der sich auf Zellebene Konzentrationsunterschiede zwischen den verschiedenen biochemischen Bestandteilen des Milieus analysieren lassen.

Mimetika (oder Beta-Sympathomimetika, synth. Betamimetika): Substanzen, die auf die Beta-Rezeptoren am Herzen und an der glatten Muskulatur erregend einwirken.

Mittelzeitgedächtnis: Gedächtnisform, die eine Dauer von einigen Augenblicken bis zu einigen Tagen besitzt, aber keine dauerhaften Erinnerungen enthält.

Molekularbiologie: Lehre von den Funktionen des Organismus auf molekularer Ebene.

Myelin: fetthaltige Scheide, die das *Axon* umgibt und für die Geschwindigkeit der Nervenleitung ausschlaggebend ist.

Nekrose: örtlicher Gewebstod, Absterben von Organen, Organteilen oder Geweben, während die umgebenden Organteile oder Zellen weiterleben.

Nerv: Bündel von *Axonen.*

Nervenimpuls: Ausbreitung der Information entlang des *Neurons.* Diese Ausbreitung erfolgt in Form einer elektrischen Depolarisationswelle und überträgt sich mittels der *Synapsen* auf benachbarte Neuronen. Wenn keine Reizung vorliegt, bildet der Potentialunterschied zwischen der positiven extrazellulären und der negativen intrazellulären

Ladung das Ruhemembranpotential. Eine Störung dieses Gleichgewichts ist das Aktionspotential, das die Übertragung des N. nach sich zieht. Die Rezeptoren in den *Dendriten*, die durch einen Reiz erregt werden, übermitteln die Informationen an den Zelleib, woraufhin sich das Nervensignal als Depolarisation im *Axon* ausbreitet. Sobald es zur Präsynapse gelangt, bewirkt es die Freisetzung von *Neurotransmittern* aus den präsynaptischen Vesikeln. Diese gelangen in den *Synapsenspalt*, stimulieren ihrerseits die Rezeptoren in der postsynaptischen Membran und sorgen so für die Ausbreitung des N. in den *Neuronennetzen*. Das auf diese Weise ausgelöste Aktionspotential ist der Reizintensität proportional, wobei es sich entweder um einen sehr ausgeprägten Reiz handeln kann oder um die Wiederholung von Reizen und ihre Addition. In manchen Fällen kann es auch anstelle einer Depolarisation zu einer Hyperpolarisation kommen, die den umgekehrten Effekt hat und die Impulsübertragung hemmt.

Neuroendokrine Substanzen: Hormone, die über *Axone* in die Blutbahn ausgeschüttet werden.

Neuromediatoren: s. *Neurotransmitter*.

Neuron: besitzt einen Zelleib (Perikaryon), der seine Informationen über baumartig verzweigte *Dendriten* erhält. Die Verzweigung kann sehr dicht sein, dann versorgt der *Dendrit* das N. aus mehreren Informationsquellen. Der Zelleib sendet einen längeren Fortsatz aus, das *Axon*, über das es durch Vermittlung der Axonenenden Befehle ausschicken kann. Die Rezeptoren der Informationen sitzen auf den äußeren Enden der *Dendriten*. Die Informationen werden übermittelt von den *Dendriten*, der Zelleib registriert, verarbeitet, kodiert und speichert den Informationsgehalt, und das *Axon* überträgt die Befehle.

Im Zelleib des N. werden die aktiven Moleküle ausgeschüttet, die im *Axon* entlangwandern. Das *Axon* geht vom Zelleib aus, meist nur in einem einzigen Strang, und sucht sein Ziel auf, das ein anderes N. oder ein Organ sein kann. Manchmal bildet das *Axon* Fortsätze, die zu seinem

Zelleib zurückkehren, um seinen Zustand zu kontrollieren oder zu registrieren (»Rückkopplung«). Entweder steht ein N. in direktem Kontakt zu einem Sinnesrezeptor (etwa der Netzhaut im Auge) beziehungsweise zu einem Effektor (einem Muskel zum Beispiel) oder zu anderen N. Die Kommunikation zwischen N. findet durch Vermittlung der *Synapsen* statt. Wie alle Zellen ist das N. von einer Zellhülle umgeben. Diese ermöglicht ihm, eine bestimmte *Ionen*konzentration zwischen dem extra- und dem intrazellulären Milieu aufrechtzuerhalten, vor allem zwischen Natrium-, Kalium- und Kalziumionen. Der elektrische Ladungsunterschied zwischen den *Ionen*, die sich außerhalb der Zelle, und denen, die sich im Inneren befinden, heißt *Membranpotential*. Diese Membran ist von verschiedenen Kanälen durchbrochen, die *Ionen*transport zwischen extra- und intrazellulärem Milieu erlauben.

Neuronennetze: Anzahl von *Neuronen*, die durch synaptische Verbindungen zusammengeschlossen sind und gleiche oder komplementäre Funktionen wahrnehmen.

Neuronentod: Der Tod der Nervenzelle ist ein unvermeidliches Phänomen. Zwar ist nicht bewiesen, daß im Laufe unseres Lebens keine neuen *Neuronen* entstehen, doch wird allgemein angenommen, daß wir bei unserer Geburt den maximalen *Neuronen*bestand besitzen und daß sich diese Zahl während unseres Lebens stetig vermindert. Das hindert die *Neuronen* jedoch nicht daran, neue Fortsätze auszubilden. Der N. kann teilweise programmiert oder verzögert erfolgen. Eine Zelle löst ihr Todesprogramm aus, wenn ihr nicht mehr genügend neurotrophe Faktoren zugeführt werden.

Man kann den programmierten Tod einleiten, indem man die synaptische Aktivität einer Zelle, das heißt ihre *Neurotransmitter*produktion, blockiert. Umgekehrt kann eine längere Zellaktivität das Todesprogramm der Zelle hemmen.

Ebenso läßt sich der Tod einer Nervenzelle dadurch ver-

zögern, daß man ihr Milieu mit bestimmten Wachstumsfaktoren, etwa dem Nervenwachstumsfaktor, anreichert.
Eine Zelle oder eine Zellgruppe, die inaktiv wird oder
keine Reize mehr erhält, hat also die Fähigkeit, »Selbst-
mord zu begehen«. Diese Form der Selbsttötung auf Zellebene bezeichnet man als *Apoptose*.

Neuropeptide: Wie die *Neurotransmitter* können sich auch diese
chemischen Stoffe positiv oder negativ auf das neuronale
Gleichgewicht auswirken. Wird beispielsweise Cortisol,
etwa bei Streß, im Übermaß ausgeschüttet, dann erzeugt
es Gedächtnisstörungen, die vor allem die Beschreibung
von Erinnerungen betreffen. Die Erhöhung der Cortisol-
konzentration kann also zur Erklärung der Gedächtnisstörungen von Menschen beitragen, die großem oder wie-
derholtem Streß ausgesetzt sind.

Neurotransmitter: chemischer Stoff, der die Übertragung des
Nervenimpulses über die *Synapse* von einem *Neuron* auf ein
anderes ermöglicht. Sie werden von Nervenzellen oder
von Zellen in deren Umgebung ausgeschüttet oder auch
im Blut transportiert und spielen eine entscheidende
Rolle für die Regulation von Wachstum, Leben, *Plastizität*, Aktivität, aber auch für den Tod der *Neuronen*. Die
wichtigsten N. sind: *Glutamat*, *Acetylcholin*, *Serotonin*, *Dopamin* und *Adrenalin*. Jeder N. wirkt auf spezifische Rezeptoren ein, die in der Zellmembran oder der *Synapse* sitzen.
Glutamat ist einer der wichtigsten exzitatorischen (an-
bzw. erregenden) N. im Zentralnervensystem. Exzitato-
risch kann er im positiven Sinne sein: Er aktiviert das *Neuron*, entwickelt seine *Plastizität*, fördert das Wachstum der
Fortsätze und veranlaßt die Bildung neuer *Synapsen*.
Überschreitet die *Glutamat*konzentration eine bestimmte
Schwelle, kann seine Wirkung auch exzitotoxisch (zellzer-
störend) sein. Wie andere N. kann das *Glutamat* auf einige
Zellen vorteilhaft, auf andere schädlich wirken.
In erster Linie besteht die Wirkung des *Glutamats* in der
Aktivierung der Membranrezeptoren, die wie Schleusen-
kammern sind. Sind sie aktiviert und offen, bewirken sie

einen Ausgleich von Flüssigkeitsniveaus. Es handelt sich dabei vor allem um *Ionen*flüsse – Natrium, Kalium, Magnesium und Kalzium. Kalzium ist unerläßlich für das Gleichgewicht des Zell-Lebens; gelangt es in zu großen Mengen in die Zelle, verursacht es ihren Tod.

Acetylcholin ist ein weiterer verbreiteter N., der vor allem in den Hirngebieten auftritt, die von der *Alzheimer-Krankheit* befallen werden.

Serotonin ist ebenfalls ein wichtiger N., doch Experimente zeigten deutlich, wie komplex die Funktionen der N. sind. Als man bei einer bestimmten Schlangenart während der Embryonalentwicklung die Serotoninkonzentration mit Hilfe eines Antagonisten verringerte, entwickelten sich die *Neuronen*, die auf *Serotonin* ansprechen, sehr viel stärker und bildeten weit mehr Verbindungen aus. In diesem Fall hat der N. also regulierende Funktion und verhindert ein übermäßiges Wachstum.

Adrenalin spielt aller Wahrscheinlichkeit nach eine Rolle bei der Wirkung der Affektivität auf die Gedächtnisspeicherung. Bei der Injektion von Propylalkohol, einem Antagonisten adrenerger Stoffe, verringert sich bei gesunden Versuchspersonen der Einfluß der Emotion auf die Gedächtnisspeicherung.

Dopamin kann aktivierend oder hemmend wirken. Offenbar können Veränderungen seiner Konzentration nach einer Schädelverletzung für Gedächtnisstörungen verantwortlich sein.

Um mit dem Wesen und den Wirkungen der N. vertraut zu werden, kann man:

– in Zellkulturen testen, wie sich die Zugabe eines N. oder seines Antagonisten auf das Wachstum und die Lebensdauer von *Neuronen* auswirkt. Das läßt sich an einzelnen Zellkulturen untersuchen, die bestimmten Gehirnregionen entnommen sind und am Leben erhalten werden.

– in Tierexperimenten ihre Wirkungen und die ihrer Antagonisten überprüfen.

– an Versuchspersonen den Effekt ihrer *Mimetika* oder

Antagonisten untersuchen und feststellen, wie sich das Verhalten, der zerebrale Blutfluß oder der Glukoseverbrauch bestimmter Gehirngebiete verändert.

– mit der sogenannten *funktionellen Kernspintomographie* bestimmte Hirnregionen bei der Lösung von *Gedächtnis*aufgaben kontrollieren.

– durch Mikrodialyse auf Zellebene chemische Stoffe entnehmen, die von *Synapsen* ausgeschüttet werden, und die chemische Zusammensetzung der Proben analysieren.

Neurotrophe Faktoren: beeinflussen das *Axonen*wachstum. Hier sei insbesondere der Nervenwachstumsfaktor (NGF) genannt. Besonders hoch ist die NGF-Konzentration im Bereich des *Hippokampus*. Die Zielzellen sind die *Neuronen* im vorderen Teil des Stammhirns.

Auch *Neurotransmitter* wirken neurotroph aufgrund ihrer Beteiligung an der synaptischen Übertragung. Daher ist die neuronale Aktivität unentbehrlich für die Entwicklung und Plastizität des Nervensystems. Da *Glutamat* der wichtigste *Neurotransmitter* ist, spielt es eine beherrschende Rolle bei allen Wachstums-, Entwicklungs-, Konnektivitäts- und Assoziationsmechanismen. Andere Faktoren wie Steroidhormone und Glukokortikoide wirken sich ebenfalls förderlich auf die neuronale Plastizität aus.

Doch wie ein Reiz eine Depolarisation und Hyperpolarisation bewirken kann, so haben auch n.F. in höheren Dosen eine verhängnisvolle Wirkung. Sie schränken die Plastizität ein und können sogar den Tod von *Neuronen* bewirken. Das gilt für den Nervenwachstumsfaktor ebenso wie für *Glutamat* und die Glukokortikoide.

okzipital: den Hinterhauptslappen betreffend.

Output: Prozeß, durch den eine Erinnerung aus dem Gedächtnis ins Bewußtsein gelangt.

parietal: den Scheitellappen betreffend.

Plastizität, neuronale: Fähigkeit der *Neuronen*, sich zu entwikkeln und im Laufe des Lebens je nach den Reizen, die sie erhalten, neue Verbindungen anzulegen.

Positronenemissionstomographie (PET): bildgebendes Verfahren, das den Energieverbrauch in bestimmten Hirnregionen erfaßt, während die Versuchsperson oder der Patient eine Aufgabe ausführt. Durch diese Untersuchung läßt sich feststellen, welche Gehirnregionen vor allem an geistigen Tätigkeiten beteiligt sind.

Präfrontaler Kortex: Verschiedene anatomische Untersuchungen und PET-Studien lassen darauf schließen, daß diese Region das *Kurzzeitgedächtnis* bildet. Die *Neuronen* dieses Kortexabschnitts sind in der Lage, für eine kurze Zeit Empfindungen zu behalten – so lange, daß genügend Zeit bleibt, um über Verbindungen mit dem *Hippokampus* im *Langzeitgedächtnis* nach Anhaltspunkten zur Identifikation der wichtigsten Empfindungen zu suchen und daraus eine angemessene Reaktion abzuleiten. Wenn man eine Versuchsperson auffordert, sich Ereignisse, die erst kurze Zeit zurückliegen, ins Gedächtnis zu rufen, werden der p.K. und der *Hippokampus* gleichzeitig aktiviert. Folglich kann der p.K. eine Information solange *kodieren*, bis sie mit Hilfe des *Hippokampus* identifiziert ist.

Quellenamnesie: Unfähigkeit, den Ursprung einer Erinnerung zu erinnern.

Quellengedächtnis: Gedächtnisform, die es uns ermöglicht, den Ursprung einer Erinnerung wiederzufinden.

Reentry-Schleifen: Auf Assoziationsfasern beruhende Verbindungen zwischen zwei Hirnregionen. Dort können Informationen in beide Richtungen übertragen werden. Das Reentry-Phänomen spielt bei der Verstärkung oder der Synthese des ausgesandten Signals eine wichtige Rolle.

Rezeptor, sensorischer: Zellen, die darauf spezialisiert sind, Hör-, Seh-, Geruchs-, Geschmacks-, Tast-, Schmerzempfindungen oder andere Sinneswahrnehmungen aufzunehmen.

Scheitellappen: Mittlerer und hinterer Teil des Gehirns, wesentlich beteiligt an der Wiedererkennung und Integration von Empfindungen.

Schläfenlappen: Mittlerer, seitlicher und unterer Teil des Gehirns, in dem die Zentren für Sprechen und Hören liegen und der wesentlich an der Speicherung im *Langzeitgedächtnis* beteiligt ist. Wie PET-Studien weiter zeigen, spielt beim Einprägen der mittlere Teil des S. ebenfalls eine wichtige Rolle. Dank seiner Verbindungen zu verschiedenen Arealen macht der S. eine Synthese zwischen *Afferenzen* möglich, die für die unterschiedlichen Sinne zuständig sind. Auf diese Weise wird die Wahrnehmung und die Erinnerung in ihrer Gesamtheit wiederhergestellt. – Die Grenzregion zwischen Scheitellappen und Hinterhauptslappen ist von großer Bedeutung für die Aufmerksamkeit.

Serotonin: ein *Neurotransmitter*.

spinal: zur Wirbelsäule bzw. zum Rückenmark gehörig.

Stirnlappen: Vorderteil des Gehirns, der wesentlichen Anteil am *Kurzzeitgedächtnis*, am *Quellengedächtnis*, an Assoziationsprozessen und der Bewegungssteuerung hat.

Synästhesie: Verknüpfung verschiedener Empfindungen; Erregung eines Sinnesorgans, die sich einem anderen Sinnesorgan mitteilt.

Synapse: eine Verbindung zwischen *Neuronen*. Sie besteht aus drei Teilen: der Präsynapse, dem *Synapsenspalt* und der Postsynapse. Die Präsynapse entspricht im Grunde dem *Axon*ende. Der *Synapsenspalt* ist der Ort, wo die *Neurotransmitter* ausgeschüttet und wieder absorbiert werden. An der Postsynapse befinden sich die synaptischen Endknöpfe, in denen die *Neurotransmitter* eingefangen werden und wirken. Die Informationsübertragung zwischen Prä- und Postsynapse geschieht mit Hilfe der *Neurotransmitter*. Sie wird in den sogenannten präsynpatischen Vesikeln gespeichert. Die S. ist für die Übertragung oder Hemmung des *Nervenimpulses* zuständig. Meist findet diese Übertragung mit Hilfe von biochemischen Faktoren statt, gelegentlich auch auf elektrischem Wege.

Synapsenspalt: Der Raum zwischen Prä- und Postsynapse der *Neuronen,* in dem die *Neurotransmitter* ausgeschüttet werden.

Thalamus: eine Struktur, die tief in den beiden Hemisphären liegt und zu den grauen Zentralkernen gehört. Er ist die Anlaufstation für alle sensiblen und sensorischen Informationen und sichtet sie, bevor er sie auf spezialisierte Kortexareale projiziert. Da es dort ohne vorherige Wahrnehmung kein Gedächtnis geben kann, ist klar, daß der T. eine wichtige Rolle für die Gedächtnisfunktionen spielt. Erhebliche Gedächtnisstörungen treten bei Gefäßverschlüssen oder -rupturen mit beidseitigem Thalamusinfarkt auf.

Wachstumsfaktor (oder neurotropher Faktor): unentbehrlich für Wachstum und Leben der Zellen. In gewisser Weise sind W. der Dünger der Zellen. Am bekanntesten sind der Nervenwachstumsfaktor (NGF), die Neurotrophine, vor allem das Neurotrophin-3 (NT3) und der Brain-Derived Neurotrophic Factor (BDNF).

Wind-up: langandauernde Erregbarkeitssteigerung oder Verstärkung der Depolarisation in Reaktion auf wiederholte Reizungen. Die Zelle wird durch die Reizung gewissermaßen in einen Zustand gesteigerter Erregung versetzt und produziert eine Reaktion, die in keinem Verhältnis zum Reiz steht.

Literatur

Aristoteles, »Von Gedächtnis und Erinnerung«, *Kleine naturwissenschaftliche Schriften (Parva Naturalia)*, übers. u. hg. v. E. Rolfes, Leipzig, Meiner, 1924, S. 36–47.

Augustinus, *Confessiones/Bekenntnisse*, Darmstadt, Wissenschaftliche Buchgesellschaft, 1984.

Baddeley, A., *La Mémoire humaine, théorie et pratique*, PU de Grenoble, 1993.

Bartlett, F. C., *Remembering*, Cambridge, Cambridge University Press, 1964.

Bergson, H., *Materie und Gedächtnis. Eine Abhandlung über die Beziehung zwischen Körper und Geist*, Hamburg, Felix Meiner, 1991.

Bigler, E., »Traumatic Brain Injury and Memory: the Role of Hippocampal Atrophy«, *Neuropsychology*, 10 (3), 1996, S. 333–342.

Bockaert, J. L., »Triggering of Arachidonic Acid Release from Mature Striatal«, in: *Glutamate Cell Death and Memory*, Heidelberg, Springer Verlag, 1991, S. 30–36.

Braak, H., *Aspects of Cortical Destruction in Alzheimer Diseases*, Heidelberg, Springer Verlag, 1997.

Bruyn, G. W., *The Seat of the Soul*, New York, Raven Press, 1982.

Callahan, L., *Alzheimer Disease*, Heidelberg, Springer Verlag, 1997.

Casey, E., *Remembering. A Phenomenological Study*, Bloomington, Indiana University Press, 1987.

Changeux, J.-R., *Der neuronale Mensch*, Reinbek, Rowohlt, 1984.

Clarke, Edwin; Dewhurst, Kenneth, *Histoire illustrée de la fonction cérébrale*, Paris, R. Dacosta, 1975.

Damasio, A., *Descartes' Irrtum, Fühlen, Denken und das menschliche Gehirn*, München, List, 1995.

Delacour, J., *Le Cerveau et l'Esprit,* Paris, PUF, 1995.

Diderot, *Œuvres,* hg. von L. Versini, Paris, Laffont, »Bouquins«, 1994, Bd. 1, *Éléments de physiologie.*

Edelman, G. M., *Göttliche Luft, vernichtendes Feuer,* München, Piper, 1995.

Ferret, S., *Le Philosophe et son scalpel,* Paris, Minuit, 1993.

Florès, C., *La Mémoire,* Paris, PUF, 1972.

Freud, S., »Zur Psychopathologie des Alltagslebens«, *Gesammelte Werke,* Bd. IV, Frankfurt/M., Fischer, 1972.

– »Vorlesungen zur Einführung in die Psychoanalyse«. *Gesammelte Werke,* Bd. XI, Frankfurt/M., Fischer, 1972.

– »Selbstdarstellung«, *Gesammelte Werke,* Bd. XIV, Frankfurt/M., Fischer, 1972, S. 31–96.

Galien, Claude, *Œuvres médicales choisies,* 2 Bde., Paris, Gallimard, 1994.

Goedert, M., »Tau Protein and the Neurofibrillary Pathology of Alzheimer Disease«, *Trends Neurosciences,* 16, 1993, S. 460–465.

Goldberg, J. I., »Expression and Function of the Neurotransmitters Serotonin«, *Development of Biology,* 131, 1989, S. 483–495.

Goldenberg, G., »Cerebral Correlates of Disturbed Executive Function and Memory«, *Journal of Neurology, Neurosurgery and Psychiatry,* 55, 1992, S. 362–368.

Gordon, I., »Memory Deficits and Cholinergic Impairments in Apolipoprotein E Déficient Mice«, *Neurosciences Letters,* 13, 199 (1), 1995, S. 1–4.

Gregory, R. L (Hg.). *The Oxford Companion to the Mind,* Oxford, Oxford University Press, 1987.

Grossman, M. et al. »Constraints on the Cerebral Basis for Semantic Processing from Neuroimaging Studies of Alzheimer's Disease«, *Journal of Neurology, Neurosurgery and Psychiatry,* 63 (2), 1997, S. 152–158.

Halbwachs, M., *Les Cadres sociaux de la mémoire* (1925); Neu-ausgabe, Paris, Albin Michel, 1994.

– *La Mémoire collective* (1950); krit. Ausg., Paris, Albin Michel, 1997.

Hecaen, H. und Lanteri-Laura, G., *Évolution des connaissances et des doctrines sur les localisations cérébrales,* Paris, Desclée de Brouwer, 1977.

Hippokrates, *Œuvres,* éd. Littré, Paris, Baillière, 1846, Bd.V und VI.

Hirouaka, N., »Effects of Cholinergic Drugs or Scopolamine Induced Memory Impairment«, *Nihon Shinkei Seishin,* 16 (3), 1996, S. 103–108.

Ichise, M., »SPECT, CT, and MRI in Traumatic Brain Injury«, *The Journal of Nuclear Medicine,* 35 (2), 1994, S. 217–226.

Janet, P., *Évolution de la mémoire et de la notion de temps,* Paris, Chahine, 1928.

Johnson, G., *In the Palaces of Memory,* New York, Knopf, 1991.

Kater, S. B., *Alterations in Calcium Homeostasie Capacity,* Heidelberg, Springer Verlag, 1991.

Kirschbaum, C., »Stress and Treatment Induced Elevations of Cortisol Levels Associated with Impaired Declarative Memory«, *Life Sciences,* 58 (17), 1996.

Levin, E. D, »Prenatal Nicotine Effects on Memory in Rats«, *Dev. Brain Research,* 97 (2), 1996, S. 207–215.

Lim, R. T, »Metabolic Correlates to Neurobehavioral Changes in Patients with Mild Traumatic Injury«, *Journal of Cerebral Blood Flow and Metabolism,* 17, 1, 1997.

Locke, J., *Versuch über den menschlichen Verstand,* Bd. 1, Hamburg, Felix Meiner, 1976.

Lynch, G., »Induction and Stabilisation of Long Term Potentialisation«, in: *Glutamate Cell Death and Memory,* Heidelberg, Springer Verlag, 1991, S. 45–60.

Merleau-Ponty, M., *Phénoménologie de la perception,* Paris, Gallimard, 1981.

Mori, E., »Mediate Temporal Structure Relate to Memory Impairment in Alzheimer Disease«, *Journal of Neurology, Neurosurgery and Psychiatry,* 63 (2), 1997, S. 214–221.

Neumann, J. von, *The Computer and the Brain,* 2. Aufl., New Haven, Yale Nota Bene u. a., 2000.
– La Mémoire«, *Nouvelle Revue de psychanalyse.*

Parnetti, L., »IH MRS-MRI Based Hippocampal Volumetry«, *Journal of American Geriatric Society,* 44 (2), 1996, S. 133–138.

Paulhan, E, *La mémoire et le souvenir affectif,* Paris, Alcan, 1904.

Poulet, G., *Études sur le temps humain,* 4 Bde., Paris, Plon, 1952–1964; Neudr.: Édition »Pocket«.

Prohovnik, I., »Phytostigmine Reversai of Scopolamine Induced Hypofrontality«, *Journal of Cerebral Blood Flow Metabolism,* 17 (2), 1997, S. 220–228.

Rempel Glover, N. C., »Three Cases of Enduring Memory Impairment after Bilateral Damage Limited to the Hippocampal Formation«, *Journal of Neurosciences,* 16 (16), 1996, S. 5233–5255.

Ribot, T., *La Psychologie des sentiments,* Paris, Alcan, 1899.

Riedel, W., »Caffeine Attenuates Scopolamine Induced Memory Impairment in Humans«, *Psychopharmacology,* 122 (2), Berlin, 1995, S. 158–168.

Rosenfield, I., *Das Fremde, das Vertraute und das Vergessene, Anatomie des Bewußtseins,* Frankfurt/M., Fischer, 1992.
– *The Invention of memory, A new view of the brain,* New York, Basic Books, 1988.

Schacter, D. L., *Wir sind Erinnerung,* Reinbek, Rowohlt, 1999.
– *Memory Distortion. How Minds, Brains, and Societies Reconstruct the Past,* Harvard University Press, Cambridge, Mass., 1997.
Searle, J., *Die Wiederentdeckung des Geistes,* München, Artemis und Winkler, 1993.
Shafto, M. (Hg.), *How We Know,* San Francisco, Harper & Row, 1986.

Tang, Y. P., »Involvement of Activation of Dopaminergic Neuronal System in Learning and Memory Deficits«, *European Journal of Neurosciences,* 9 (8), 1997, S. 1720–1727.
Tiemey, M. C., »A Prospective Study of the Clinical Utility of ApoE Génotype«, *Neurology,* 46 (1), 1996, S. 149–154.
– »Prédiction of Probable Alzheimer Disease in Memory Impaired Patients«, *Neurology,* 46 (3), 1996, S. 661–665.

Vincent, J.-D., *Biologie des Begehrens. Wie Gefühle entstehen,* Reinbek, Rowohlt, 1990.

Yates, F., *Gedächtnis und Erinnern,* Berlin, Akademie Verlag, 1999.

Zanetti, O., »Procedural Memory Stimulation in Alzheimer Disease«, *Acta Neurologica Scandinavica,* 95, 1997, S. 152–157.
Zola-Morgan, »Neuroanatomy of Memory«, *American Review of Neurosciences,* 16, 1993, S. 547–563.

Register

[311]

Hyperpolarisation 295, 297

Ich-Bewußtsein 45, 50
Ionenkonzentration 296

James, Henry 96, 107, 146, 158, 277, 280
James, William 96, 277
Janet, Pierre 113 f., 127, 251, 268, 278 f., 285

Kalium 296, 298
Kalzium 298
Kernspintomographie 70, 211 f., 215, 231, 242
– funktionlle 299
Koma 185, 211, 213, 215
Konnotation
– affektive 59, 84, 156, 167
Kontextspeicherung 99
Kontiguität 23, 148
Korsakow, Sergej 217 f., 220
Korsakow-Syndrom 217
Kortex 53 f., 80, 208, 215
– präfrontaler 74 f., 82, 136, 217, 220, 294, 300
Kriminalroman 107, 200
Krise, amnestische 222
Kurzzeitgedächtnis 88, 213

La Bruyère, Jean de 64, 276
Lamartine, Alphonse de 16, 91, 150
Langzeitdepression 292

Langzeitgedächtnis 72, 74, 82 f., 208, 212, 223, 235, 239, 300
Langzeitpotenzierung 66, 75 f., 82, 166, 289, 292
Lebensgeister 39, 271, 273
Locke, John 22, 41, 44 f., 114, 254 f., 274, 284
Lukrez 22, 38
Luria, Alexander 161

Magnesium 298
Magritte, René 19, 107
Maine de Biran, François Pierre 22, 48–50, 53, 275
Malebranche, Nicolas 269, 273
Mallarmé, Stéphane 95, 105, 144, 280
Malraux, André 108, 239
Mandelkern (Corpus amygdaloideum) 75, 81, 84, 94, 156, 166, 208, 210, 232, 293
Maupassant, Guy de 144, 157, 280–282, 285
Membranpotential 70, 296
Membranrezeptoren 298
Merleau-Ponty, Maurice 258, 260 f., 286
Mikrodialyse 299
Mittelzeitgedächtnis 136
Mnemosyne 25, 44
Mnemotechnik 32 f., 88, 90
Modiano, Patrick 201
Molekularbiologie 69

Howard Gardner bei Klett-Cotta:

Intelligenzen
Die Vielfalt des menschlichen Geistes
Aus dem Amerikanischen von Ute Spengler
335 Seiten, gebunden, ISBN 3-608-94263-7

Ganz gleich, über welche besonderen geistigen Fähigkeiten Sie
verfügen, die Einzigartigkeit und Vielfalt Ihrer »Intelligenzen«
stellt Howard Gardner, der weltweit führende Intelligenzforscher,
eingängig und anschaulich dar. Er entwirft seine neue Sicht des
menschlichen Geistes und antwortet auf die Frage: Wie können
Sie Ihre geistigen Fähigkeiten stärken und erweitern, um Ihre
Persönlichkeit zu entwickeln?

Dem Denken auf der Spur
Der Weg der Kognitionswissenschaft
Aus dem Amerikanischen von Ebba D. Drolshagen
456 Seiten, gebunden, ISBN 3-608-93099-X

Die nicht faßbaren Vorgänge in unserem eigenen Gehirn gehören
zu den letzten ungelösten Rätseln der Menschheit. Doch auch auf
diesem Gebiet kommt die Forschung voran. Vor etwa zehn
Jahren haben Experten der verschiedensten Fachrichtungen
erkannt, daß sie bei der Erforschung des menschlichen Denkens
nur mit vereinten Kräften vorankommen, und eine neue Disziplin
begründet: die Kognitionswissenschaft. Mit seiner informativen
Darstellung erzählt Gardner die Geschichte dieser geistigen
Revolution und bietet zugleich eine bislang konkurrenzlose
Einführung in das neue Gebiet.

Klett-Cotta

Mihaly Csikszentmihalyi bei Klett-Cotta:

Kreativität
Wie Sie das Unmögliche schaffen und Ihre Grenzen überwinden
Aus dem Amerikanischen von Maren Klostermann
646 Seiten, gebunden, ISBN 3-608-91774-8

Mihaly Csikszentmihalyi beantwortet in diesem Buch, wo und wie Kreativität entsteht und wie es jedem gelingen kann, seine ganz persönliche Kreativität zu fördern und zu entwickeln.

FLOW. Das Geheimnis des Glücks
Aus dem Amerikanischen von Annette Charpentier
424 Seiten, gebunden, ISBN 3-608-95783-9

»Gewiß, diese Hochstimmung zu erreichen ist nicht einfach – *flow* läßt sich nicht auf Knopfdruck abrufen. Aber je stärker die Motivation, je besser man seine Tätigkeit beherrscht und je öfter man die Bedingungen schafft, desto eher stellt sich *flow* ein. Und wer einmal *flow* erlebt hat, der wird ihn auch ein zweites Mal erleben. Und immer wieder.«
Marie Claire

Lebe gut!
Wie Sie das Beste aus Ihrem Leben machen
Aus dem Amerikanischen von Michael Benthack
212 Seiten, gebunden, ISBN 3-608-93455-3

Wir alle versuchen, ein erfülltes Leben zu führen. Ob in der Freizeit, im Beruf, in der Familie oder mit Freunden, überall hoffen wir auf Glück und Zufriedenheit. Doch nichts ist so schwierig, wie den richtigen Weg zu einem sinnerfüllten, glücklichen Leben zu finden. Csikszentmihalyi verspricht keinen Königsweg, weil es einen solchen nicht gibt. Aber er lehrt seine Leser, worauf sie aufpassen müssen, wenn sie nach dem Glück suchen.

Klett-Cotta